陈文胜 编著

比道
大国『三农』

——对话前沿问题

中国农业出版社
北　京

序

中国特色社会主义进入新时代，整个经济社会正经历全面建成小康社会的重大历史变迁，处于由农业中国进入工业中国、乡村中国进入城镇中国的窗口期，构建新型的城乡关系成为经济社会发展的必然要求。因此，把握中国城乡关系变化的内在逻辑与演进趋势，将新型城乡关系发展落实到实现人的全面发展与社会全面进步，探索不同区域、不同发展形态和不同发展模式的中国城乡融合发展途径，探究从全面建成小康社会向全面现代化跨越的城乡关系发展规律，是一个事关中国现代化前途命运的重大时代命题。

一

党的十一届三中全会作出把党和国家的工作着重点转移到以经济建设为中心的现代化建设上来的战略决策，成为中国改革开放时代的历史起点和逻辑起点。经过改革开放以来的高速度发展，当年邓小平提出的中国现代化"三步走"战略，已经由全力"解决温饱问题""生活总体上达到小康水平"的前两步战略目标，向党的十八大提出的"从全面建成小康社会到基本实现社会主义现代化"战略目标转变，突出地表明了中国特色社会主义现代化已经处于历史的新方位。从新的历史方位出发，党的十九大报告提出了从全面建成小康社会到基本实现现代化、再到全面建成社会主义现代化强国的战略安排，顺应了中国现代化的发展主线，标志着中国社会发展正在向更高级阶段的演进。

回顾世界现代化历史进程，发达的资本主义国家的城乡关系已经发生了从早期工业化的对抗到实现工业化、城镇化之后逐渐融合发展的变迁。在中国特色社会主义现代化建设进程中，城乡关系也同样经历了改革开放前的二元矛盾、改革开放后的二元分离到不断融合发展的变迁，人民的生活也实现了由温饱不足到总体小康到全面小康的不断跨越。尤其是工业化、城镇化、信息化这一不可逆转的趋势正在重塑中国乡村与城市的发展方向。在这全新的历史背景下，中国的城乡关系是什么样的关系，内在逻辑结构是什么，向何处发展？需要从中国现代化的历史逻辑、现实逻辑、改革逻辑3个维度，把握当前中国社会发展的阶段性特征，从而探索中国工业化、城镇化与乡村振兴的客观规律，研判中国现代化的发展主线。

邓小平提出"小康"的概念，是1982年去苏州考察的时候，那时苏州的人均GDP已经是1 000美元了，邓小平就问1 000美元的苏州人民的生活怎么样，于是把经济指标概括为6条，成为后来著名的小康社会基本标准，构成了一套社会发展理论。一是人民的吃穿用问题解决了，基本生活有了保障，也就是以丰衣足食为标准解决吃穿用的问题。中华民族为了这个目标追求了几千年了，5 000年文明的物质目标就是追求丰衣足食的社会，今天无法想象，这样一个标准在当时具有多大的诱惑力。二是住房问题解决了。中国老百姓一辈子的大事就是盖房，于天地之间有立足之地、安身之处，老百姓都盖楼房了，说明天下安定，社会发展了。三是就业问题解决了。搞商品经济，发展多种经营、乡镇企业，对工商个体户全面放开，从各方面增加老百姓收入。四是人不再外流了。因为乡镇企业异军突起，工商个体户就地发展，就地城镇化，农民离土不离乡，老往城里跑的那种情况没有了。五是中小学教育普及了。就是地方政府有钱了，就可以办一些公共事业了，教育、文化、体育和其他公共福利事业有能力自已安排了。六是人们的精神面貌变化了。衣食足而知荣辱，仓廪实而知礼节。经济发展了，生活水平提高了，道德水平也就会提高，犯罪行为也就会不断减少。

把小康目标作为全党全国人民的现代化战略目标，在历史上第一次提出来是党的十二大。根据邓小平在 1980 年提出"两步走"的初步构想，1982 年 9 月召开的党的十二大正式提出建设小康社会的目标：从 1981 年到 2000 年，力争使工农业的年总产值翻两番。相对于"低水平的，不全面的，发展很不平衡"的小康建设，党的十七大报告明确为"学有所教、劳有所得、病有所医、老有所养、住有所居"。党的十八大以后，习近平总书记提出"人民对美好生活的向往就是我们的奋斗目标"的目标要求，把"更好的教育、更稳定的工作、更满意的收入、更可靠的社会保障、更高水平的医疗卫生服务、更舒适的居住条件、更优美的环境、更丰富的精神文化生活"作为"全面小康"的目标要求。

二

中华民族是一个集种植业、养殖业、手工业于一家而"三业合一"的农耕文明，每一个家庭都是一个自负盈亏、独立核算的微型企业，为中国走向市场化的现代转型奠定了坚实的基础。秦始皇统一了文字，改革开放全面推广了普通话。中国历史上人口大规模流动只有在发生战争和自然灾害时才有，而改革开放是在和平年代有数以亿计的人口跨区域大流动。可以说，改革开放创造了人类发展史前所未有的奇迹。因为随着人口流动的不断加快，中国 14 亿人口有 12 亿多人说普通话。在信息化时代，统一的语言带来的机会与效率无与伦比，中国成为全世界无以匹敌的超级大市场，这是中国最大的软实力。一是抗衡力量，具有与世界其他大市场相抗衡的底气；二是发展机会，这样的超级大市场对任何一个国家都是一个巨大的发展机会。

中华民族还有一个非常特别的地方，民族认同是文化认同而不是血缘认同，因而在中国历史上多次出现征服者会被被征服者同化的发展进程。马克思就有过著名的论断，"野蛮的征服者总是被那些他们所征服的民族的较高文明所征服，这是一条永恒的历史规律。"中国历史上的中原政权几度被少数民族所颠覆，老百姓有两种选择：要么是整个家族、整个村庄成员迁到他乡，甚至到人迹罕至的深山老林建立新的村庄，开辟新的家园，使自己的民俗习惯和文化传统得以传承下去，如南方的客家人与美国的华人街就是典型的例证；要么以缴税纳粮的方式与朝廷合作，政权可以改朝换代，但皇权不下县，社会和文化体系仍然以原有的方式进行延续和发展。由于社会治理成本低且有效，不仅没被颠覆反而同化了外来征服者，从而形成了世界上唯一没有断代的中华文明。老子说，上善若水，水善利万物而不争。所以我认为，中华民族是像水一样的民族，总是往低处流，活下来才有希望，生存才是硬道理，第一法则就是要保全自己，在一定时期确实是弱势。但在历史的长河中，涓涓之水一旦到达江湖海洋，这个世界就再也没有任何东西能够抗衡水的威力，再也没有任何力量能够比水的力量强大。而那些曾与中华文明并存的其他文明为什么都被毁灭了、断代了？我在想，有些民族像火一样强大威猛，却难逃"其兴也勃焉，其亡也忽焉"的历史规律，看似无可阻挡，在毁灭了别人的同时也就必然毁灭了自己。

近代以来的现实就是积贫积弱，屡打屡败与屡改屡败交替演进，发问的方式是"中国为什么不行"。中国特色社会主义现代化建设作为人类史上最壮丽的实践，是对洋务运动以来积弱积贫时代"中国为什么不行"这样100多年发问的颠覆。因为在100多年的现代化诉求中，无论是自由主义还是马克思主义，无论是赶英超美还是三步走战略，都是在"中国为什么不行"的发问中面向西方。今天的中国，已经实现了由农业中国到工业中国、乡村中国到城镇中国的历史跨越，如何总结中国工业化、城镇化的经验，迫切需要用"中国为什么行"这样新的话语体系讲好中国故事，或者说，中国崛起的密码是什么？

曾经有说我们汉字是最落后的文字，因为方块字不能够用电脑打字，所以汉字都要改掉，要推进汉字拼音化。现在实践已经回答了这个问题，电脑输入汉字根本就不是一个问题。因此，很多问题不是理论的首先突破，而是实践能否首先突破。

三

中华民族的百年诉求，就是追赶现代化。几次工业革命都被意外打断，唯有这一次改革开放，终于步入现代化的轨道。邓小平把改革首先指向最贫困的农村，让最贫困的农民首先发展起来。就像 20 世纪 80 年代的万元户，据中央电视台报道，1 万元就相当于现在的 225 万。

1992 年我刚刚参加工作的时候，稻谷市场价格是 83 元钱 100 斤，也是在这一年宣布取消了粮票、布票。这个价格意味着什么？意味着食品短缺时代通过市场价格，不仅大幅增加了农产品供给，而且大幅增加了农民收入。当时，乡干部被称之为吃香喝辣的"香干部"，农业生产根本就不需要政府操心。到 1995 年的时候，粮食价格是 40 多元钱 100 斤，到 1999 年 30 多元钱 100 斤。粮食价格下跌，让农民还有什么奔头？从 1998 年到 2003 年，是农村干群矛盾最为尖锐的时期。

中国现代化的脉络，就是工农关系、城乡关系。随着农村工业化、农民市民化发展到今天，现在全面小康是不是正到了这样一个点上？中国现代化的趋势是不是到了这个发展阶段上？城镇的土地财政是不是也到了这个转折点上？这种劳动密集型工业化发展模式是不是也到了这样一个转折点上？

如果说中国劳动密集型的工业，或者说制造业已经发展到了转折点的话，土地财政也就到了转折点了。地方政府因为招商引资实现了土地增值，如果产业发展到顶而无法招商引资了，圈来的土地就实现不了增值，土地财政也就到头了。就全球范围来讲，中国劳动密集型工业的扩张已经到顶了，这是决定中国未来发展方向的基本国情。

四

全面建成小康社会，中国经济社会发展进入了一个新的发展阶段，在这个背景下有三大问题：中国在现代化进程中当下所处的发展阶段是什么，中国不平衡发展状况下各个地方所处的不同发展阶段是什么，中国在全球化进入当前一个新阶段所要明确的定位是什么？如何处理这三大问题就成为中国现代化的战略抉择。

第一个问题，中国在现代化进程中当下所处的发展阶段是什么。现代化是一个自然而然的历史进程，也是一个动态的过程，不能人为地改变发展规律、人为地超越发展阶段。而不同发展阶段的发展形态和发展方式必然不同，发展目标和发展任务也必然不同。党的十九大明确我国仍然处于并长期处于社会主义初级阶段，到 2050 年全面实现社会主义现代化。那么，从 2020 年到 2050 年之间的 30 年，是从基本现代化到全面现代化阶段，仍然是生产力发展水平不足的阶段，是共同富裕的公平优先，还是不平衡发展的效率优先，或是效率优先不断实现公平？3 种解决方案就决定了不同的发展方向和发展结果。特别是共同富裕，既无法回避又要面对现实，需要高度政治智慧与社会共识。

第二个问题，中国不平衡发展状况下各个地方所处的不同发展阶段是什么。中国作为一个有 14 亿人口的特大型国家，世界上任何一个已经现代化的国家的人口规模无法与之相比较，由于幅员辽阔，南北、东西的资源禀赋和文化结构极为复杂，区域发展水平差距悬殊，不同的地区处于不同的发展阶段，形成区域发展不同步的现代化进程。这种不平衡发展的现代化进程具有十分巨大的差异性和复杂性，是人类史上绝无仅有的发展史，不仅工业化与城镇化发展不平衡、工农发展不平衡、城乡发展不平衡，而且区域与区域之间发展不平衡、乡村与乡村发展不平衡，由此带来城乡发展不平衡和乡村发展不充分就更加突出。每个地区的经济社会发展水平都不一样，每个乡村发展状况都不一样，处于现代化进程中的经济社会发展阶段就都不一样，发展的目标和历史任务、发展形态和发展方式就必然都不相同，不可能全国乡村都是一个目标、都是一个模式同步发展。因此，如何探索中国不同区域、不同发展形态和不同发展模式的城乡融合发展，实现途径与机制这样一条全面现代化的中国道路，推进中国经济社会向更高形态的发展演进，是一个事关中华民族伟大复兴的巨大挑战。

第三个问题，中国在全球化背景下，当前一个新阶段所要明确的定位是什么。中国的经济社会发展阶段不仅要从历史的脉络和现实的状况来看，还要从全球的发展趋势来看。中国近代到现代都是一个追赶现代化的历史进程，西方发达国家是中国作为现代化唯一的参照体系。中国改革开放的现代化进程作为人类史上前所未有最伟大的历史事件，是全面融入世界经济体系的进程，不仅重塑了中国与世界的关系，重塑了中国的经济体系，而且颠覆了西方的参照体系，使中国自身成为世界所参照的重要对象；不仅使中国成为国际市场体系的受益者，对国际市场体系产生越来越大的影响力，而且使中国越来越受到国际市场规则的约束，也越来越受到国际经济与政治环境的影响，这是中国历史上的百年大变局。因此，全球化进入了一个新的阶段，中国已经成了推动全球化的一个重大经济体，这个是以前没有的。但无论如何，中国今天还远未达到西方发达国家那样的现代化水平，即使是自我设定的全面现代化目标也还需要奋斗 30 年，如何冷静清醒地定位中国在世界中的位置、中国与世界的关系，以破解被迫开放和自主开放之间的矛盾，也同样是一个事关中华民族伟大复兴的巨大挑战。

全面建成小康社会后的社会发展阶段如何来定义？必然要有新的发展内涵，要有几条新的规定。需要从共同追求和发展趋势两个方面探究从"小康社会"向更高一级社会发展的生成状态、具体形态及实践路径。这个过程的逻辑起点要放在人的自由与全面发展这样一个视角。换句话说，从人的自由与全面发展这样一个起点或者落脚点，从历史逻辑和社会共识的视角来思考中国的全面现代化，有两个最关键的战略目标，一是关于人的全面发展和社会的全面进步，作为社会主义国家的本质要求，必须推动各方面的发展落到人的全面发展和人的社会的全面进步上；二是走出一条发展中国家的现代化新路，提供中国智慧和中国方案，背后实际上走出了一条发展中国家的新型城镇化的发展道路，实际上也就是新型城镇化的中国道路。

工农城乡关系实际上是一个互动关系，那么，全面建成小康社会的内涵是什么？在全面建成小康社会后是一种什么样的新型城乡关系？怎么来破题？这个过程有两个问题需要把握，就是全面现代化与区位差异，城乡融合发展与城乡二元结构。

全面建成小康社会后第一个关键就是补短板。同步进入全面建成小康社会，是社会主义集中力量办大事的优势，但经济社会发展有着必然的客观规律，特别是中国区域发展不平衡、城乡发展不平衡，各个地方甚至处于不同的经济社会发展阶段，就不可能有同步的经济社会发展水平，具体到个人的时候，就更是千差万别。党的十九大明确，我们将在相当长时期处于社会主义初级阶段，那就必然要求资源优化配置实现效率，而非实现公平优先。但也不能放弃公平，也就是天之道损有余而补不足，人之道损不足而奉有余。人之道就是市场竞争强调效率，天之道就是制度保障突出公平。

按照中共十八届三中全会的判断，影响中国经济社会发展最大的问题，就是城乡二元结构，也就是中国经济社会发展最大的短板。比较形成共识的是，农业是"四化"同步的短板，农村是全面小康的短板，在党的十九大以后，进一步明确为城乡发展不平衡、乡村发展不充分，关键是补短板。党的十七大提出城乡一体化发展以来，着重推进城乡基本公共服务体系或者公共服务设施的一体化，也是在补短板。因为城市一直在快速发展，而农业农村农民的发展严重滞后，在公平方面最突出表现在基本公共服务、基础设施建设、基本社会保障。我认为，全面建成小康社会后，首先定位就是在实现社会公平上，补齐乡村社会基本公共服务、基础设施建设、基本社会保障的短板。

全面建成小康社会后第二个关键就是创机制。沿着党的十七大"以工补农、以城带乡"的城乡关系发展主线，实施乡村振兴战略，就是客观要求创新中国经济社会发展的体制机制，激活发展的内在动力，以实现动力变革、质量变革、效率变革。创机制的核心是破解城乡二元结构，推进城乡融合发展，以进一步有效推动中国工业化、城镇化进程，确保中国经济社会可持续发展或是高质量发展，实现全面现代化和中华民族的复兴。要如何破除城乡二元结构，关键是建立城乡一体化的土地制度、户籍制度，城乡平等的基本公共服务、基础设施建设、基本社会保障。

全面建成小康社会后第三个关键就是促发展。社会主义初级阶段，发展仍然是社会的主题。尽管中国已经发展成为世界工厂，经济总量位居全球第二，但人均水平远远落后于发达国家水平，还无法支撑 14 亿人口共同富裕的生活。只能在确保效率的前提下不断缩小城乡差距、区域差距，从而实现社会公平。中央提出高质量发展，什么是高质量发展？面向全面现代化，面向中华民族伟大复兴，应该是国民有效财富的累积，给当代共享，给子孙后代发展。

那么，在全面建成小康社会的背景下，新型城乡关系建构的体制机制是什么？东部发达地区已经高度现代化或高度城市化了，走过了西方发达国家 20 世纪二三十年代的发展阶段，如上海、浙江、江苏就特别突出，实现了"以工补农、以城带乡"，也就基本上实现了补短板，开始进入城乡融合发展阶段。而从全国而言，补齐不平衡、不充分的短板，主要是初步城市化和尚未城市化的中西部地区，全面建成小康社会的城乡融合发展要在这样一个历史背景下来推进。也就是说，东部地区、中部地区、西部地区以及城市与乡村、工业与农业处于不同的经济社会发展阶段，乡村振兴也好，城乡融合发展也好，不可能同步推进。因为一个地方的经济社会发展是一个自然的历史进程，这也是马克思主义的基本观点，靠运动式发展我们有过深刻的历史教训。东部地区、中部地区、西部地区的乡村振兴、城乡融合发展要按照不同的发展要求分类推进，这是全面建成小康社会后中国经济社会发展最大的现实与最大的挑战，不仅决定着中国高质量发展的成败，更决定着中国全面现代化与民族复兴的成败。

在城乡关系中无疑会自觉不自觉地更多关注乡村，农业农村优先发展是毫无疑义的。但我们不能不看到一个重大的社会现实，就是中国有近3亿农民工，相当于美国全国人口数量的农民在城市就业，城市既有市民也有农民，既有本地人也有外地人，说明城市自身的融合发展问题还没有解决。如果近3亿农民工不能市民化，导致成千上万的农民工返乡，不仅仅是影响城乡融合发展的问题，更可能是中国现代化进程的逆转，这是我们必须高度警惕的。

按照党的十九大报告的战略规划，全面建成小康社会后，城乡关系最终走向融合发展，进入社会发展的高级阶段，也是城乡发展的终极目标。马克思指出，城乡融合发展的指向是人的自由全面发展，城乡融合发展的归宿是人与自然的和谐发展。马克思恩格斯在《共产党宣言》中第一次明确宣布，代替那存在着阶级和阶级对立的社会发展高级阶段，"将是这样一个联合体，在那里，每个人的自由发展是一切人的自由发展的条件"。马克思在《资本论》中又进一步指出，共产主义是"以每个人的全面而自由的发展为基本原则的社会形式"。而"每个人的自由而全面发展"与"自由人的联合体"是马克思为之奋斗一生的美好社会理想最高追求和价值目标，在中国文化的语境中无疑是"天下大同"的美好社会。因此，人的全面发展和社会的全面进步是时代更迭、社会变革、文明兴替的必然发展趋势，必将推进中国整个社会生产方式和生活方式的变革，实现从"小康社会"向更高一级的社会发展阶段跨越。

遵循"人民对美好生活的向往，就是我们的奋斗目标"的目标要求，按照习近平总书记在浙江提出来的"美丽乡村"到"美好乡村"的发展逻辑，可以把"美好社会"作为全面建成小康社会后更高一级的社会形态与发展目标，推动中国社会从"小康社会"向"美好社会"的方向迈进。这需要在"五位一体"的总体布局和"四个全面"的战略布局中，将工业与农业、城市与乡村、城镇居民与农村居民作为一个整体纳入全面建成小康社会的全过程中，将制度建构落实到既促进城市与农村、工业与农业、政府与市场、国家与社会双向互动的城乡融合发展，又维护和发展好城市居民和农村居民公平公正的经济权益、政治权益、社会权益、文化权益、生态权益上来，真正落实"以人民为中心"的发展思想，构建实现人的全面发展和社会的全面进步这样一个新的理论体系和制度框架。

可以给予美好社会 3 条定义：共享发展的社会生产，公平发展的小康生活，持续发展的绿色生态。为此，全面现代化的中国道路必须建构在社会发展高级阶段的城乡融合发展上，落脚点放在城乡融合，就是推动城乡关系从对立与二元，走向统筹到一体化的融合发展，才能实现从"小康社会"到"美好社会"跨越，建立中国特色社会主义现代化的全新社会形态。

五

工业化使人口不断向城市集聚，然后对整个农村农业按照城市的要求加以全面的改造，这个过程一直就是人类现代化的历史进程。马克思在资本主义早期就发现，城乡关系以对抗的形式发生而不是以和谐的形式发生成为普遍现象，而且随着工业化、城市化的推进，城市对农村、工业对农业不断提出新的要求。按照马克思的观点，城乡关系要依次经历城乡依存、城乡分离与对立、城乡融合 3 个辩证发展阶段，并提出商品经济消亡才能实现阶级对立和阶级差别消失，废除私有制是实现城乡融合的首要条件。时至今日，西方资本主义国家由单一私有制到以私有制为主体的多种所有制，构成一个被动地适应社会发展规律的"消极扬弃"的历史演变，城乡关系经历了从工业化的早期对抗到实现工业化、城镇化之后逐渐融合发展的历史演进。

不可否认，随着改革开放的深入推进，不仅城乡关系经历了二元分离到不断协调、融合的发展变迁，而且中国经济体制经历了由单一公有制到以公有制为主体的多种所有制，构成一个主动适应社会发展规律的"积极扬弃"的历史演变。在城乡二元结构突出的条件下，中国在工业化起始阶段这个过程无疑有一定程度上的对抗形式，其中区域分化、城乡分化和贫富分化是突出表现。中央采取了较多的和谐措施，比如把"三农"工作作为重中之重，坚持农业农村优先发展，新农村建设，脱贫攻坚，实施乡村振兴战略等等，包括从中央对地方财政转移支付，到对口援建、财政投入向农村倾斜；从取消农业税、粮食补贴、农机补贴，到农村医保与低保、乡村公路建设、农电改造、危房改造、农村信息化等等。但只要全面现代化还未完成，就必定要推进工业化、城市化，人口就必然向城市集聚，就必定会在每一个新的阶段对整个农业、农村的发展提出新的要求。

就当前阶段而言，所谓的"以工补农、以城带乡"，根据我的理解，一方面要把工业发展带来的财富返回给农业、农村、农民，主要是解决社会基本公共服务、基础设施建设、基本社会保障的"三基"问题，同时要不断提高农产品价格，让农业获得社会的平均利润，让从事农业的农民能够不断提高收入，共享工业化的红利。另一方面要加快城市基础设施、生活和生产的现代化信息平台、公共服务不断向农村延伸和覆盖，推动农民市民化，推进城乡产业对接，最关键的就是破除资源要素单向流向城市的城乡二元结构，特别是要破除阻碍城乡要素流动的体制机制与政策障碍，让城市的辐射力进入乡村，使城市的经济社会发展体系和乡村的经济社会发展体系由二元分割融合为一体化的发展体系，让乡村共享城市化的红利。

因此，全面建成小康社会后就是如何处理城乡关系，由于城市有城市的特点，乡村有乡村的特点，而且仍然是社会主义初级阶段，尽管无法实现同步富裕，但必须共享发展红利，否则就难以持续发展。可以说，乡村落后于城市，不仅是市场层面上的产业落后，而且是政策层面的公共供给落后。城乡共享发展红利怎么共享？用什么东西来衡量？我认为，在体制机制与政策体系方面主要是城乡基本公共服务、城乡基础设施建设、城乡基本社会保障的"三个一体化"，在产业方面主要是发挥市场对资源要素配置的决定性作用，从而形成政府的推动力和社会的原生动力，加快城乡产业一体化进程。

现代化实际上还包括了农业现代化，也就是"四化"同步发展。全面建成小康社会后，农业现代化在某种程度上仍然是"四化"同步的短腿。这个过程就是基础设施建设、基本公共服务制度、基本社会保障的城乡一体化进程。在这个过程中，就是把握快速工业化地区、已经工业化地区、正在工业化地区、欠工业化地区等区位差异与城乡二元结构的不同发展状态，建构一个在全面现代化与城乡融合发展的整体战略目标下的制度体系和政策框架。

陈文胜

2020 年 9 月 12 日于长沙家中

目 录

177　十二、小岗村 VS 华西村，谁高谁下？

——对话柳中辉

193　十三、如何打造特色小镇？

——对话资兴市黄草镇书记、镇长

一、农民与土地关系中的改革逻辑
——对话陈锡文

在全面建成小康社会与实施乡村振兴战略的关键时刻，第十三届全国人大常委会第十二次会议表决通过了关于修改土地管理法的决定，无疑顺应了农业农村现代化的核心目标与城乡融合发展战略选择，回应了全面现代化的时代要求。因为土地制度是一个国家经济社会最基本的制度，农民与土地的关系是一个国家最为重要的生产关系。习近平总书记就强调："我国农村改革是从调整农民和土地的关系开启的，新形势下深化农村改革，主线仍然是处理好农民与土地的关系。"土地是农民之根与农业之本，是农民赖以生存和发展最基本的物质条件，处于农民与国家关系中的核心地位。处理好农民与土地的关系是实施乡村振兴战略中推进动力变革与制度变革的主线。陈文胜专程拜访全国人大农业与农村委员会主任陈锡文，并就农地改革的有关热点问题进行了专访。

土地改革的农民利益底线

陈文胜：土地是农民的安身立命之本，也是释放乡村进一步发展内在动力的钥匙，无疑是实施乡村振兴战略的基石。在新的时期，农民与政府的利益矛盾由过去集中在税费负担上，转变为城镇化进程中农地非农化所带来的巨大利益分配上。在此背景下，一些地方的农村土地改革能否坚持农民利益的底线，这是当下最令人担忧的现实问题。

陈锡文：中国自古以来就有"江山社稷"之说，象征着土地和粮食的土地神和谷神，在帝王和老百姓的心中都有最为重要的地位，而农民发挥着连接土地与粮食的纽带作用，成为以农立国的"江山社稷"基石，如何处理农民与土地、粮食之间的关系，始终是人口大国经济社会发展的永恒主题。尽管现在的工商业很发达，与过去整个国家经济基本都来自农业大不一样，但不管怎么变，民以食为天，治国理政仍然必须首先处理好农民、土地和粮食的关系，高度重视农民的利益。因此，在新时代的农村土地改革中，需要明确保护农民利益的底线，而这就必然涉及农户的土地承包经营权究竟属于何种权利的定性问题。

1. 农户的土地承包经营权究竟属于何种权利

农村基本经营制度确立之后，农民对于农村土地承包关系长期稳定的信心明显增强。但是，在现实经济生活中，影响土地承包关系稳定的因素还大量存在。其中最主要的，一是有些村集体组织负责人为了自己或亲朋好友的利益，违反政策，利用手中权力随意调整农户承包地；二是由于人口变动，各承包户之间的人地比例发生变化，部分觉得自己吃了亏的农户要求调整承包土地。

正是针对这种情况，1993年的中央十一号文件就提出："为避免承包耕地的频繁变动，防止耕地经营规模不断被细分，提倡在承包期内实行'增人不增地、减人不减地'的办法。"但由于只是提倡，因此收到的效果有限。到世纪之交开始起草《农村土地承包法》时，解决上述问题的要求被再次提出。

该法明确规定："承包期内，发包方不得收回承包地，不得调整承包地。"对于这两项规定，在法律起草、审议的过程中，曾有过较大争议。因此，在不得收回和调整承包地的条款之后，都增加了关于例外情形的条款。如关于不得收回的例外情形是："承包期内，承包方全家迁入设区的市，转为非农业户口的，应当将承包的耕地和草地交回发包方。承包方不交回的，发包方可收回承包的耕地和草地。"关于不得调整的例外情形是："承包期内，因自然灾害严重损毁承包地等特殊情形对个别农户之间承包的耕地和草地需要适当调整的，必须经本集体组织成员的村民会议三分之二以上成员或三分之二以上村民代表的同意，并报乡（镇）人民政府和县级人民政府农业等行政主管部门批准。承包合同中约定不得调整的，按照其约定。"

对承包期内发包方可否收回和调整承包地的问题，之所以会有很大争论，关键就在于对农户的土地承包经营权究竟属于何种权利存在不同看法。在起草《农村土地承包法》时，我国尚未颁布物权法。但《农村土地承包法》的起草，却已经无法回避对农户土地承包经营权的权利定性问题。在实行家庭联产承包责任制之初，无论是发包方、承包方乃至社会各方，普遍都尚未产生对农户土地承包经营权进行权利定性的要求。因为当时的农户家庭承包经营，是集体经济组织内部统一核算、统一分配下的家庭经营，农户家庭并不是独立的经营主体，只是集体组织实行统一核算和分配中的一个包产作业层次。但当包干到户普及之后，农户的土地承包经营权属于何种权利的问题便被提了出来，因为此时农户家庭已经成为相对独立的经营主体。但在当时的社会背景下，大多数人还是认为，农户土地承包经营权属于农户向本集体租赁土地后而获得的土地经营权利，因此它属于租赁行为。而土地承包关系通过发包方和承包方双方签订承包合同的方式来确立，似乎也从侧面验证了土地承包经营权的租赁性质，因为承包合同的内容需要由发包方和承包方双方协商或谈判来约定。

1984年中央一号文件规定"土地承包期一般应在15年以上"后，土地的承包期限已由国家政策规定，由此便引起了人们关于土地承包经营权属性问题的讨论。而当1993年中央十一号文件规定"在原定的耕地承包期到期之后，再延长30年不变"之后，这个问题便进一步引起人们关注。但在当时的法律规范和社会认知中，尚未形成"物权"与"债权"等概念，因此讨论就难以深入。到 1999 年开始起草《农村土地承包法》时，国家已经在考虑研究制订物权法，因此，《农村土地承包法》的起草工作，从一开始就回避不了土地承包经营权的属性问题。坦率说，当时从事农村经济政策研究的人大多并没有多少法律知识，而从事立法工作的人往往又不太了解农村的实际情况，因此讨论初期进展得并不顺利。但重要的是大家都知道制定《农村土地承包法》的宗旨，是为了保障农民对土地的合法权利，因此很快就在农民的土地承包经营权应属于用益物权的问题上达成了共识。在国家尚未颁布物权法的背景下，《农村土地承包法》自然通篇都不可能出现"物权""用益物权""债权"等概念，但它的立法倾向是要将农民的土地承包经营权定义为"用益物权"。因此，从现行的《农村土地承包法》中可以看到，关于土地的承包主体、承包期限、发包方和承包方的权利与义务、承包的原则和程序、承包合同一般应包括的条款等，法律均有明确的规定。由此可见，农民所拥有的承包本集体土地的权利，是由国家法律规定的权利，这种法定权利，不受任何组织和个人侵犯。所以，农民有权依法主张承包本集体土地的自身权利，而集体经济组织也必须依法履行向本集体农民发包集体土地的责任和义务。不难看出，农民的土地承包经营权，并非是由市场主体之间通过依法协商、谈判而获得的租赁土地的经营权，而是依法获得的财产性权利。

当然，关于农民土地承包经营权的属性问题，最终还是由《物权法》作出了更为充分的说明。2007 年 3 月 16 日，第十届全国人民代表大会第五次会议通过了《物权法》。而在《物权法》关于农村土地承包经营权的内容中，有不少条款就是来源于《农村土地承包法》的，这表明《农村土地承包法》所表达的农民土地承包经营权属于用益物权的立法倾向是成功的。更重要的是，《物权法》还明确规定："农民集体所有的不动产和动产，属于本集体成员集体所有。"这条规定的重大意义，在于明确了农民是以本集体组织土地所有权人之一的身份承包的本集体土地，这种土地承包关系，显然不同于《合同法》意义上的平等市场主体之间依法自愿形成的土地租赁关系。而明确这一点，对于规范农村土地基本经营制度的后续发展，将具有重大意义。

2. 农户承包土地经营权"流转"的历史演进

国家工业化、城镇化的推进，农村分工分业的发展，必然引起农村劳动力和农业人口的流动。在这个过程中，人们看到，农民承包的土地，正在从谁承包、谁经营的初始状态，逐步向多样化的经营形式转变。这是历史发展、进步的必然趋势。

农村集体土地实行家庭承包经营，最初目的是为了解决农业实行集体统一经营中的平均主义问题。但户户承包土地、家家经营农业的局面并没能维持多久，因为外有工业化、城镇化的拉动，内有分工分业的推动，再加上实行家庭经营后，农户既有了积累自有资金的可能，又有了自主支配劳动力和劳动时间的权利，因此就开始出现部分农业劳动力离开承包土地、甚至离开农业农村的现象。对这种现象，中央早有预料，因此在1984年的中央一号文件中就明确提出："鼓励耕地逐步向种田能手集中。"关于如何集中，文件提出两个途径：一是承包农户可将土地交给集体统一安排；二是可以经集体同意，在不能擅自改变向集体承包合同内容的前提下，由社员自找对象协商转包。但在这里，首先是没有明确"转包"行为的性质；其次也没有明确"转包"的究竟是土地的承包权、经营权抑或是承包经营权？因为在当时的实际情况下，"转包"毕竟还是较少发生的现象，因此不去探究这些细节问题也无碍大局。但当类似情况成为多发状态之后，就不能再忽视这些细节了。

正因为如此，《农村土地承包法》中就专列了"土地承包经营权的流转"这一节。明确允许"通过家庭承包取得的土地承包经营权可以依法采取转包、出租、互换、转让或者其他方式流转"。这显然是为了适应土地承包经营权"流转"现象增多的实际需要。但该法所提"流转"的对象仍然是"土地承包经营权"，也没有明确界定"流转"的到底是土地的承包权、经营权抑或是承包经营权。这当然就使很多想"流转"土地的农民陷入了困惑："流转"会不会影响到自己土地承包权的稳定？而此后施行的《物权法》也仅是重申了《农村土地承包法》中的相关规定，并未作出更具体的规定。

在这种法律和政策都处于混沌状态的情况下，农民显示出了他们处理此类复杂问题的天才能力。在江、浙、闽、粤等沿海发达地区和京、津、沪等大城市郊区，由于农村劳动力转向非农产业的机会更多，土地"流转"的现象也就更多。为了在促进"流转"中不损害农村土地的集体所有制、维护农村基本经营制度的稳定，这些地方的农民和农村基层干部自发地提出了"坚持集体所有权，稳定农户承包权，放活土地经营权"的"三权分离"思路，这在实践中得到了各方的认可和欢迎。但这个提法毕竟在当时的国家法律和政策中还都找不到依据。

针对此种状况，中央认为，促进土地承包经营权流转的前提，是稳定农村土地承包关系。为了使承包农户在面对"流转"时对自身的权利更有信心，2008 年的中央一号文件首次提出"加强农村土地承包规范管理，加快建立土地承包经营权登记制度"。2009 年的中央一号文件提出"稳步开展土地承包经营权登记试点，把承包地块的面积、空间位置和权属证书落实到农户"。2010 年和 2012 年的中央一号文件，都明确要求扩大农村土地承包经营权登记的试点范围（2011 年的中央一号文件是关于加快水利改革发展的专项文件，故没有涉及农村土地承包经营制度问题）。而 2013 年的中央一号文件，则对全面开展农村土地确权登记颁证工作作出了具体部署，要求用 5 年时间基本完成此项工作，妥善解决农户承包地块"面积不准、四至不清"等问题。

从中央文件首次提出"加快建立土地承包经营权登记制度"，迄今已逾 10 年，从农业农村部公布的情况看，截至 2017 年年底，全国 31 个省（自治区、直辖市）均开展了农村土地承包经营权确权工作，共涉及 2 747 个县级单位、3.3 万个乡镇、54 万个行政村；承包地确权面积 11.59 万亩，占二轮家庭承包地（账面）面积的 80% 以上[①]。预计到 2018 年年底，全国农村可基本完成农村土地承包经营权的确权登记颁证工作。在这个过程中，一方面，进入"流转"的农户承包土地经营权面积在不断扩大；另一方面，对于"流转"的土地只是农户承包土地的经营权，而"流转"之后，农户土地的承包权在承包期内仍将保持稳定，这已成为越来越多人的共识。

农户承包土地经营权"流转"现象的发展，当然也引起了人们对农业经营体制未来可能变化的关注。早在 1990 年 3 月 2 日，邓小平在发表"国际形势和经济问题"的谈话时，就阐明了他对这个问题的基本看法。他说："中国社会主义农业的改革和发展，从长远的观点看，要有两个飞跃。第一个飞跃，是废除人民公社，实行家庭联产承包为主的责任制。这是一个很大的前进，

---

① 见 2018 年《农村工作通讯》第 10 期第 4 页。

要长期坚持不变。第二个飞跃，是适应科学种田和生产社会化的需要，发展适度规模经营，发展集体经济。这又是一个很大的前进，当然这是很长的过程。"①邓小平同志关于我国农业要有"两个飞跃"的观点，对当时人们理解我国农村改革发展的方向起到了极大作用。尽管邓小平强调，"两个飞跃"是"从长远的观点看"的；家庭联产承包为主的责任制，是"要长期坚持不变"的；实现第二个飞跃，"这是很长的过程"。但是，他指出的当时农业发展中科技进步、经营规模、生产的社会化程度和集体经济组织发挥作用不够等问题，都是不争的事实。因此，在家庭经营基础上如何办好一家一户办不了、办不好、办起来不经济的事情，如何发挥集体经济组织在某些方面必要的统一经营功能，如何鼓励和支持农民发展多种形式的合作与联合以及如何发展多样化的农业社会化服务体系等问题，就都被提上了研究制定相关政策的议程。

经过十多年的实践，在 2008 年 10 月 12 日，党的十七届三中全会通过了《中共中央关于推进农村改革发展若干重大问题的决定》。这个决定以邓小平同志"两个飞跃"的观点为基础，总结农村改革发展中的新鲜经验，提出了"两个转变"的观点："推进农业经营体制机制创新，加快农业经营方式转变。家庭经营要向采用先进科技和生产手段的方向转变，增加技术、资金等生产要素投入，着力提高集约化水平；统一经营要向发展农户联合和合作，形成多元化、多形式服务体系的方向转变，发展集体经济，增强集体组织服务功能。培养农民新型合作组织，发展各种农业社会化服务组织，鼓励龙头企业与农民建立紧密利益联结机制，着力提高组织化程度。按照服务农民，进退自由，权利平等，管理民主的要求，扶持农民专业合作社加快发展，使之成为引领农民参与国内外市场竞争的现代农业经营组织。"这个决定的重要性，在于对"统分结合"中"统"的内涵作出了新的拓展。它突破了以往把"统"的职能局限于本集体经济组织内部的理解。固然，"统"的有些职能是必须由本集体经济组织才能承担的，集体经济组织也应当更多地发挥为本集体农户提供各种服务的职能。但我国各地发展很不平衡，大多数地方的农村集体经

---

① 《邓小平文集》第三卷。

济组织还不具备为农户提供各方面服务的能力。为此，就要采取多种形式来充实"统"的能力，包括发挥集体经济组织，也包括农民自身的合作与联合组织、各种农业社会化服务组织以及农业产业化经营中的龙头企业的作用，等等。实践证明，发展多元化、多层次、多形式的农业社会化服务组织，对于我国在小农户数量众多的背景下加快农业现代化的进程，具有重要现实作用。

在农业经营的具体形式越来越趋向于多样化的背景下，如何看待稳定和完善我国农业的基本经营制度？2013年12月23日，习近平总书记在中央农村工作会议上发表了重要讲话，他说："完善农村基本经营制度，需要在理论上回答一个重大问题，就是农民土地承包权和土地经营权的分离问题。今年七月下旬，我到武汉农村综合产权交易所调研时就提出，深化农村改革，完善农村基本经营制度，要好好研究农村土地所有权、承包权、经营权三者之间的关系。改革前，农村集体土地是所有权和经营权合一、土地集体所有、集体统一经营。搞家庭联产承包制，把土地所有权和承包经营权分开，所有权归集体，承包经营权归农户，这是我国农村改革的重大创新。现在，顺应农民保留土地承包权、流转土地经营权的意愿，把农民土地承包经营权分为承包权和经营权，实现承包权和经营权分置并行，这是我国农村改革的又一次重大创新。这将有利于更好坚持集体对土地的所有权，更好保障农户对土地的承包权，更好用活土地经营权，推进现代农业发展。"这是总书记从我国农业、农村发展的现实需要和农民的意愿出发，依据我国基本国情和当下经济社会发展的阶段性特征，对推进农村基本经营制度与时俱进地发展完善的重要论述。他结合我国当前农业经营形式丰富多彩的现状说："家家包地、户户务农，是农业基本经营制度的基本实现形式。家庭承包、专业大户经营，家庭承包、家庭农场经营，家庭承包、集体经营，家庭承包、合作经营，家庭承包、企业经营，是农村基本经营制度新的实现形式。说到底，要以不变应万变，以农村土地集体所有、家庭经营基础地位、现有土地承包关系的不变，来适应土地经营权流转、农业经营方式的多样化，推动提高农业生产经营集约化、专业化、组织化、社会化，使农村基本经营制度更加充满持久的制度活力。"总书记的这些论述深刻阐明，在稳定、完善、发展我国农村基本经营制度的过程中，农村土地农民集体所有的制度是不能被改变的。他指出，"坚持农村土地农民集体所有，这是坚持农村基本经营制度的'魂'。农村土地属于农民集体所有，这是农村最大的制度。农村基本经营制度是农村土地集体所有制的实现形式，农村土地集体所有权是土地承包经营权的基础和本位，坚持农村基本经营制度，就要坚持农村土地集体所有。"作为农村集体经济组织成员的农民，他们所享有的承包本集体土地的权利是不可侵犯的。他指出，"家庭经营在农业生产经营中居于基础性地位，集中体现在农民家庭是集体土地承包经营的法定主体。农村集体土地应该由作为集体经济组织成员的农民家庭承包，其他任何主体都不能取代农民家庭的土地承包地位。""现有农村土地承包关系保持稳定并长久不变，这是维护农民土地承包经营权的关键。任何组织和个人都不得剥夺和非法限制农民承包土地的权利。"作为农业生产经营中最重要要素的土地，是可以从实际出发、与时俱进地采取更适合现代农业发展要求的多种形式来经营的。他指出，"农民家庭承包的土地，可以由农民家庭经营，也可以通过流转经营权由其他经营主体经营，但不论经营权如何流转，集体土地承包权都属于农民家庭。这是农民土地承包经营权的根本，也是农村基本经营制度的根本。"

3. "三权分置"背景下的承包经营权"流转"

习近平总书记关于稳定、完善、发展我国农村基本经营制度的论述，有着深厚的思想底蕴和深邃的战略眼光。他说，"现在，承包经营权流转的农民家庭越来越多，土地承包权主体同经营权主体发生分离，这是我国农业生产关系变化的新趋势。这个变化对完善农村基本经营制度提出了新的要求。要不断探索农村土地集体所有制的有效实现形式，落实集体所有权、稳定农户承包权、放活土地经营权，加快构建以农户家庭经营为基础、合作与联合为纽带、社会化服务为支撑的立体式复合型现代农业经营体系。""这些年，在创新农业经营体系方面，广大农民在实践中创造了多种多样的新形式，如专业大户、家庭农场、专业合作、股份合作、农村产业化经营等等。在粮食等大田作物的生产上，适度规模经营的家庭农场，加上比较完备的农业社会化服务体系，形成了耕种收靠社会化服务，日常田间管理靠家庭成员的经营样式。从各地实践看，各种经营主体、各种经营形式，各有特色，各具优势，在不同地区、不同产业、不同环节都有各自的适应性和发展空间，不能只追求一个模式、一个标准，要根据各地实际，根据不同农产品生产特点，让农民自主选择他们满意的经营形式。""创新农业经营体系，不能忽视了普通农户。要看到的是，经营自家承包耕地的普通农户毕竟仍占大多数，这个情况在相当长时期内还难以根本改变。""创新农业经营体系，放活土地经营权，推动土地经营权有序流转，是一项政策性很强的工作。要把握好土地经营权流转、集中、规模经营的度，不能片面追求快和大，不能单纯为了追求土地规模经营强制农民流转土地，更不能人为垒大户。要尊重农民意愿和维护农民权益，把选择权交给农民，由农民选择而不是代替农民选择，不搞强迫命令，不刮风，不搞一刀切。"

习近平总书记的这些重要论述，充分体现了他在深化农村改革上一贯坚持实事求是、不忘初心的思想。实事求是，就是必须坚持从实际出发，牢牢把握我国的基本国情和经济社会发展的阶段性特征，深刻认识我国"大国小农"的现状不可能在短时期内根本改变的现实。推进规模经营，发展现代农业，将是一个渐进的历史进程，这个进程"要与城镇化进程和农村劳动力转移规模相适应，与农业科技进步和生产手段改进程度相适应，与农业社会化服务水平提高相适应"。在党的十九大报告中，习近平总书记对此还进一步提出了"健全农业社会化服务体系，实现小农户和现代农业发展有机衔接。"因此，推进规模经营、发展现代农业，就要把更多精力用在为农业人口转移、农业科技进步、健全农业社会化服务体系等创造条件上，而不能凭单主观意志、采取脱离实际的措施，在不具备条件的情况下，强制小农户离开土地。不忘初心，就是要坚持中国特色社会主义的基本方向，坚定理论、道路、制度、文化自信。要清醒认识到，农村土地集体所有制，是我国农村的基础性制度；在这个基础上形成的农村集体经济组织制度、农村基本经营制度、农村基层社会的村民自治制度等，都是中国特色社会主义制度的重要组成部分。因此，深化农村改革要牢牢把握住方向，不管怎么改，不能把农村土地集体所有制改垮了，不能把农民利益损害了，不能把农村引到了背离中国特色社会主义的道路上去。

农村的改革在不断深化，适应新形势的各种新的经济行为和经营形式也层出不穷。党的十八大以来，把农村集体土地从所有权与承包经营权的"两权分离"，发展为所有权、承包权、经营权的"三权分置"，既是对农村改革实践经验的总结和提升，也是在理论和制度上的又一次重大创新。尽管在农民那里，集体土地所有权、承包权和经营权的"三权分离"现象早已存在，但党中央在理论和制度上对此予以肯定并将其纳入农村基本经营体制，这还是首次。这意味着，在不改变农村土地集体所有权和农户土地承包经营权的前提下，土地承包权与经营权相分离的现象将进一步普遍化，同时也意味着，农村承包土地经营权"流转"这个概念的使用，也将越来越普遍化。尤其是党的十九大报告明确提出了"巩固和完善农村基本经营制度，深化农村土地制度改革，完善承包地'三权'分置制度。保持土地承包关系稳定并长久不变。第二轮土地承包到期后再延长三十年"的要求后，关于农民土地承包经营权"流转"这个概念的属性，就更有必要进一步理清。

严格说，"流转"这个概念，并不是法律用语。在《农村土地承包法》中，"流转"就至少包括了 4 种行为：转包、出租、互换、转让。同时，法律也没有明确，"流转"来的承包土地的经营权究竟属于何种权利？在我国历史上，土地（耕地）可以租佃、可以抵押（典地）、可以买卖，但历史上使用的这些概念，其内涵都是清晰因而也是排他的。但"流转"则不然，首先是，按《农村土地承包法》的理解，"流转"可以包括多种行为和结果，因此概念本身的内涵是不确切的。其次，"流转"这个概念，在《农村土地承包法》施行之前，似乎很少见诸法律文件。这就需要了解，"流转"这个概念到底是怎么来的，它的确切内涵（尤其是在"三权分置"的背景下）到底指的是什么？

首先，"流转"这个概念是在当时特定的历史条件下被"逼"而不得不产生的。在农业实行家庭承包经营之初，对集体的土地能否交由农户家庭承包经营，都还有着激烈的争论，至于承包到户后的集体土地能否再由承包户出租的问题，当然就更不用谈起。因为在当时的历史条件下，人们认为，承包了集体的土地，自己不种、租给人家收租金，这就是"二地主"的行为，这就是不劳而获，甚至就是剥削行为。正是在这样的背景下，1982 年的中共中央一号文件明确规定："社员承包的土地，不准买卖，不准出租，不准转让，不准荒废，否则，集体有权收回；社员无力经营或转营他业时应退还集体。"

1984 年的中共中央一号文件再次重申:"自留地、承包地均不准买卖,不准出租,不准转作宅基地和其他非农用地。"但是,农业实行家庭经营之后,农户有了支配劳动力和劳动时间的自主权,而在农村分工分业和工业化、城镇化发展的背景下,劳动力的流动已经成了必然趋势,这就又必然带来土地经营权的流动。正是针对这个趋势,1984 年的中共中央一号文件才提出"鼓励土地逐步向种田能手集中"。但既鼓励耕地集中,却又不准土地出租,这显然存在着极大的矛盾。因此这个文件使用了"转包"这个概念。由于当时所有的承包地都负有完成国家征购、交纳集体提留的任务,因此在"转包"土地时,转入户首先必须替承包户完成该土地所承担的这两项任务,同时考虑到粮食实行统购统销的实际,所以允许转入户为转出户提供一定数量的平价口粮。这样,文件虽然鼓励承包到户的土地逐步向种田能手集中,但却规避了使用"出租"和"租金"等概念。于是,一方面是土地经营权转移现象的增加,而另一方面却是政策又不允许承包土地出租,正是在这样的背景下,农民和农村基层干部才创造了"流转"这个概念,以替代"出租"。

其次,在"三权分置"的制度下,"流转"的内涵到底是什么?按《土地承包法》的规定,在农村土地实行"两权分离"的制度背景下,承包土地经营权的"流转",至少包括 4 种行为:转包、出租、互换、转让。但放在"三权分置"的制度背景下来看,情况就有了很大的不同,因为"三权"分置中的流转只涉及经营权,与承包权无关。以此分析就不难看出,"转包"这种行为在取消农业税收以后,就已经不存在了;"互换"是指同一集体组织内不同农户之间相互置换承包地块的行为,它是所涉地块承包经营权的整体置换,与承包土地经营权的流转无关;"转让"是指原承包者因个人原因自愿放弃承包经营权,并经集体同意将其转让给本集体的他人,这种土地承包经营权在本集体内整体转让给他人的行为,显然也与农户承包土地经营权的流转无关。如此,在实行"三权分置"的制度背景下,《农村土地承包法》所列举的"流转",实际上就只能是"出租"。

但是,比较一下《农村土地承包法》和《物权法》的相关规定,就会发现在有些细节的表述上存在着一定的差异。如关于承包经营权人享有的权利,《农村土地承包法》的表述为:"依法享有承包地使用、收益和土地承包经营权流转的权利。""通过家庭承包取得的土地承包经营权可以依法采取转包、出租、互换、转让或者其他方式流转。"而《物权法》对此的表述则有所不同:"土地承包经营权人依法对其承包经营的耕地、林地、草地等享有占有、使用和收益的权利。""土地承包经营权人依照农村土地承包法的有关规定,有权将土地承包经营权采取转包、互换、转让等方式流转。"不难看出,在承包经营权人享有的权利上,《物权法》比《农村土地承包法》多了"占有";而在流转承包经营权可采取的形式上,《物权法》又比《农村土地承包法》少了"出租"。

《物权法》明确规定农民土地承包经营权属于用益物权,是财产性的权利,因此承包经营权人对承包地享有"占有、使用、收益的权利"顺理成章;但农民之所以享有承包土地的权利,关键在于他是本集体组织的成员,这就是说,土地的承包权是本集体组织成员权利的体现。因此,在"土地承包经营权"作为一个整体性的权利时,它不能被"出租",因为其中包含着只有成员才能够享有的权利;但是,把"土地承包经营权"分解为"土地承包权"与"土地经营权"后,"土地经营权"就可以"出租",因为它可以被看作是土地承包经营权人依法取得收益的途径之一。

从法律上明确农民承包土地可以实行"三权分置",在于这就为承包农户在出租承包土地的经营权后,在承包期内仍然保有土地的承包权提供了法律保障和支撑。而明确取得农户承包土地经营权的行为是租赁,同样具有重要意义,只有明确了取得承包土地经营权这一行为的属性,才能赋予土地经营权以相应的权能,才能对出租和承租土地经营权的双方当事人都给予符合其权利的法律保护。更重要的是,明确了"三权分置"下土地经营权"流转"的实质为租赁,才能顺应农民保留土地承包权、流转土地经营权的意愿,才能在坚持农村土地属于集体所有、保障农民土地承包权长期稳定的基础上,不断充实和丰富农村基本经营制度的内涵,使其与时俱进地始终充满着制度的活力。

陈文胜:党的十八届三中全会提出:"赋予农民对承包地占有、使用、收益、流转及承包经营权抵押、担保权能,允许农民以承包经营权入股发展农业产业化经营。"新修改的《土地管理法》不仅增加了农村集体建设用地可以通过出让、出租等方式交由农村集体经济组织以外的单位或个人直接使用的规定，而且增加了使用者在取得农村集体建设用地之后还可以通过转让、互换、抵押的方式进行再次转让的规定。不同的意见是，农地经营权抵押开的口子如此之小等于没开，而且必须得到原承包农户的书面同意就变成了一纸空文。而肯定的评价是，结束了城乡用地不能同权同价同等入市的二元体制，为推进城乡融合发展清除了制度障碍。

农村集体经营性建设用地入市的现实进路

陈文胜：《土地管理法》的修改，比较普遍认同的是，明确了容许农村集体经营性建设用地进入市场，破除了城乡二元土地制度的法律障碍。而不同的意见认为，管理范围是国有土地的城市房地产管理规定基本上就没有修改，否则，一旦农村集体土地入市，就会产生一系列问题。既然允许集体土地入市就应修改宪法，就是城市的土地可以实行国有，也可以实行集体所有。集体所有土地不能进入城市中心和公共事业，但能不能进一部分到城里来？尤其在城乡接合部，两种公有制能否不要由规划一刀切地划一条线？随着生产力的发展和社会公共管理的需要，也不是由规划定得了的，要允许不同形态的公有制存在。而有些人提到了另外一个问题，如果允许集体所有土地全面入市，要研判会造成什么样的结果，因为绝大多数城市住房空置率已经非常突出，商品房供应已经非常过剩了，有些城市房价已经跌到比成本还要低，必须特别慎重。

还有一个就是农民的现实选择问题，因为土地入市在中西部一些地方的收益低，市场的不确定性尤其是现在经济下行导致市场信心更低，而征地补偿标准提高以后，加上社会保障，相比之下变现更快，因而农民征收意愿更高，集体土地入市改革缺乏动力。因此，哪一套制度好？如重庆把地票扩大到全市，当时普遍叫好，后来供大于求而价格快速下跌，几十万亩地票指标卖不出去了，反而对农民的利益造成了伤害。什么样的改革能够真正让农民获得红利？

有一些对耕地红线政策有不同意见，认为严格保护耕地是很久之前提出来的，到现在已没有多大重要性？保护耕地政策提出的时候，土地调查结果是 18.3 亿亩，2009 年第二次土地调查的时候，全国耕地面积已经变成 20 亿亩了。到 2013 年党的十八届三中全会以后，明确实际耕地是 20 亿亩，离耕地红线还差得很远，而且大规模的占用耕地的年代已经过去了，工业化已经进入后期，拿出农村 19 万平方宅基地的 1/3 流转起来，就足以满足城市用地建设，可以让城市的地价降下来、房价降下来。其中一个学者就提出，虽然中国人口密度比发达国家、发展中国家甚至低收入国家要高，但城市人均建设用地的标准远远低于世界平均水平，仅占全国国土面积 4.1%，而美国是 5.8%，英国是 8.3%，日本是 8.9%，居住用地就更低。土地法修改应该体现现实性、时代性，应该体现当前面临的主要任务、主要矛盾，应当满足人民对美好生活的需要。既然如此为什么要人为地作茧自缚？农村那么多宅基地为什么不搞活？城里人想下乡，为什么就不给块地？农民也是中华人民共和国公民，凭什么城里人可以有多套房，农民只能有一套房？城市里住房面积 100 平方米，200 平方米，300 平方米，农民为什么不能？城市土地可以搞商品化，农民建设用地为什么就不能搞商品化呢？这些意见非常尖锐。

陈锡文：按现行《土地管理法》的规定，"农民集体所有的土地的使用权不得出让、转让或者出租用于非农业建设。但是，符合土地利用总体规划并依法取得建设用地的企业，因破产、兼并等情形致使土地使用权依法发生转移的除外。"这即是说，只有当农村集体经济组织自身有非农业建设需要时，才能够经批准依法使用本集体经济组织的土地；非本集体组织的任何单位和个人，都不得使用农村集体经济组织的土地进行非农业建设；但当乡镇企业发生破产、兼并等情形时，为了处理债权债务，其符合规划、依法取得的农村集体经济组织建设用地使用权，可以依法转让。而允许农村集体经营性建设用地入市，首先就突破了现行法律的上述规定，这是对我国建设用地管理制度进行改革的尝试。

1. 农村集体经营性建设用地的由来

农村集体经济组织的建设用地，大体上可以分为 3 类：乡镇企业用地、农民宅基地、乡村公共设施和公益性用地，其中用于经营性活动的建设用地，是乡镇企业建设用地。按我国现行《土地管理法》的规定，农村集体经济组织以外的任何单位和个人，不得使用农村集体土地进行非农业建设；但乡镇企业在发生破产、兼并等情形时，其符合规划并依法取得的建设用地使用权可以依法转移。

这就提出了一个问题，如果乡镇企业并没有发生破产、兼并等情形，而是因故停产、歇业，其闲置的建设用地可否对外转让使用权？2008年10月，党的十七届三中全会通过的《中共中央关于推进农村改革发展若干重大问题的决定》，首次触及了此问题，提出："逐步建立城乡统一的建设用地市场，对依法取得的农村集体经营性建设用地，必须通过统一有形的土地市场、以公开规范的方式转让土地使用权，在符合规划的前提下与国有土地享有平等权益。"这里使用的农村集体经营性建设用地的概念，指的就是乡镇企业建设用地。之所以要突出"经营性"，本意就是要排除农村宅基地、公共设施和公益性建设等非经营性建设用地。而2013年11月，党的十八届三中全会通过的《中共中央关于全面深化改革若干重大问题的决定》中，进一步提出："在符合规划和用途管制前提下，允许农村集体经营性建设用地出让、租赁、入股，实行与国有土地同等入市、同权同价。"由此，经党中央、国务院批准，并经全国人大常委会授权，自2015年起，在全国33个县级行政区划内，先后开展了对农村集体经营性建设用地使用权进入市场的改革试点工作。

2. 农村集体经营性建设用地入市试点的意义和价值

允许农村集体经营性建设用地入市，就可以相应减少国家对农村集体土地的征收；可以探索对集体建设用地使用权转让中的增值收益如何在国家、集体、个人三者间合理分配；可以探索如何将不属于公共利益的建设用地逐步退出国家征收的范围，等等。这符合党的十八届三中全会决定提出的改革要求："缩小征地范围，规范征地程序，完善对被征地农民合理、规范、多元保障机制。扩大国有土地有偿使用范围，减少非公益性用地划拨。建立兼顾国家、集体、个人的土地增殖收益分配机制，合理提高个人收益。"可以说，农村集体经营性建设用地入市，与国家征地制度的改革，是一个问题的两个侧面，推进农村集体经营性建设用地入市，也是在推进国家征地制度的改革。

问题是，被允许入市的农村集体经营性建设用地，其前提条件是"符合规划、依法取得"。而从社队企业到乡镇企业再到当下，集体经营性建设用地从形成到现在，年代久远，很多情况已经时过境迁。当年兴办乡镇企业是"村村点火、户户冒烟"，当时批准其使用的建设用地，也许符合当时的规划，但这么多年过去，这些建设用地能否符合当下的规划，则很可能就未必了。同时，有些现存的集体经营性建设用地，在当时就未能按程序依法取得过土地使用权。所以，真正符合进入市场条件的农村集体经营性建设用地，其数量有限。据自然资源部公布的情况，到 2018 年 3 月底，33 个改革试验区共查明农村集体经营性建设用地 11.9 万宗，面积 141.5 万亩；但目前已经入市转让使用权的共 812 宗，面积 1.6 万亩①，所占比重很低。

为什么会出现这样的情况？主要原因有以下几个方面，一是多数农村集体经营性建设用地仍在使用中，不可能转让土地使用权；二是有相当部分集体经营性建设用地不具备"符合规划、依法取得"的前提条件；三是在 33 个县级行政区划内，共有 141.5 万亩农村集体经营性建设用地，每个县（市、区）平均近 4.3 万亩，约 28.6 平方公里，如果这些农村集体经营性建设用地，真在短时期内全部进入当地的建设用地市场，那就不仅难以消化，而且很可能会冲垮市场。但无论如何，这项试点仍然很有意义、很有价值。

第一，通过农村集体经营性建设用地入市，显示出了当地土地的市场价格与征地补偿之间的差距。如江南某一试点县，拍出的第一块农村集体经营性建设用地，按规划被用于旅游宾馆建设，均价为每亩 50 多万元，扣除 30% 的"土地增值收益调节基金"后，农村集体经济组织实际获得每亩土地使用权出让金 30 多万元，远高于当地政府在征收土地时对农民的补偿标准，况且该土地并没有因此而改变农村集体经济组织的所有权，出让的土地使用权到期后，集体经济组织可以收回土地使用权再次出让。集体经营性建设用地入市与国家征收土地之间利益分配的明显差距显现出来了，这就将倒逼着政府加快对土地征收和补偿制度的改革。

第二，测算出了如何合理分配土地改变用途后的增值收益。如上所述，农民集体土地的使用权，在建设用地市场拍出的使用权出让金，当地政府为

---

① 数据来源：《国土资源报》2018 年 5 月 28 日。

什么要收取 30％的"土地增值收益调节基金"？因为政府要为这宗土地的开发和项目建成后的营运提供必要的水、电、路、气等基础设施，没有这些基础设施，这宗土地将毫无价值。

土地在改变用途过程中的增值收益如何分配才合理，是个非常复杂的问题。单个项目的测算还相对容易，而成片开发的测算难度就相当大。如城市拓展、新区开发等，动辄都是几千亩、上万亩的征收土地。但征收来的土地并非都可以收取出让金，如路、电、水、气等基础设施用地，社会管理机构用地，科技、教育、卫生、文化等公益设施用地，公园、绿地、水面等生态环境用地，等等。这样，扣除上述用地之后，能够出让使用权的城市经营性建设用地，一般都不可能达到全部被征收土地的一半。因此，出让城市经营性建设用地使用权所取得的出让金，就必须承担上述全部基础设施、公共设施、公益设施等用地的征地、拆迁、安置等补偿费用，以及上述所有设施的建设费用。于是，被征收的土地就必须有一个成本合理分摊、增值收益分配的机制。但是，被征收的土地，由于所处的位置不同、征收的时间不同，它们之间的成本、收益差别很大，因此，要建立起对每宗土地的成本合理分摊、增殖收益合理分配的机制，确实面临很大挑战。但是，现阶段建立兼顾国家、集体、个人三者利益的土地增值收益合理分配机制，关键是应当体现出党的十八届三中全会决定的要求："合理提高个人收益。"

第三，提出了合理配置城乡之间建设用地的重大问题。我国各省、区、市对处于不同地貌的农民住房建设，都规定有不同的宅基地占地标准；国家对城市、县城和建制镇也规定有不同的人均占地标准，但是，由于城乡土地利用总体规划和建设规划的不健全，尤其是绝大多数村庄都缺乏土地利用和建设规划，再加上对闲置、废弃或低效利用的建设用地缺乏有效的二次开发利用制度，因此在总体上造成了建设用地供给短缺和闲置并存的结构性矛盾。

陈文胜：关于征地也同样存在着不同的意见。这次对土地征收的公共利益范围明确界定为 6 种情形：军事和外交需要用地、政府组织实施基础设施建设、公共事业、保障性安居工程、成片开发建设及法律规定可征收农民集体所有土地的其他情形等需要用地的，可征收农民集体土地。好的评价是有效地防止无限扩大公共利益范围，保障了农民的合法利益。但也有意见认为，现在城市发展不就是工业开发、住宅开发吗？住宅占了城市百分之三四十的景观，需要遵守城市统一规划，就存在社会公共利益。因此，既没有纯粹的公共产品，也没有纯粹的私人产品，一定要区分公共利益，就只能根据一定发展阶段的经济社会发展来确实。

特别是地方政府面对各种实际困难的时候，比如说 GDP 不能负增长就需要投资，就得招商引资，就需要搞基础设施建设。我们现在还不能学习发达国家，因为他们已经充分现代化了，很少需要征地了。同时，地区差异很大，一些地方工业化和城镇化基本上达到了西方发达国家的水平，不需要这么大的征地量，是不是应该缩小范围？对征地的范围界定很模糊，给地方政府的自由裁量权太大。

3. "城乡建设用地增减挂钩"偏离了政策的预期目标

陈锡文：进入 21 世纪以来，由于农民外出务工经商人员增加，人们对农村村庄"空心化"、农民住房闲置的问题高度关注，由此催生了"城镇建设用地增加要与农村建设用地减少相挂钩"的思路。[①] 应当说，按照农业人口逐步城镇化的趋势，这种城乡建设用地增减挂钩的思路，无疑是符合发展规律的，但是，作为具体政策措施要落地贯彻执行，却面临着相当复杂的情况。因为农民从外出务工经商，到开始在城镇常住，再到在城镇安家落户，最后融入城镇成为市民、舍弃在农村的住房，需要经历一个相当长的过程，往往并非一代人即可完成。在这个过程中，城乡建设用地的增减挂钩，至少在时间上很难同步。但是，一些地方为了满足城镇建设用地的需求，以"城乡建设用地增减挂钩"的名义，强拆村庄，把腾退出来的农村建设用地指标置换进城使用。

2013 年 12 月 12 日，习近平总书记在中央城镇化工作会议上指出："推进农业转移人口城镇化，要坚持自愿、分类、有序。自愿就是要充分尊重农民意愿，让他们自己选择，不能采取强迫的做法，不能强取豪夺，不顾条件拆除农房，逼农民进城、让农民工'被落户''被上楼'。分类就是中央提出要求，各省、自治区、直辖市因地制宜制定具体办法，可以采取积分制等办法，

[①] 见《国务院关于深化改革严格土地管理的决定》（国发〔2004〕28 号）。"鼓励农村建设用地整理，城镇建设用地增加要与农村建设用地减少相挂钩。"

成熟一批，落户一批。有序就是要优先解决存量、优先解决本地人口，优先解决好进城时间长、就业能力强、可以适应城镇产业转型和市场竞争环境的人，使他们及其家庭在城镇扎根落户，有序引导增量人口流向。"他还指出："城镇化是城乡协调发展的过程。没有农村发展，城镇化就会缺乏根基。有些地方错误理解城镇化和城乡一体化，干了一些'以城吞乡''逼民上楼'的事，严重损害了农民利益。城镇化和城乡一体化，绝不是要把农村都变成城市，把农村居民点都变成高楼大厦。"他在这里强调的是城镇化的进程必须以"人"为中心，切不可以"地"为中心。但一些地方在理解和贯彻"城乡建设用地增减挂钩"的思路时，显然违背了这个原则。

我国现行的建设用地制度，除了必须符合规划、实行用途管制之外，至少还有两项很重要的规定，一是实行总量控制，即国家每年根据需要和可能，下达年度新增建设用地指标。年度新增建设用地指标，高峰时超过 800 万亩，经济进入"新常态"后逐步调减，近几年为 600 万～700 万亩。年度新增建设用地中，对征收农村集体土地，尤其是对占用耕地的数量都有明确规定。二是建设占用了耕地，必须实行"占补平衡"。《土地管理法》规定："国家实行占用耕地补偿制度。非农业建设经批准占用耕地的，按照'占多少，垦多少'的原则，由占用耕地的单位负责开垦与所占耕地的数量和质量相当的耕地。没有条件开垦或者开垦的耕地不符合要求的，应当按照省、自治区、直辖市的规定缴纳耕地开垦费，专款用于开垦新的耕地。"同时，《土地管理法实施条例》还规定："地方各级人民政府应当采取措施，按照土地利用总体规划推进土地整理。土地整理新增耕地面积的百分之六十可以用作折抵建设占用耕地的补偿指标。"这即说，经批准建设占用的耕地，占用者必须补偿相应的耕地；补偿耕地，可以开垦新的耕地，也可以通过土地整理新增耕地，但通过土地整理新增的耕地，在折抵占用耕地的补偿指标时，须打六折。这里有两条原则是清楚的：一是建设占用耕地必须经过批准，即获得新增建设用地指标、办理耕地转用手续，并补偿相应的耕地；二是通过土地整理方式将新增耕地折抵占用耕地指标的，须打六折。但在实行"城乡建设用地增减挂钩"中，许多地方都没有贯彻上述两项原则。

一是在没有获得新增建设用地指标的情况下，通过"增减挂钩"，擅自增加新增建设用地。本来，"增减挂钩"是建设项目经批准占用耕地后，实施"占补平衡"的一个具体途径，因此，实施"占补平衡"必须先获得新增建设用地指标。但不少地方的实施过程却是"逆向操作"，即并没有获得新增建设用地指标，自己到农村去拆房、并村，并将因此整理出来的耕地面积直接作为当地城镇新增建设用地的指标，这就使得实际使用的新增建设用地总规模，大大突破了国家下达的年度指标。如一些中心城市（省会城市、地级市）为了招商引资，将国家下达的新增建设用地指标全部留在了市区，而对下辖各县（市、区）的新增建设用地，要求通过"增减挂钩"去自行解决。于是，对不少县（市、区）来说，用地制度就演变成在农村拆出多少建设用地，就可以在城镇增加多少建设用地。本来，国家每年新增的建设用地指标，能够分到县一级的，往往只有三五百亩地。但是，尽管国家指标都被留在了中心城市，但只要能到农村拆房、并村，节约的农村建设用地指标就可以置换为城镇建设用地的指标，所以反而没有了制约，想用多少就去拆多少。因此，近些年的县城甚至建制镇，有不少都是宽马路、大广场，高楼林立，哪里来的那么多建设用地指标呢？很多都是"增减挂钩"来的。以致不少地方的县城、县级市市区乃至建制镇，都造成了数量可观的房产积压，由此形成的经济社会压力不可小觑。

二是扩大了土地整理新增耕地折抵建设用地补偿指标的系数。"城乡建设用地增减挂钩"的土地来源，是"农村建设用地整理"，这在国发〔2004〕28号文件中讲得很清楚。按《土地管理法》的相关规定，农村土地整理的目的，本来是"提高耕地质量，增加有效耕地面积，改善农业生产条件和生态环境。"但1998年年底发布的《土地管理法实施条例》却规定："土地整理新增耕地面积的百分之六十可以用作折抵建设占用耕地的补偿指标。"而到了2004年，真开始实行"城乡建设用地增减挂钩"后，却谁都不再提及须打六折的事了。于是就变成了通过对农村建设用地的整理，新复垦了多少耕地，就可以在城镇增加多少建设用地。

综合来看，一是由于"城乡建设用地增减挂钩"的土地指标没有纳入国家年度新增建设用地的总指标，二是又没有"打六折"，三是到农村通过拆房、并村，把农村节约的建设用地指标置换进城，再到指标落地、征地拆迁搞项目开发，在利用这些置换指标进行城镇建设时，实际就需要在农村拆两遍、建两遍房，明显扩大了建设总规模。因此，在"城乡建设用地增减挂钩"到处飘红的 2009—2012 年，据保守估计，年度实际使用的新增建设用地总规模，要比国家下达的指标，超出约四分之一到三分之一。由此也就不难想象，那几年，央行货币的增发，金融机构贷款规模的扩大，地方政府债务的增加，钢铁、水泥等建筑材料生产规模的剧增，显然都不是没有原因的。因此，城镇建设用地的盲目扩大，对宏观经济稳定的负面影响，绝不可低估。2018 年中共中央一号文件提出了"改进耕地占补平衡管理办法，建立高标准农田建设等新增耕地指标和城乡建设用地增减挂钩节余指标跨省调剂机制，将所得收益通过支出预算全部用于巩固脱贫攻坚成果和支持实施乡村振兴战略"的政策，并由国务院办公厅发出了关于实施上述两项政策管理办法的通知。通知中，对实施这两项政策制定了一系列具体、细致的规定，使得这种通过增加耕地而使农村建设用地指标置换进城的做法，具有了更明确的规范、更严格的约束。

4. 亟待破解城镇建设用地的严重结构性矛盾

我国仍处于城镇化推进阶段，城镇要发展，就不可能不增加占用土地，但也需要从另一个侧面提出问题，即城镇发展究竟还需要多少土地？从我国的总体情况看，当前城镇发展中的土地问题，主要矛盾不在总量，而在结构。这种结构性矛盾主要体现在两方面：一是地域之间城镇用地的结构性矛盾。表现为人口增长快的大城市和特大城市用地紧张，而人口增长慢甚至人口净流出的中小城市和小城镇占用土地过多。据住房和城乡建设部公布的数据，2016 年我国城市建成区总面积 5.43 万平方公里，常住人口 4.77 亿；县城建成区总面积 1.95 万平方公里，常住人口 1.55 亿；建制镇建成区总面积 3.97 万平方公里，常住人口 1.62 亿；乡政府所在地建成区总面积 0.67 万平方公里，常住人口 0.28 亿[①]。我国对于城镇建设用地的标准是：城市人均占用土地不大于 100 平方米，县城人均不大于 105 平方米，建制镇人均不大于 120 平方米。以此标准看，目前我国城市、县城、建制镇的建成区占地面积不是

---

① 数据引自住房和城乡建设部：2016 年城乡建设公报。

不够，而是都已经超标。而 2016 年全国村庄现状用地为 13.92 万平方公里①，占全国城乡建成区总面积 25.94 万平方公里（其中城市、县城、建制镇和乡的建成区总面积为 12.02 万平方公里）的 53.66%，但我国 2017 年的农村户籍人口在全国总人口中的比重为 57.65%。因此，过度渲染所谓城镇建设用地不足、农村村庄建设用地过多，并不符合事实。二是城镇内部用地的结构性矛盾。城镇建成区内，工业、仓储等用地比重偏高，而住宅和服务业等用地比重偏低，这是普遍性的现象。导致这种城镇内部土地利用结构失衡的原因，既有我国处于工业化加速发展阶段的特殊原因，更有供地价格的形成机制被严重扭曲等普遍性原因。各地为了招商引资，大多把工业用地的价格压得很低，基本上都只相当于当地住宅和商贸用地价格的八到十分之一。更何况，有些地方为了吸引所谓知名企业，在本来就已经压得很低的工业用地价格上，还采取进一步降价、甚至实行零地价供地做法。于是，工业企业往往大量占用土地（尤以各类"园区"内的企业为盛），结果是造成大量土地的低效利用甚至闲置。习近平总书记在 2013 年年底召开的中央城镇化工作会议上指出："目前，城镇工矿建设用地中，处于低效利用状态的有五千平方公里，占全国城市建成区的百分之十一。"工业用地的供地价格过低，其征地、拆迁、安置的成本如何补偿呢？早先当然是靠压低对农村集体土地征收的补偿，但到了一定程度就压不下去了；于是就只能抬高对城镇商贸、住宅用地的供地价格，以此来求得征地成本与土地出让金收益总体上的财务平衡。显然，工业用地的低价格，是靠牺牲农民和市民的利益换取的，因此也是难以持续的。习近平总书记指出："今后，城镇建设用地特别是优化开发的三大城市群地区，要以盘活存量为主，不能再无节制扩大建设用地，不是每个城镇都要长成巨人，腰围都要不断扩大。""各地区要结合实际减少工业用地，适当增加生活用地特别是居住用地，切实保护耕地、园地、菜地等农业空间，划定生态红线。要调整城市建设用地中工业用地和居住用地比价不合理问题，坚决杜绝工业用地零地价甚至倒贴的现象。"

由此可见，当前我国城市建设用地中的突出矛盾，是城市内部的用地结

---

① 数据引自住房和城乡建设部：2016 年城乡建设公报。

构性矛盾，这个矛盾的主要方面，是工业用地的比重偏高，症结在于工业用地的定价机制被严重扭曲。因此要抓住我国经济从高速度增长向高质量发展转变的历史性机遇，加快转变在追求高速增长阶段形成的思维惯性，大力调整城镇内部的产业结构和用地结构，加大对城镇废弃土地、闲置土地和低效利用土地的二次开发力度，着力盘活城镇土地存量，全面提升城镇土地利用效益。否则，农村的土地被征收得再多，也是填不满城镇建设的胃口的。当然，农村村庄的建设用地现状中，也存在着不少不合理现象。但是，对农村村庄建设用地的整理，应当更多地用于复垦为耕地、退还给生态用地，以及留给农村发展新产业、新业态和一二三产业融合发展使用，而不是一味地将其置换为人均用地已经超标的城镇新增建设用地指标。

陈文胜：地方政府对土地利益分配的绝对主导权，主要是建立在城乡发展规划权的基础上。有专家调研发现，一些城市规划基本上不以坚持和保障土地合理利用为前提，土地规划说调整就调整，甚至授权给房地产开发商，房地产开发商要求怎么建就怎么建，能给多少用地指标就给多少用地指标，所谓规划的控制性主要是服务于地方政府的卖地。地方政府可以把符合工业化、城镇化需要的农村土地，优先规划为顺利入市的集体经营性建设用地，还可把不属于政府开发范围的集体经营性建设用地，规划为公共用地、绿化用地。那么，农民和村集体的利益就只能靠边站了。

在具体的规划上，乡村与城市也大不一样，城市政府对城区土地收益有总量平衡，住宅、商业、广场、绿化的规划在整体利益之下能够协同一致。而乡村主体多元、利益多元，长期以来就缺乏土地利益总量平衡的分配机制，具有绝对规划主导地位的地方政府，尤其是处于工业化中期的中西部地方政府，在工业化、城镇化进程中很难坚持优先农业农村发展的原则，特别是难以优先农民和村庄发展，必然导致与农民利益的矛盾冲突。乡村作为一种具有独特性的自然景观，建筑物之间本来就有较远的距离，而非城市那样的密集建筑群，特别是乡村振兴中的新产业、新业态的发展有特定的规律，本身就需要大量的配套用地。但是不少地方的规划政策，要求在山水与田野的集体经营性建设用地，必须配套城市建筑标准的距离和绿地，不跨过这个高门槛就不让入市，如此这般乡村何以振兴？

由此可见，农村土地改革的顶层设计要有方向性和原则性，不能太细，更不能一刀切。中国有东部、中部、西部，各个地区情况不一样。即使湖南一个省的范围，长沙、株洲、湘潭的各个县（区）也不一样，湘西、湘南、湘北就更不一样。同时，乡村振兴不是每一个村庄都能够振兴，有些村庄会自然消亡，属于国家乡村振兴规划中明确的"搬迁撤并类村"，就不一定要规划过多的土地再造一个"空心村"。在一些城市快成为"空心城"的情况下，哪还有稀缺的土地资源去建设空心"模范村"。所以，整个区域人口向哪里集中，中心村、特色小镇、区域城市中心怎么布局都要深入研究，农村土地改革要建立在区域发展的规划基础之上。在村庄内，如何统筹布局生活空间、生产空间、生态空间？哪些是非农地，哪些是农地、林地？怎么集中，又往哪里集中？怎么进行耕地整理？这都需要建立在可持续发展的基础上，不能为了阶段性工作目标迷失了未来的战略远景。

宅基地制度的特殊性与改革的复杂性

陈文胜： 修改的《土地管理法》在原来"一户一宅"的基础上增加了户有所居的规定，允许已经进城落户的农村村民自愿有偿退出宅基地；如果农民不愿意退出宅基地，地方政府不能强迫其退出宅基地，必须是在自愿有偿的基础上。有不同意见的认为，在宅基地方面是改得最少的，尽管留了一个空白，但使用权只鼓励农民在村庄内流动，怎么去盘活宅基地？政策首先就框死了，因为在村庄内基本上不需要流动，农民有成员资格权，打个报告就可以无偿地取得使用权，为什么还要去有偿取得使用权？因此，需要增加流动功能，用三权分置的产权制度改革是远远不够的。应该看到，宅基地与征地、入市所不同的是，不仅涉及国家和农民的关系问题，而且涉及农村内部农民集体和农民个体的关系问题。如果以集体经济组织为主导来盘活，如何保障农民个体的权利？反过来也一样。

陈锡文： 农村集体经济组织的建设用地制度，主要涉及三类用地：农民宅基地、集体经营性建设用地、集体公益性建设用地。其中问题比较突出、深受社会各方关注的，主要是宅基地和集体经营性建设用地。在工业化、城镇化持续推进，城乡人口分布结构不断变化、农村常住人口不断减少的大背景下，农村集体经济组织自身的建设用地制度，正面临着深化改革的迫切需要和有利时机。

1. 经过半个多世纪演变的农村宅基地制度

我国农村的宅基地制度，是农村集体经济组织依法为本组织成员提供的住房用地保障制度。它起源于1956年成立的农业生产高级合作社。成立高级社后，入社农户的土地（住宅用地、坟地等除外）都转为合作社集体所有。于是就引出了一个新问题：农户因人口增加、子女成婚等原因需另立新户，新建住宅的土地从哪里来？对此，1956年6月30日经一届全国人大三次会议通过的《高级农业生产合作章程》规定："社员新修房屋需要的地基和无坟地的社员需用坟地，由合作社统筹解决，在必要时，合作社可以申请乡人民委员会协调解决。"这样，自1956年下半年起，农村就出现了两种所有权的农民宅基地，一种是农户自有的宅基地，包括祖传的宅基地和在土地改革中没收地主多余房屋分配给贫困农户居住所占用的宅基地；另一种就是高级社成立后由合作社分配给社员使用的宅基地。前者的宅基地是私有的，后者的宅基地则是合作社集体所有的。1961年6月15日，中共中央颁布的《农村人民公社工作条例（修订草案）》规定："生产队范围内的土地，都归生产队所有。生产队所有的土地，包括社员的自留地、自留山、宅基地等等，一律不准出租和买卖。"由此明确了农民宅基地的所有权也属于集体所有。但该条例还规定："社员的房屋，永远归社员所有。""社员有买卖和租赁房屋的权利。社员出租或者出卖房屋，可以经过中间人评议合理的租金或者房价，由买卖或者租赁的双方订立契约。""社员新建房屋的地点，要由生产队统一规定，尽可能不占用耕地。"

1963年3月20日，中央又对农村人民公社工作条例中关于社员宅基地的问题，制定了补充规定，主要包括：社员的宅基地归生产队集体所有，一律不准出租和买卖，但由各户长期使用、长期不变；宅基地上的房屋等附着物永远归社员所有，社员有买卖房屋或租赁房屋的权利，房屋出卖以后，宅基使用权随房屋的买卖而转移，但宅基地的所有权不变；社员建新房须由本人提出用地申请，经社员大会讨论同意，由生产队按规划帮助解决，占用耕地的，应报县人民委员会批准；社员新建住宅的用地一律不收地价；社员不能随意侵占集体耕地扩大宅基地等。这个规定已经体现了现行农村宅基地制度的一些基本原则。但在计划经济背景下，农村集体经济发展、农民收入增长都很缓慢，因此，从高级社成立到改革开放前的 20 余年间，农户中申请建造新住房的现象很少，所以国家关于农村宅基地制度的规定，也显得比较粗糙。

到 20 世纪 80 年代初，农村改革取得重大突破，农业和农村经济发展都呈现出勃勃生机，由此出现了农民建设新住房的热潮。1981 年 4 月 17 日，国务院发出了《关于制止农村建房侵占耕地的紧急通知》，指出："近几年来，随着农村经济形势的好转，农村建房出现了新中国成立以来少有的兴旺景象。这是农村经济发展，农民富裕起来的一个必然趋势，是一件好事。但是，有不少地方对农村建房缺乏全面的规划和必要的管理，农村建房和兴办社队企业乱占滥用耕地的现象相当严重。这种情况如果任其发展下去，将会招致严重后果。"这个通知在强调保护耕地的同时还重申："农村社队的土地都归集体所有。分配给社员的宅基地、自留地（自留山）和承包的耕地，社员只有使用权，既不准出租、买卖和擅自转让，也不准在承包地上建房、葬坟、开矿、烧砖瓦等。"根据这个紧急通知的要求，有关部门制定并颁布了《村镇建房用地管理条例》。这个条例是国家对农村住房建设用地的第一个法规性文件，该条例强调农村土地属于集体经济组织所有，"社员对宅基地、自留地、自留山、饲料地和承包的土地，只有按照规定用途使用的使用权，没有所有权。""严禁买卖、出租和违法转让建房用地。"并强调，在村镇内，任何个人和企事业单位使用建设用地，都应按照本条例的规定，办理申请、审查、批准的手续。同时，还提出，省级政府要规定宅基地的用地限额，县级政府要规定宅基地的面积标准。

1986 年 6 月，经六届全国人大常委会第十六次会议通过，我国《土地管理法》颁布。该法关于农民住宅用地的规定是："农村居民建住宅，应当使用原有的宅基地和村内空闲地。使用耕地的，经乡级人民政府审核后，报县级人民政府批准；使用原有的宅基地、村内空闲地和其他土地的，由乡人民政府批准。农村居民建住宅使用土地，不得超过省、自治区、直辖市规定的标准。出卖、出租住房后再申请宅基地的，不予批准。"在经全国人大常委会两次修正、一次修订后，2004 年通过的《土地管理法》对农民住宅用地的规定是："农村村民一户只能拥有一处宅基地，其宅基地的面积不得超过省、自治区、直辖市规定的标准。农村村民建住宅，应当符合乡（镇）土地利用总体规划，并尽量使用原有宅基地和村内空闲地。农村村民住宅用地，经乡（镇）人民政府审核由县级人民政府批准，其中，涉及占用农用地的，依据本法第四十四条的规定（即必须办理农用地转用审批手续）办理审批手续。农村村民出卖、出租住房后，再申请宅基地的，不予批准。"

综上所述，我国农村宅基地制度在经过半个多世纪的演变和充实后，其基本内容可以概括为：成员申请，集体同意，依法审批，一户一宅，无偿占有，长期使用，土地属集体，住房归个人，租售住房后，无权再申请。

2. 农村宅基地制度存在问题的特殊性与利益的复杂性

农户将自己所有的土地转为集体经济组织所有后，集体经济组织当然就必须承担起为本组织成员提供住房用地的保障责任，这就是农村宅基地制度的由来。但从当前的实际情况看，农村宅基地制度显然面临着一系列突出问题和挑战。这些问题和挑战大体可以概括为三类：一是制度设计本身存在的矛盾；二是制度在执行过程中面临的困惑；三是对如何改革完善制度存在着不同的看法和做法。

制度设计本身存在的矛盾。由于人口增长、子女婚嫁，需要单立门户、新建住宅的农民家庭不断增加，以至"一户一宅"的承诺在许多地方的农村已经难以兑现。出现这个矛盾，对不少地方来说具有必然性。每个农村集体经济组织的土地都是有限的，在不能占用基本农田的前提下，可用于农民住房的建设用地更为有限，因此"一户一宅"的承诺，走到了一定的时间点，必然难以为继。我国一些人多地少的发达地区或大中城市郊区的村庄，近十年、二十年来未分配过宅基地的情况，并不在少数。而类似的问题，即便在实行土地私有制的地方也同样存在。如我国台湾地区，土地是私有制的，但有严格的耕地保护制度。台湾地区农业发展条例规定，一是只有农民才有建造农舍的权利；二是农民买卖或继承耕地，分割的最小面积不得低于 2000 平方米（3 亩）；三是拥有耕地面积不足前述标准的农户，无权再申请建造新农舍。因此，若是农家子女成家想另建新农舍，父母名下就至少须有 6 亩耕地，将其划成两份，每份不低于 3 亩，分别落在父母和子女的名下，这样才能再申请建造另一处独立农舍，否则，子女成婚后，只能或者与父母同住，或者另想办法。正是在这种情况下，台湾地区农村的社区组织就出面协调，在得到当地政府管理部门批准后，利用村庄周边的闲置土地建造"排屋"，以让那些不能新建独立农舍的农家子女成家居住，当然，这就要为使用别人的土地而另付代价。总之，农民建房与耕地保护是一对矛盾，而"一户一宅"的制度，走到今天已是难以为继。如何既保障农民的基本居住权，又保护好有限的耕地，这需要智慧和共识。

制度在执行过程中面临的困惑。这里既有制度本身的模糊，也有执行中的实际困难。制度的模糊，如既然宅基地制度是农村集体经济组织对本组织成员的住房用地保障制度，那么制度对于"本组织成员"就应当给出确切的定义。但我国迄今尚未制定农村集体经济组织法，因此，关于"本组织成员"便缺乏权威定义。于是，这个定义就只能由各农村集体经济组织自己来下，这就难免出现各地不一、前后不一的状况。再如，父母健在时，子女已经分户独立建造住房；父母去世后，子女继承父母的住房，但却因此而成了"一户多宅"，如何处置？有的家庭，子女均已外出工作并迁离了户口，已不属于本集体经济组织成员，但父母去世后，其子女能否继承父母的住房？如何才能继承？等等。应当说，农村宅基地制度本身的不完善之处不少，这就给执行带来了不少的困惑。

执行中的困难。如建了新房不拆旧屋，一户多宅，超规定面积建造，违反规划建造，违法占用耕地建造，擅自转让宅基地等行为，该由谁来判定，判定后属于违法违规行为的该由谁来纠正，拒不纠正的又该如何处置，等等，这些问题都缺乏明确规定。村庄就是个人情社会，村民之间有不少都沾亲带故，邻里之间更是抬头不见低头见，更何况敢于违法违规占地建房的，大多是村里有权有势有钱的人家，一般人家看着虽是心里有气，但嘴上却不愿或不敢说。显然，加强对农村宅基地使用状况的监管，还必须有更加有力和有效的综合性措施。

不同的看法和做法影响着宅基地制度改革的取向。2013 年 11 月，党的十

论道大国"三农"
——对话前沿问题

八届三中全会通过的《中共中央关于全面深化改革若干重大问题的决定》提出"保障农户宅基地用益物权，改革完善农村宅基地制度"的要求后，有关部门设计了关于农村宅基地制度的改革试点方案，经党中央、国务院批准后，获全国人大常委会授权，先后在全国 33 个县级行政区域内开展试点，目前，此项改革试点仍在进行之中。对于宅基地制度的改革，人们的争议由来已久，具体的分歧点当然很多，但大的分歧主要体现在两方面：一是主张按市场化的思路推进改革。认为，既然已经明确宅基地的使用权为农户的用益物权，而且也承认农民的住房是其私有财产，因此就应当将农民住房等同于商品房，允许其进入市场自由买卖。另一种主张则认为，农民宅基地是农村集体经济组织为本组织成员提供的住房用地保障制度，因此只有本集体组织的成员才能享有宅基地的占有和使用权，也就是取得在宅基地上建造自己住宅的权利；农民住房历来可以买卖，但房屋转让后的所有权人也必须具有合法占有该宅基地的权利，因此，农民住房只能在本集体成员之间买卖。农民住房也历来可以出租，但房屋的承租人不是房屋的所有权人，因此也不可能是该宅基地的占有和使用权人。

这两种主张所对垒的是农民住房可否等同于商品房入市自由交易，但农村宅基地制度改革所要讨论的问题，远比这个问题要复杂得多。

首先，农民住房可否入市交易，讨论的只是农村已建成的农民存量住房。而讨论宅基地制度的改革，首先要讨论的是谁有权利取得宅基地、怎样取得。其次要讨论的是，农民在宅基地上建造的住宅，是产权完整的房屋、还是产权受限的房屋。再次要讨论的是，改革农村宅基地制度，究竟是为了建立既节约集约使用土地、又保障本组织成员基本住房用地的新制度，还是为了让农村集体经济组织的宅基地制度对社会开放，无论是否本组织成员，只要有钱就都可以来农村买地、建房？因此，关于宅基地制度的改革，还需要结合我国国情和农村的基本制度展开深入讨论。

第一，宅基地制度是体现农村集体经济组织成员权利的制度。农民作为国家公民，享有宪法赋予的公民权利。农民作为农村集体经济组织的成员，享有法律赋予的集体经济组织成员的权利，这些权利体现在经济上，便是成员在本集体组织内享有土地承包经营权、宅基地使用权、集体经济收益分配权。这些权利只有本集体经济组织的成员才能享有，非成员不能享有。农村集体经济组织不是一个抽象的概念，而是非常具体的存在于现实中的一个个独立的主体。全国农村有 50 多万个村级集体经济组织、约 300 万个集体土地所有权单位。而每个集体经济组织所拥有的资源、资产、资金以及成员的数量等，都各不相同，他们之间不能像人民公社时期那样搞"一平二调"、吃"大锅饭"，因为每一个集体经济组织的资产，都只属于这个集体的成员；而每个集体经济组织的成员，也只有在本组织内才能实现他应享有的权利。如承包到户的土地，承包方只能是本集体组织的农户；申请并取得宅基地，只能是本集体组织中具备相应条件的农户；获取集体经济收益的分配，只能是本集体经济组织的成员，等等。不是本农村集体经济组织的成员，可以通过租赁的方式，取得农户承包土地的经营权、农民住房的使用权，但非成员无权从农村集体经济组织获得土地承包经营权、宅基地使用权。如果抛弃这些基本规则，以市场机制来取代法定的成员权利，其结果必然是侵犯集体经济组织成员的合法权利，甚至逐步动摇和瓦解农村集体经济组织本身。所以，农村宅基地制度作为体现农村集体经济组织成员权利的制度，其性质不应被改变。

第二，农村宅基地上的住房具有保障性住房的属性。农民的宅基地有两大基本特性，一是宅基地的供给对象是特定人群，只有本集体组织的成员才能享有占有和使用权，二是宅基地的取得不遵循市场定价的机制，它被依法取得后，是无偿占有、长期使用的。农村宅基地的这两大特性，说明农民建造在宅基地上的住房，是属于保障性质的住房。同是住房，由于取得的方式和定价机制不同，因此住房就具有了不同的属性、不同的权能。商品房的销售不受特定对象的限制，商品房的取得必须遵循市场定价的机制，因此商品房是产权完整的住房，其所有权人对自己的住房就具有完全的处置权。但只向特定人群提供、不按市场机制定价的住房，就不具有商品房那样的完整产权，如福利分房、经济适用房以及其他各种保障性住房，都属于产权受限的住房，它们不能不受限制地进入市场自由交易，否则就会破坏市场经济规则，造成经济秩序和社会财产关系的混乱。农民建造在宅基地上的住房，就属于产权受限的住房，它显然不能随意进入市场自由交易。

因此，必须明确农村宅基地制度改革的基本方向，那就是加快建立起既能节约集约使用土地、又能保障本组织成员基本住房用地的新制度。

3. 农村宅基地制度改革试点取得的基本进展

自 2015 年年初启动农村宅基地制度改革试点以来，在试点地区已经取得明显成效。经全国人大常委会批准，该项试点的期限已延长至 2018 年年底，故全面的综合评估还需一定时日。但从目前了解到的情况看，至少在以下几个方面已经取得了明显的进展：

一是腾退违法违规多占的宅基地。据自然资源部公布的数据，截至 2018 年 3 月底，各试点地区已腾退农民违规占据的宅基地事件 9.6 万宗、面积约 7.1 万亩[①]。其中最早开始承担宅基地制度改革试点的江西省余江县，全县 31 万农村人口，7.3 万农户（比 1978 年增长了 65.9%）。通过摸底调查，全县因各种原因属于"一户多宅"的农户有 2.9 万户，占全部农户总数的 39.7%。另有相当部分的农户，虽然占用的宅基地本身并无多大问题，但在宅基地周边擅自搭建猪圈、牛栏、露天厕所等问题却不少，据统计，全余江县农村此类违规临时建筑约有 10.2 万处。到 2017 年年底，余江县已完成宅基地整治的村庄（自然村）约占全县村庄总数的 80%，已完成腾退违法违规占用的宅基地事件 2.3 万宗、面积约 3 200 亩。据测算，已经腾退出的宅基地面积，如按户均 120 平方米的新标准分配，可以安排近 1.8 万新申请宅基地的农户，能够满足 15 年以上农民新建住房的需求。当然，如考虑今后 10 到 20 年内农村人口继续减少、现有宅基地还将有进一步退出等情况，该县农村宅基地的供求局面将会有进一步缓解。

二是完善并严格执行宅基地新标准。余江县对改革后农民新建住房的宅基地标准进行了调整，并赋予一定的弹性，由各村（拥有土地所有权的自然村或村民小组）村民理事会研究公布，在征得大多数村民同意后实行。新标准主要考虑各村自然地貌、人与地的比例关系、新建或原址重建等因素，从每户 120 平方米到 240 平方米不等。而湖南省长沙市国土资源局于 2018 年 4 月 11 日公布的《关于规范和改进农村宅基地管理的实施意见》则从多个方面

---

① 数据来源：《国土资源报》2018 年 5 月 28 日。

提出了新的标准。如关于宅基地的总面积控制标准，明确"涉及占用耕地的每户总面积不得超过130平方米，占用荒山荒坡的每户总面积不得超过210平方米，占用其他地类的每户总面积不得超过180平方米"。关于以家庭人口计算的宅基地总面积标准，"每基准户（4人及其以下）宅基地占地面积不得超过100平方米，4人以上每增加1人相应增加20米（独生子女另增加20平方米），但每户的总用地面积不得超过按地类核准的占地面积标准。""家庭建房人口为村集体经济组织成员及家庭内现役义务兵和士官、在读大中专学生、正在服刑的人员。夫妻一方为城镇人口的，如没有享受政府公租房、经济适用房和货币补贴等相关福利，可视为村集体经济组织成员计入建房人口。夫妻双方如分属不同的村集体经济组织，且一方已有宅基地，则另一方不能以户主身份申请宅基地。"关于建房分户的原则标准，"独生子女户，不论几代人，为一个家庭户；有两个以上属于建房人口子女的，有子女已达婚龄且已经嫁娶的，经公安机关分户可作为两个以上家庭户型，但父母必须伴靠其中一个属于村集体经济组织成员的子女建房。"关于批准和办理登记，"农村村民已有宅基地，或者已将原房屋出卖、出租或赠与他人的，不得再批准宅基地。非本集体经济组织的农村村民和城镇居民在农村购买宅基地或房屋的，不得为其批准宅基地或办理不动产权证。"总的看，这些由地方政府在改革中总结经验、提炼形成的具体规则，都能够契合当地农民群众对农村宅基地制度的基本认识，即宅基地制度是农村集体经济组织内部的成员住房用地保障制度，宅基地制度必须在本集体组织成员之间体现公平公正的基本原则。

三是探索有条件的农户自愿、有偿退出宅基地的机制。随着农村人口向城镇的流动以及各地对农民落户城镇制度的改革，有部分农民已经在城镇安家落户，也有部分农民在城镇购买了住房，他们在原户籍所在村庄的住房便闲置了起来。但农民对他们出生的村庄和原有住房的情感是很复杂的，除了把老家的住房看作是万一融入城镇失败后的退路之外，更多的还是那一份乡愁和亲情。因为那里有自己的亲人，有儿时的玩伴，有长辈的坟茔，还有那么多可以勾起对自己成长经历无尽记忆的景和物，那里是自己的根。再加上持有原住房的代价并不高，而以后能否增值、有多大的增值空间，眼下还很不确定。所以，大部分已走出村庄、浪迹天涯的游子，绝大多数还都希望与自己的家乡保持着联系，而保留自己在村子里的住房，又往往就是让这一心结落地的载体。已经进城的农户迟早会舍弃他在乡村的住房，但这需要时间。因为，那决不单纯是财产的象征，更多的是人的情感的寄托，所以，对此应该有足够的历史耐心。当然，这也并不妨碍那些有条件的人自愿退出他在农村的住房和宅基地。事实上这种情况也确有发生。

如在宁夏回族自治区，为了对一些生态脆弱地区实行修复，在政府有关部门的协调下，有部分移民就迁到了生态条件较好，又有人愿意退出住房和宅基地、承包地的村庄入户。自愿退出住房和宅基地、承包地的农户得到一笔补偿款，新来的移民被接纳为迁入村庄的集体经济组织成员，合法取得了退出户的土地承包经营权、宅基地使用权和房屋所有权。又如在重庆铜梁，有农民为方便管理他在别的村转包的土地，自愿放弃他在原集体经济组织的身份，申请加入他转包土地所在村的集体经济组织。在村组织协调下，他向愿意退出土地承包经营权和宅基地使用权的农户支付了补偿款，以本集体经济组织成员的身份，依法转让了这些权利。再如，在有些实施宅基地制度改革的试点县以及江浙等一些经济发达地区，对自愿退出或放弃宅基地申请权利的农户，试行在当地城镇购买房屋给予补助的政策。总的看，自愿、有偿退出或放弃宅基地申请的农户有可能会逐步增加，但需要给予他们充分考虑的时间和创造多方面的条件，不可操之过急。

相比退出宅基地和住宅，目前更多的农民可能更愿意将自己闲置的房屋租赁出去，如在城近郊区把农房租给外来就业人员居住，在适宜乡村旅游的地方把农房租给搞农家乐、民宿的经营者等。但必须看到，除了靠近城市或集镇，或者具备发展旅游业、养老业等环境宜人之地，或者有外来公司企业要投资搞开发式农业等情况之外，多数村庄中的闲置农民住房，也并非是那么容易就都能租得出去的。据第三次农业普查的资料，发展了乡村旅游业的村庄只占全国村庄总数的4.9%。因此，不可将特定条件下的情况看作是普遍化的现象。总体而言，随着农村人口的减少，农村的建筑物也应当逐步减少，一些自然灭失的村庄和废弃的宅基地，应当按照规划进行整治，该复垦为耕地的复垦为耕地，该退还给生态用地的恢复为生态用地，使得农村更像农村，使得农业和农村能够更好地发挥其应有的功能。当然，这将是一个长久的过程，但应当为其做好规划、制度和政策措施等方面的准备。

在一些实施宅基地制度改革试点的地区，还往往会带来两大意外收获。一是拆除了违法违规建筑和闲置空房、危房，加强了村庄规划，推进了人居环境治理，消除了村内道路不通畅、垃圾乱扔、污水横流等现象，使得村庄更为宜居。二是提升了群众参与自治的热情和乡村治理的能力。如江西省余江县是典型的江南水网地区，农村集体土地的所有权95％以上都在村民小组或自然村，但宅基地的审批权却集中在村民委员会，存在着明显的产权与治权相脱节现象。为了调动村民参加宅基地制度改革的积极性，余江县在反复宣传关于农村宅基地制度有关规定的同时，在每个农村集体土地所有权单位都让群众选举产生了村民理事会，让本村的宅基地由本村村民自己依法依规研究处理。由于在本村民小组或自然村的范围内，每家每户占用宅基地和建房的情况，人人都知根知底；更因为由自己选举产生的理事会，办事公平公正公开透明。结果是，在全县已腾退2万多宗违规占用宅基地的情况下，没有发生过一起上访事件。这也说明，直接关系村民切身利益的事情，让村民依法依规地自行研究解决，这样不仅成本低、代价小，而且能够极大调动村民参与公共事务管理的热情，提升乡村社会治理的效能。

陈文胜： 不少地方全面推进农村"一户多宅"整治，引起了社会的高度关注，也是争议较多的。其具体做法是通过"一户多宅"整治把农民的土地集中起来，再通过增减挂钩、占补平衡变现为财政收入，因而地方政府的积极性非常高，甚至被一些地方作为乡村振兴的经验在宣传推广。城市建设征收土地的收益归地方政府还有一定道理，但这些非征收土地的收益，是城镇化进程中留给农民的最后一根稻草，应该是属于农民的利益，是属于村集体经济组织的收益。政府推进"一户一宅"整治本身没错，增减挂钩、占补平衡也没错，只是应该将非征收用地的收益用于归属地乡村振兴战略的实施，用于改善乡村的基础设施建设、农民的基本社会保障、基本公共服务等方面。这样的"一户一宅"整治、增减挂钩与占补平衡，必然会得到农民的欢迎和支持。

农村住宅的情况非常复杂，解决这些历史上长期积累的问题需要时间，还需要智慧。比如说有三兄弟，由于计划生育的原因，老大只生了女儿又嫁出去了，在夫妻去世后由父母亲或弟弟继承其房屋财产权，就会导致"一户多宅"。比如说某人与父亲各有住宅，由于计划生育原因，他只有一个儿子，等父母亲去世后，不就是"一户多宅"吗？中国在历史上是一个大国小农，很多农民祖祖辈辈守望家园，在新中国成立后把世代相传的土地交给了集体组织，而有些住宅在新中国成立以前就存在，是祖辈代代相传的房屋财产。现在《物权法》明确规定农民住宅为财产，赋予了农民财产权，一些地方不做任何补偿就强制性地推倒复耕，严重侵害了农民的核心利益。因此，"一户多宅"的问题需要时间慢慢消化，需要区分具体情况分别处理，而不能一刀切推进。

过去农村改革是农民在基层推动的，基本上符合农民的利益要求，也使得改革的成就很大而成本很低。现在一些改革主要是由政府和干部来推动，有的比较符合政府的利益、城市的利益和工业的利益，而不太符合农民的利益、乡村的利益。一些地方打着土地改革的旗号，干的是损害农民利益的事情，让农民对自己的财产、家园没有话语权，农民的主体地位到底体现在什么地方？农民的土地是集体所有，只要不改变用地性质，村集体原则上应该具有完全的自主权。按照党中央关于农业农村优先发展要求，就必须改变农村土地的财富流向以用于实现乡村振兴。

现实需要与战略远景如何衔接

陈文胜：2020 年是脱贫攻坚战全面收官之年，也是全面小康社会目标实现之年，处于"两个一百年"奋斗目标的历史交汇处，到 2050 年全面实现现代化只有 30 年时间，在这个背景下，当下的现实需要和未来的远景如何有效衔接？回答这个问题迫切需要对现有的农村体制机制与政策体系进行全方位梳理。改革开放以来，农村改革哪些经实践证明行之有效的制度可以常态化？哪些长期需要但存在缺陷性的政策可以完善提升？哪些属于阶段性目标而不适应长期需要的政策可以适时调整？

回顾历史进程，农业、农村、农民为中国的现代化作出了巨大贡献。也正因为如此，党的十八届三中全会提出，城乡二元结构是导致中国经济社会发展不平衡不协调的突出矛盾。党的十九大基于社会主要矛盾的变化，提出实施乡村振兴战略，就是要破解城乡发展不平衡、乡村发展不充分的矛盾，从根本上改变乡村长期从属于城市的现状，明确乡村和农民在工农城乡关系中的平等地位；从根本上改变以工统农、以城统乡、以扩张城市牺牲农村牺牲农民的发展路径，明确以城乡融合发展为中国全面现代化的实现途径。

为此，党中央提出了全面现代化的远景和农业农村优先发展的理念。一方面，农业农村是全面小康与全面现代化的短板，必须摆在优先发展的位置，另一方面，当前仍然处于并将长期处于社会主义初级阶段，经济社会发展水平相比西方发达国家仍有差距，全面小康仍然是低于全面现代化水平的小康。按照全面现代化的规划，到 2050 年只有 70％左右的城镇化率，就是说即使到那时，正常情况下中国仍有高达 4 亿多农村人口，超出美国人口总数 1 亿多。如果与同为人多地少的日本相比，其城镇化率达到了 93％，只有 7％左右的农村人口。因此，即使到了 2050 年，中国的工业化、城市化并未最终完成，必定会在新的发展阶段对整个农业、农村、农民提出新的要求。按照亚当·斯密的观点，工业化、城镇化的积累来自农业的剩余。中国不可能依靠外向积累，以支撑本土的工业化和城市化。中国没有这样的外向积累，主要还是取决于内向积累，那就意味着人口和资源仍然会进一步向工业和城市聚集，农业、农村、农民还要继续作贡献。尤其是在国民经济下行的背景下，不仅工业和城市对农业农村释放的红利有限，而且还会加大对农业农村资源要素吸取的力度，这是当下农民最担忧的一个现实问题，也是事关中国经济社会发展战略走向的一个关键问题。

党的十八届四中全会和中共中央、国务院下发的《关于建立健全城乡融合发展体制机制和政策体系的意见》，都明确了未来农村改革的基本方向和主要任务，但这些政策尚未完全发挥应有的效力，农村一个突出的矛盾始终没有破局。主要体现在，尽管土地管理法的修改，在征地改革上确定了公共利益范围，提高了征地补偿标准，但在非征收土地的利益问题上，仍然维系着城乡二元分配的格局。土地作为农村最核心的资源之一，主要由地方政府主导着利益的分配。无论是国外还是国内，对于农地的保护都极其严格，至于改变农地的用地性质，大多数国家都是通过法律明确禁止。如日本、韩国尽管土地私有，可以买卖，但法律禁止改变农地的用地性质，土地买卖之后，原来是干什么的还得干什么，擅自改变必须承担法律责任。

在中国，因为地方政府拥有太多的自由裁量权，导致一些地方通过增减挂钩、占补平衡就改变了农地性质，一片良田用一片低质量耕地甚至荒地就置换了。土地非农化的红利成了一些地方的财政收入以及工业化、城镇化的积累，地方政府产生了一种通过占补平衡、增减挂钩来实现城镇建设用地盲目扩张的积极性。不仅会导致农村集体经济发展失去根本支撑，而且会导致农民乡村创业的意愿与动力不足，成为乡村振兴最大的瓶颈之一。如何在处理土地与农民的关系中守住维护农民利益的底线，让广大农民有更多的获得感，不仅是未来农村土地改革的关键所在，也是乡村振兴的动力所在。

二、现代化视野下的乡村发展进路
——对话张乐天

　　人类发展史上最为壮观的历史事件，莫过于具有 14 亿人口的古老农业大国的工业化、城镇化发展变革，短短的 40 年间就实现了从农业中国到工业中国、乡村中国到城镇中国的千年历史转轨，是对洋务运动以来积弱积贫时代"中国为什么不行"这样 100 多年发问的革命性颠覆。如何审视中国工业化、城镇化的历史进程，研判全面建成小康社会背景下传统文化与乡村发展进路，不仅是基于迫切需要用"中国为什么行"这样新的话语体系讲好中国故事，而且在一定程度上事关中国全面现代化的成败。陈文胜于 2017 年 11 月与复旦大学教授张乐天就相关问题进行了对话。

现代化是经济社会发展的前沿变化

陈文胜： 马克思在《1857—1858 年经济学手稿》中深入分析了人类社会的发展历程，提出现代性的历史的一个重要方面是乡村的城市化的科学论断："现代的历史是乡村城市化，而不像古代那样，是城市乡村化。"城市促进了农业社会转型为工业社会，标志着人类社会由野蛮向文明的过渡、由部落制度向国家的过渡、由地方局限性向民族的过渡，贯穿全部文明的历史。从这个意义上来说，现代化就是乡村向城市的变迁进程，在本质上就是由农业社会向工业社会演进、由农耕文明向城市文明演进的发展进程，既是生产力不断发展的历史进程，也是人类文明不断进步的历史进程。因此，现代化是一个国家和地区经济社会发展的一种前沿变化，也就是以工业化发端的整个社会变革与发展，是城市的不断发展与乡村不断变迁的进程，工农城乡关系变化是这一进程的本质特征。

正是工业化、城镇化这一不可逆转的趋势，重塑着中国乡村与城市的发展方向，工业与农业、城市与乡村都出现了新变化、新痛点、新需求。从所要解决的突出问题看，过去起始阶段所面临的问题和困难就是解决"发展的问题"；今天所面临的问题和困难既有"发展的问题"，又有"发展起来以后的问题"。特别是中国的现代化已经由重点突破进入到全面推进的历史阶段，按照党的十九大提出的城乡融合发展的要求，城乡之间不再是一个单向过程，既不是从乡村到城市的过程，也不是从城市到乡村的过程，而是双向互动，作为一个国家、一个区域整体的发展过程。如何在工人与农民、城市与农村、工业与农业、政府与市场、国家与社会等多重关系的双向互动中破解城乡二元结构，探索中国不同区域、不同发展形态和不同发展模式的城乡融合发展，实现全面现代化的中国道路，推进中国城乡关系向更高形态的发展演进，无疑是当下中国经济社会发展的核心问题。

从中国传统文化中去审视乡村发展

张乐天：如何研判中国工业化、城镇化历史进程中的乡村发展进路，需要从整个社会的历史文化当中去审视。为了研究"50年代书信里的中国"，我收集了很多书信，从1950年北大、清华、复旦、南大一批大学生的书信中，我突然读出一个道理，发现了共产党的社会基础，即中国人民为什么拥护共产党？是因为共产党让贫苦群众、让工人农民翻了身，关键词是"翻身"。然而，单单翻身不足以解释共产党的社会基础，原因在于打倒蒋介石，甚至打败日本人，可以靠不少文盲组成的无产阶级。但解放中国之后要建设中国，要管理这个社会，要接管上海这样的大城市，仅仅靠无产者是不行的。所以，必须要有一批知识分子，共产党能够取信于他们，他们能够拥护共产党。

为什么说书信里面能读出来呢？这些书信表达了写信人对共产党的拥护，特别是20世纪50年代的北大、清华那些大学生。我就找寻他们拥护共产党的原因。我在书信里读出跟"翻身"一样的词就是"希望"，就是共产党在非常短的时间内，给中华民族、给这个国家的全体人民带来了美好生活的希望，然后在希望的感召下，他们拥护共产党。他们拥护共产党以后，自我要进行思想改造，这是1950年中国共产党做的一件历史性事情，对旧知识分子进行思想改造。

前一段时间读了所收集的1984年间的书信，有60多万字。1984年是中国改革对社会松绑以后，特别是农民，也包括部分城市人，可以自由做一点事的年代。读这些信的时候突然想到《一九八四》这本书，书中预测未来人类社会会有一种集权制度，书中就有一个完全集权的"老大哥"。我就在思考，中国人1984年在干吗？我就读所收集的这些书信，准备写一本《中国人的1984》的书，同时编一个资料集。实际上1984年是承前启后的一年，1984年的书信中的故事都预示着未来。其中最重要的一个点是开始个人自由了，给予了很多人希望。

论道大国"三农"
——对话前沿问题

陈文胜：1984 年是中国现代化进程中的一个重大历史拐点。从"大包干"之后到 1984 年，出现了中华人民共和国成立以来首次粮食过剩，中国政府终于成功地解决了长期以来未能解决的吃饭问题，农民从此告别了饥饿的历史。基于农村改革的巨大成功，1984 年 10 月召开的中共十二届三中全会通过了《中共中央关于经济体制改革的决定》，明确把中国改革的工作重心由农村向城市和整个经济领域转移，第一次明确提出社会主义经济不是计划经济，而是以公有制为基础的有计划的商品经济，标志着中国改革进入了全面展开阶段，也是中国工业化、城镇化全面推进阶段。

在那个 1 斤粮食 1 角钱、国家工作人员月工资 20 元的时代，越来越多的"万元户"是来自最落后地区的最贫穷群体的农民。农民不仅成了改革主体，而且成了改革的受益主体。作为 20 世纪 80 年代时代标杆的"万元户""亿元村"，以排头兵和生力军的作用开启了中国特色的农村工业化道路。随着改革不断推进，农村商品经济不断发展与乡镇企业不断兴起，农民从长时期困守的土地上不断解放出来，乡镇企业逐渐成为整个国民经济的重要支柱，从根本上改变了国有经济一统天下的局面，为中国的改革开放与现代化进程奠定了不可逆转的社会基础。

张乐天：1984 年的那些书信显示，在当时的时代背景下，很多人希望调动，包括夫妻分居的、知识青年回城的，几乎所有的书信都谈到调动要找关系，而找关系都自然觉得找什么样关系就要给什么样的相应酬谢。而对于农民而言，有一个非常典型的例子，就是种蔬菜，给自己家里吃的或者给亲戚、朋友吃的，与到市场上去卖的蔬菜就绝不一样。这样的观念，怎么搞市场经济？海宁市原来供应市场的豆腐都是农民家庭做的，对食品安全的敏感性不高，但 2008 年的毒奶粉事件出来后，政府检验发现，一些农民用发霉的豆子、完全不干净的豆子做豆腐。地方政府没有办法，豆制品加工就由国营来做，这就与现代社会的观念很不相符。

这是中国人的文化基础，实质上除了少量的中心城市和少量的知识分子之外，从某种意义上来说，中国整个社会都被浸润在乡土性这样一个传统当中。乡村的传统文化植根于血缘、地缘，是熟人社会养育起来的一种农耕文化，有非常强韧的力量，但终究与陌生人社会、市场经济大流动的现代文明社会不同。我们这一代人有责任好好反思，反思中国传统文化中存在的问题，这是乡村振兴非常重要的一条。过去的灾难，一定有它的社会文化基础，基础就是乡土。从这个意义上来说，反思这个问题，就是希望让中国人有一次由传统向现代而走出乡土的启蒙，同时保留着乡土的美德。

文化的乡土性与现代性是否必然对立

陈文胜：您刚才提及的传统文化基础，认为是乡土性。在当下中国的城市社会，在我们这些已经城市化的人当中，不是同样存在吗？说来说去我们也是农民，城市人大多都是刚刚进城的农民。当我们以这个作为结论的时候，还有什么理由去讨论农民的改造问题？乡土性作为中国传统文化的一种特征，能否简单地说好还是不好呢？我去了祖国的宝岛台湾以后，一下子就发现台湾从小学开始也仍然在讲礼义廉耻，已经把现代文化融入礼义廉耻的传统文化中。台湾 100 多年来，大农会、小农会、已经城市化的农会、深山里的农会，各种各样的农会加快了台湾农民的社会化进程。

所以，不能从地域上来界定乡村和城市的现代性问题。就是您说的1984 年，解读这个时间的大量书信，审视这个年代城市和乡村的共同命运，是整个中国人的民族性格使然，这份乡土性再过几代仍然在我们的骨髓深处。因此，在我们来到这个社会的时候，社会底层这部分文化心理是没有改变的农耕传统。如果说工业文明、城市文明的观念就是现代性的话，那是不是要更多地按照西方的那种城市观念来比照中国的社会现实呢？如果说城市里面这种外来的陌生性是属于现代性，那我们是否就是在高楼大厦里堆叠出的一拨乡村人？如果这样来审视现代性、审视中国社会的话，那今天的城市和乡村怎么能够融合发展呢？

乡土性包含着中国人独具的"乡愁"，关系每一个中国人的根在何处。比如每逢春节，家乡无论是穷乡僻壤还是穷山恶水，不管在天涯海角都要回乡团聚，这就是中华民族的一种独特的文化。如果把乡土性与现代性对立起来，以工业和城市文化为取向，对农民那些世世代代传承的民俗习惯缺乏最起码的敬畏之心，在移风易俗的名义下去改造甚至取代传统的乡村文化，可能会产生灾难性的影响。现在，有些地方就是打着移风易俗的口号，搞什么平坟、砸棺，规定70岁、80岁不准办寿宴，春节乡下都不许放爆竹，全部跟城市一样，对传承几千年、几百年的民族传统风俗习惯是一个极大的摧残。在乡村振兴中，执意用城市文明来取代传统乡村文化，以此作为推进乡风文明、培养新农民的手段，这实际上是把城乡发展不平衡、乡村发展不充分的问题归咎于农民和乡村，从而背离了党的十八届三中全会提出的根源是城乡二元结构的判断。

我在基层调研时就对基层官员说，我们是城市人，也是单位人，评职称、提拔、晋级、获奖、立功、加薪等，一生中有好多可以记入个人史册的。而作为一个普通农民，生日、祭祀、婚庆、丧葬不仅关乎一个家庭甚至一个家族的荣誉及面子，而且是一生中很少的可以记入个人史册的头等大事，是支撑一个人能够活下去的生命价值和意义，这是生日、祭祀、婚庆、丧葬之所以成为中国传承数千年的乡村社会传统风俗习惯和农民的精神家园的根源。

亨廷顿认为，政府与农民的关系，是建立稳定社会的前提条件，没有一个社会集团比拥有土地的农民更保守，在某种程度上，现代化进程中国家的社会稳定取决于如何处理与农民的关系。日、韩与我国台湾地区之所以现代转型成功，即因其具有乡土性的保守农民，在相当长时期内保持社会高度稳定的同时，保持了农业生产的稳定增长，从而为高速的工业化提供了稳定的支撑，反过来也加快了乡村社会的变迁。那么，中国现代化的快速推进，同样也得益于此。

需要建立对人普世尊重的乡村社会

张乐天：说到底，我身上也存在着不少农民观念，尽管我是复旦大学教授。举个例子，我自己开车有时就不怎么遵守交通规则，我儿子却比我规矩得多，我们的行为方式不大一样了，看到我随意变道之类，他就会批评我。因此，希望还是有的，特别是下一代，改变还是很大。

但无论如何，随着现代化的加快推进，中国的乡村社会必然要加快转型。乡村哪些东西可以实现所谓的传统向现代转型？我觉得，人与人关系当中的人情是最重要的，是乡村千年传统的变革。在振兴乡村中，怎么区分改变农民传统观念中有问题的成分，做到没有"我群体""他群体"之别，真正实现现代转型，需要建立更带有普世意义尊重"他群体"的乡村社会。当然，这需要点时间。

如果说乡土性是国民性的话，那必然就成为中国人的存在方式，是很难变的。但我认为中国人会慢慢改变的，实际上改革开放以来中国社会的变化是让人吃惊的。浙北的企业家换了几代，一代一代上来，你会发现他们的区别是一代比一代变化得更多，在行为方式上去掉原来的那些乡土性，更会经营企业。特别是全球化以后，跟外国人做生意，越来越走向国际。他们几代人的变化，用什么词来准确表达？不说西方和东方，也不说城市与乡村、现代与传统，都不用这些词，我也不知道用什么词，但你会发现熟人内部关系的明显变化，像现在浙北的农民，与 30 年前相比变得太多了，基于工业背景的整个行为方式、交往方式，甚至邻里方式都变了很多。特别是年轻一代，慢慢地学会与陌生人打交道，越来越遵守市场规则，其中政府也起了很大的作用。

对党的十八大后中央出台的"八项规定"能否全面执行，开始的时候我觉得很难。为什么难？非常简单。别人给你办事让你赚了钱，谁都非常自然地觉得，如果不给一点好处就是不懂得人情世故，这就是乡村传统文化的一部分。找一个人帮忙办事，比如找到一个名医给我看病，我怎么会不感激、不送他一点东西或送点钱呢？农民的观念就是这样，在中国社会也都觉得很自然。所以，我非常理解这个，当时觉得执行"八项规定"太难。过去老百姓不大相信政府干部，底层那些官员跟大老板一起吃喝，老百姓都看在眼里，心里都有数。

现在，发生了很大变化。如果看到一个干部，甚至一般的公安干警，在家里喝酒或者到饭店里喝酒都要去报告。因为已经坚持几年了，老百姓很快就觉得现在不错。从这个意义上来说，党的十九大以后进一步加强党的建设，就是党自己要做好，才能树立党的威信，才让民众能够信任共产党。

我们国家的食品安全事件，说到底，实际上和农民的行为紧密相关。中国现在还没办法跟日本对比，日本的农产品生产是一村一品，同时日本农民能够把一村一品做起来，跟一件事情密切相关。日本的农产品质量提高也经过很多年，原来日本农产品质量也不行，但到20世纪90年代去考察时，就已经变得非常好。好到什么程度？日本农民卖农产品时不一定需要人去管，放在路口就可以了，城里人需要就把钱放在旁边把农产品带走。最核心的就是诚信。

我们的问题是什么？是农民还没有建立起那种对人的普世尊重，这就是我种的蔬菜不管给谁吃，我都要有一种责任。这种价值观的形成，是一个缓慢的过程，包括制度设计、组织结构、甚至行动空间等，都非常重要。我关注了一个事情，觉得改变农民的行为，也不是那么难。我考察上海和北京的地铁，发现北京最初的地铁里面很脏，做得不是太好，很多外来农民到北京去，坐地铁就乱丢垃圾。但上海的地铁一开始就搞得非常干净，最初时坐地铁的也有好多农民，却没有人扔纸屑，也比较安静，反正做得不错。这是为什么呢？上海的地铁一开始就很干净，就会给你一种特殊的环境提示，又从制度设计方面进行严格管理。慢慢地，现在上海的人过斑马线、守红绿灯，变得都很自觉了。所以，人的行为实际上受制于一种制度环境，是能够慢慢改变的，包括教育、制度等一系列社会行为规范，政府的作用非常重要，因为上海市政府在这方面还是做得不错的。

慢慢改变中国农民的社会行为，需要全社会的共同努力，就是让农民放弃狭隘的"我群体""他群体"的划分，让农民能够有一种普遍的对别人的尊重和关注，就是你的行为不要损害到别人。还要让农民慢慢建立起一种契约意识，这是传统乡土文化当中所缺乏的，因为传统乡土文化当中人情关系跟契约关系是不一样的。然后在这个过程当中，在多大的程度上，以什么样的方式保持中国传统那种基于血缘、地缘的人情关系，关系到中国人生命的意义。这就有很多问题需要研究，包括中国人的信仰是什么？中国人的生命支点是什么？这些对乡村的未来包括中国社会的未来具有很大的挑战。

探索不同地域差异化发展模式是关键

张乐天：振兴的目标是什么？不同的地方有不同的发展模式，甚至有不同目标。因为中国的差别如此之大，如果谁给出了一个一样的目标，谁给出了一样的模式，就会造成十分严重的问题。

陈文胜：发达国家的现代化经验表明，城镇化是一个国家和地区现代化的一个根本标志。一方面，工业化、城镇化是乡村现代变革的前奏和先导，每一次革命都必然引起乡村发展的现代变革；另一方面，乡村的每一次现代变革又对工业化、城镇化提出了新要求。而根据马克思主义理论，经济社会发展是一个自然而然的历史进程，是一个动态的过程，不同时期赋予了不同的战略目标和历史任务，发展形态和发展方式也不同，不能人为地改变发展规律、人为地超越发展阶段。中国这么大，南北、东西差异悬殊，不可能朝一个目标、一个模式同步发展。因为每个地区的经济社会发展水平不一样，处于现代化进程中的发展阶段就不一样，发展的目标和历史任务、发展形态和发展方式就必然不同。

当下中国，城镇化难以逆转，人口向城市集中难以逆转，这是中国现代化进程中对经济社会发展的阶段性必然要求与发展趋势。一方面必须加快工业化、城镇化的进程，成为包括乡村在内的整个中国社会的发动机。另一方面，必须避免乡村的衰落，依靠城市发展的动力引领乡村的现代转型，从而实现城乡共同繁荣。既不能以牺牲乡村为代价获得城市独自繁荣，应加快破除城乡二元结构推进城乡地位平等，也不要搞什么所谓的逆城镇化，重提什么"新上山下乡"，把这些进城的农民又全部引到农村去，中国经济社会发展还远远未能达到这一发展阶段，这方面我们有过深刻的历史教训。

按照党的十九大的顶层设计，到2050年才能全面实现现代化，还只能是70％的城镇化率，而日本城镇化率现在已经是93％了。中国不仅远远没有达到充分现代化的条件，而且还未能实现全面现代化。工业化、城镇化必然需要积累，中国不可能有外向积累，就必然是内向积累。只要中国全面现代化没有完成，就意味着农业农村的现代化没有完成。我曾经提出实施乡村振兴战略要改变土地财政的财富流向，增值的财富流向乡村而非城市，有没有这个可能？上海一个学者对我说，即使已经高度现代化的上海，如果没有土地财政，不少区政府都会发不出工资。这就有两个问题，一是土地财政，二是农民工。在工业化的进程中已经不需要农业的剩余了，但在城镇化的问题中，农村的土地、农民工的贡献还在继续，在一定时期内还解决不了。

张乐天：对于乡村发展，浙江是一种可以学习推广的好模式。但这种模式一定要从城乡关系中去考察。浙江的乡村发展比较好，是因为乡村与城镇关系非常密切。中国的城市化道路有很多争论。开始提小城镇大战略，后来说小城镇会导致污染，需要发展大城市等等。但实际上，中国不同的地方，大城市与中小城市在同时发展，这是一个经济发展的自然规律与历史发展进程。

我考察了美国的城市化进程后，突然发现，浙北甚至整个浙江，是"农民的就地城市化"。什么叫城市化？无非是农民的家庭收入主要依靠工业而不是农业。浙江农村发展得很快，原因很简单，因为浙江的很多农民现在已经搬迁到城市当中了。还有更重要的是，浙江的工业发展得非常好，而工业发展的本身就是对外密切的联系，必然要求不断改变你的行为方式，实际上这是伴随着生产发展与城市的关联而自然发生的变迁，在浙江悄悄地起着推动作用。还有一种情况就是上海和北京，有一些人放弃大城市到农村去住，这是发达地区的乡村能够发展好的关键原因之一。

陈文胜：我认为浙江是湖南学不来的，为什么呢？浙江和湖南所处的发展阶段不一样，浙江已经处于工业化后期阶段了，湖南还处于工业化中期阶段。浙江的一个乡（镇）财力就超过了湖南省3个贫困县的财力，而且浙江一个乡（镇）的人口只有3万多，湖南省的一个县人口多的有100多万，少的有三四十万，不难想象公共产品供给的能力差距有多大。另外是城乡居民收入的差距，湖南低于全国平均水平。所以，每一个地区的发展阶段不一样，采取一刀切的方法带来的危害性非常大。好经验可以推广、可以借鉴，但绝对不可以复制。提出一个发展模式可以在千差万别的乡村复制，本质上就是一刀切的工作方法，这不仅仅是懒政问题，更是官僚主义与形式主义的典型表现。新中国成立以来的历史经验表明，凡是背离实事求是的教条主义、经验主义，都在经济社会发展的实践中导致了严重的挫折和失败。

不能仍旧用传统农民思维来管理现代乡村

张乐天：中国需要一次文化的启蒙。西方的现代化走出了农业社会，同样，中国也要走出农业社会，走向工业社会和后工业社会、信息社会，社会的观念也要相应发生改变。我们知识分子如果有点意识的话，也许可以为这种改变给出一种奉献，给出一种启蒙。在工业社会、后工业社会当中，必然要求由传统向现代转型，而不能仍旧用农民的方式来管理工业社会。

改革开放初期，发展最快、最特殊的一个地方就是温州。我当时去调研就问，温州为什么能这么快发展？政府用4个字回答我：无为而治。其实政府也没办法去"有为"，温州最初开发出去的地方，交通不行，土地又没有，贫困得很。政府不知道要做什么，就有几年不干什么。然后农民就开始做生意发财了。当然温州毕竟还有经商的地方文化传统，但政府无为而治起了非常大的作用。

陈文胜：这主要是如何处理政府与市场的关系，有的时候，政府不过度干预其实是一个最好的办法，政府干预太多了反而出现问题。

张乐天：党的十九大提出小农户与现代农业有机衔接，这是最新的官方说法。实际上受到日本农业发展的影响，就是发展精致、高附加值的小农经济，但在全国发展需要有一段过程。在相当长时间内，大多数小农户农业还是中国农业发展的一种基本方式，特别是在国家不能为几亿农民提供基本社会保障的情况下，更需要具有社会保障性质的小农户农业，甚至是一种家庭补充型的农业。不仅浙江农业大多数都是这样的发展方式，上海郊区也大都存在这样的农业发展方式，具有典型的社会保障型特征。保障型的含义是假设上海的工业发展出现大问题，假设浙江以及其他地方的工业出现大问题，而农民有一块土地，就有了基本保障。

我认为，在未来相当长的时间内，中国农业发展就是家庭农业，所谓的家庭农场的现代农业可能只是少数，大部分还是那种传统小农户，而这种传统小农户对国家意义非常重大，就是当国家即使发生经济问题、城市问题的时候，能够保持着社会的稳定。甚至讲得极端一点，比如说发生重大的灾难，甚至发生战争的情况下，这种制度可以保证国家的基本稳定。因为不管是什么情况下，这种制度确保了几亿农民在自己的家园有基本的生活保障。所以，小农户存在的意义是非同小可的。实际上，农村土地制度设计当中的三权分置，承包权再延长 30 年，也是最终强化几亿农民的承包权，为人口大国的社会稳定提出一条最可靠的保障线。

我也考察了日本，中国的小农户有没有都可能做成日本那样？我的回答是否定的，原因就在于，尽管都是小农户，但日本的小农户总量很少，可以让每个小农户都成为很精致的、高附加值的农场。而中国的小农户总量巨大，现在城市蔬菜已经过剩了，水果已经过剩了，几亿小农户的产业做出来，哪里消费得了那么多？因为整个国家的消费与供给需要基本平衡。

从这个意义上来说，这是中国发展的一种独特模式，而且我觉得是很好的一个模式，就是在农民保持小家庭经营的背景下，创造一种更带有乡愁风格，更带有审美风格的乡村发展路径。在我的理解当中，美丽乡村更多是文化意义上的，实际上是为整个中华民族的素质提高创造一种美好的精神环境。

乡村振兴的核心是提高农民素质。现在浙江的农村整个环境治理得很好，全部是水泥路，不是通到小组，而是到家家户户的门口。村里有垃圾收购员，有专门种植花草的人。像海宁市投资了数以亿计的资金清理河道，上海就更不要说了。上海严格限制镇一级从事任何经济活动，而是专门从事社会公共服务。但是东部的经验对中西部来说，不能马上做到。关键是政府要职能归位，没有政府去推动，乡村就肯定发展不起来。

如果退休人员希望回家养老，包括土地、宅基地等，就应该给一点政策，关键是流动，从制度上需要一些很关键的设计。

陈文胜：这就需要回归到中国传统的"乡贤"了，可不可以出台这样的政策，让公职人员、企业家、知识分子等回家乡养老的"乡贤"去当乡村干部，包括乡、村两级的第一书记，又有资源，又有知识。因此，就需要一个能够接纳的政策，允许城乡自由流动。现在宅基地推行三权分置，这个制度设计是非常聪明的，把所有权跟使用权分开，又用资格权进行限制来保护农民利益。

实施乡村振兴战略，如果不搞形式主义一刀切，一个一个村去搞，实事求是，以农民主体地位的立场，站在属于农民的乡村，去聆听农民自己需要什么样的生活，需要什么样的乡村，给基层和农民以充分的话语权、自主权，以激发农民的主体作用，创造真正属于他们自己的生活，让农民成为乡村振兴的真正主体，就一定大有希望。

三、乡村振兴的中国道路与路径选择

——对话陈锡文、曹锦清、张雁

党的十八大以来，以习近平同志为核心的党中央坚持把解决好"三农"问题作为全党工作重中之重。党的十九大报告首次提出实施乡村振兴战略；2017 年年底召开的中央农村工作会议进一步深刻阐述了什么是中国特色社会主义乡村振兴道路，怎样走好中国特色社会主义乡村振兴道路，为实施乡村振兴战略、加快农业农村现代化指明了方向；2018 年年初发布的中央一号文件《中共中央、国务院关于实施乡村振兴战略的意见》以实施乡村振兴战略为题，明确了乡村振兴战略 3 个阶段的目标任务，围绕党的十九大提出的"产业兴旺、生态宜居、乡风文明、治理有效、生活富裕"的总要求，对统筹推进农村经济建设、政治建设、文化建设、社会建设、生态文明建设和党的建设作出了全面部署。2018 年 5 月 31 日，中共中央政治局召开会议审议《乡村振兴战略规划（2018—2022 年）》，部署若干重大工程、重大计划、重大行动，形成了乡村振兴战略的政策框架。这一系列"组合拳"对乡村发展意味着什么？如何扎实推动实施乡村振兴战略？光明日报社理论部张雁与全国人民代表大会农业与农村委员会主任委员陈锡文，华东理工大学社会与公共管理学院教授曹锦清及陈文胜展开对话。

乡村振兴战略提出的时代背景

张　雁：中央提出实施乡村振兴战略的背景是什么？为何反复强调坚持把解决好"三农"问题作为全党工作重中之重？

陈锡文：提出乡村振兴战略，是从中国的基本国情和经济社会发展的阶段性特征考虑的。中国的经济发展正处在一个重要的时期：到 2020年，要全面建成小康社会；到 2035 年，基本实现社会主义现代化；到本世纪中叶，建成富强民主文明和谐美丽的社会主义现代化强国。中国有自己的特殊国情，我们是世界上人口第一大国，从国情和自身的发展规律来看，农村人口的大规模减少将是一个长期的过程。1949 年我国有 4.84 亿人口在农村，2016 年我国农村常住人口仍有 5.9 亿，这还不包括外出务工经商的流动人口。中华人民共和国成立以来的 69 年里，农村人口不降反增。而且，即使以后我国人口城镇化率达到 70%，仍将有 4 亿多人生活在农村，这个人口的规模仍然是很大的，当今世界上超过 4 亿人口的国家仅有两个。这么庞大规模的人口在农村生产生活，他们如何与城里人一起实现共同富裕，是未来几十年里中国要解决的最大问题，也是中国的现代化能够稳步地、有根基地向前推进的必然要求。

党的十九大报告作出新时代我国社会主要矛盾已经转化为人民日益增长的美好生活需要和不平衡不充分的发展之间的矛盾的重要判断，城乡发展不平衡、农村和农业发展不充分，是发展不平衡不充分的重要表现。今年的中央一号文件也指出，当前，我国发展不平衡不充分问题在乡村最为突出。因此，中央提出实施乡村振兴战略，明确仍然把解决好"三农"问题作为全党工作重中之重，实际上是在提醒我们：由于中国的特殊国情和未来二三十年发展的阶段性特征，在我国的现代化进程中绝不能忽视农业、忽视农村、忽视农民。在实现现代化强国的目标过程中，必须下更大的气力解决好"三农"问题，必须通过实施乡村振兴战略这样的重大战略来推动农业全面升级、农村全面进步、农民全面发展。

三、乡村振兴的中国道路与路径选择
——对话陈锡文、曹锦清、张雁

曹锦清：工业化、城镇化、信息化以及我国市场化改革的不断深入、经济全球化的不断发展，这些都构成了讨论中国当代问题包括"三农"问题的现实大背景。此前，我国社会主要矛盾是人民日益增长的物质文化需要同落后的社会生产之间的矛盾，针对这一主要矛盾，"三农"发展一直更加强调农业的发展，农业的发展则更加强调农产品数量的供给。进入新时代，我国社会的主要矛盾已经转化为人民日益增长的美好生活需要和不平衡不充分的发展之间的矛盾，其中较为突出的是城乡发展不平衡、农村发展不充分。所以，实施乡村振兴战略，是解决人民日益增长的美好生活需要和不平衡不充分的发展之间矛盾的必然要求，也是实现"两个一百年"奋斗目标、实现全体人民共同富裕的必然要求。随着生产力的进步，"三农"问题与从前相比也有了一些新的变化。比如农村发展的不充分问题从量转向了质，已经主要不是数量问题了，更多是农产品供给的结构问题、城乡发展的不平衡问题等。只有解决好"三农"领域发展的不平衡不充分问题，才能够解决好整体发展的不平衡不充分问题。客观地说，农业人口多，基础薄弱，农村的情况千差万别，解决好"三农"问题还面临诸多困难和挑战，但中央的决心是明确的，所以反复强调坚持把解决好"三农"问题作为全党工作重中之重。

陈文胜：党的十九大提出实施乡村振兴战略，是以习近平同志为核心的党中央着眼党和国家事业全局、顺应亿万农民对美好生活的向往，对"三农"工作作出的重大决策部署，是决胜全面建成小康社会、全面建设社会主义现代化国家的重大历史任务，是新时代做好"三农"工作的总抓手。党的十九大报告提出"坚持农业农村优先发展"，这是党中央第一次明确提出坚持农业农村优先发展，是在观念上、认识上、工作部署上的重大创新。强调农业农村优先发展有它特定的含义。2017 年年底召开的中央农村工作会议提出：如期实现第一个百年奋斗目标并向第二个百年奋斗目标迈进，最艰巨最繁重的任务在农村，最广泛最深厚的基础在农村，最大的潜力和后劲也在农村。最艰巨最繁重的任务在农村，是因为我国发展不平衡不充分的问题在农村最为突出；最广泛最深厚的基础在农村，是因为我国农业人口多，而近年来农业农村发展取得的重大成就已经为实施乡村振兴战略奠定了良好基础；最大的潜力和后劲也在农村，是因为我国农村有着广阔的市场和诸多待挖掘的资源，虽然农业在 GDP 中的占比在不断下降，但是农村还有很多其他的产业，正在不断形成新产业，不断创造更多的产值和就业机会。正因为农村如此重要，又到了必须振兴的时候，农业农村发展就必然要摆在优先的位置，才能真正体现其作为重中之重的地位。显然，乡村振兴战略抓住了解决新时代社会主要矛盾的"牛鼻子"，也体现了党中央从根本上解决好"三农"问题的坚定决心。

乡村振兴与国家现代化

张　雁： 2017 年年底召开的中央农村工作会议指出，没有农业农村的现代化，就没有国家的现代化。"农业现代化"此前一直都在强调，但是明确提出"农业农村现代化"，这是第一次。怎样理解乡村振兴与实现国家的现代化之间的关系？

陈锡文： 党的十九大报告在实施乡村振兴战略中特别强调了要"加快推进农业农村现代化"，这一意义非常重大。解决"三农"问题，不仅仅是要解决农业的问题，更重要的是要解决数量如此庞大的农民的福祉问题。农业现代化以提高效率为基本目标，因而一定要逐步减少农业就业人口。但是，减少的这部分人口一时不能进入城市的非农产业中，他们的就业、生活怎么办？如果就业问题没解决好，生活质量得不到保障，那么建设现代化强国就是一句空话。因此，实施乡村振兴战略，就要同时推进农业的现代化和农村的现代化，这样才能给生活在农村的几亿农民带来更大的福祉，真正实现让农业成为有奔头的产业，让农民成为有吸引力的职业，让农村成为安居乐业的美丽家园。因此，中央明确了实施乡村振兴战略的"产业兴旺、生态宜居、乡风文明、治理有效、生活富裕"的总要求。从这一意义上来说，乡村振兴战略指明了未来农业农村的发展方向，描绘了乡村全面振兴的美好画卷，是中国特色社会主义进入新时代做好"三农"工作的总抓手。

三、乡村振兴的中国道路与路径选择
—— 对话陈锡文、曹锦清、张雁

陈文胜：中国实现现代化的进程中存在的发展不同步问题，不仅包括工业化与城镇化的不同步、工业与农业发展的不同步，而且包括城乡发展的不同步、区域发展的不同步。城乡发展不同步问题，需要通过乡村振兴来加以解决。因此，农业农村农民问题是关系国计民生的根本性问题，没有农业农村的现代化，就没有国家的现代化。中国特色社会主义进入新时代，乡村成为一个可以大有作为的广阔天地，迎来了难得的发展机遇。我们有共产党领导的政治优势，有社会主义的制度优势，有亿万农民的创造精神，有强大的经济实力支撑，有历史悠久的农耕文明，有旺盛的市场需求，完全有条件有能力实施乡村振兴战略。

提到现代化，人们往往想到的是城镇化，提到城镇化，人们过去总是把重点放在城镇，认为城镇发展了，农村的问题自然就解决了，这种观点是不对的，推进城镇化、促进城乡融合发展的思路必须回归乡村、关注农民。我们从改革开放之初全力解决温饱问题到今天即将全面建成小康社会，实现了经济的快速增长和城镇化的快速推进，也带动了乡村生态、文化、社会等多方面的变革。与以往相比，新时代的"三农"问题出现了许多新的特点，必须脚踏实地，针对农村的现实状况来解决好"三农"问题。

曹锦清：乡村振兴不是单一、孤立的政策举措，而是社会主义现代化建设宏伟事业的重要组成部分。社会主义现代化是包含农业农村现代化、乡村治理体系和治理能力现代化等在内的全面现代化，既有以工业化、城镇化为代表的现代化，也有农村的现代化。由此可见，乡村振兴的深刻意义超越了经济发展的层面，实现乡村振兴不仅仅是如何更加有效率地配置城乡资源，而应该从城乡关系的更高层面上来体会农业农村的现代化。我理解，是要在实现乡村产业振兴的基础上，实现乡村的人才振兴、文化振兴、生态振兴、组织振兴，推动农业全面升级、农村全面进步、农民全面发展，最终让农业成为有奔头的产业，农民成为有吸引力的职业，农村成为安居乐业的美丽家园。比如农村的文化振兴和生态振兴，随着农业的发展，在把农产品量的供给问题解决以后，农村的山水林田湖就不仅仅只是一种生产要素，而是承载了和城市环境互相平衡的意义，要能够让人们通

过"望得见山、看得见水、记得住乡愁"的乡村来养护身体和心灵。

乡村衰败并非是必然的发展规律

张　雁：有一种观点认为，在推进工业化、城镇化的进程中，乡村的衰败是一种普遍规律，诸位专家怎么看待这种观点？在实施乡村振兴战略中，要防止哪些错误的认识与行为？

陈锡文：正是得益于改革开放以来工业化、城镇化的快速推进，让大量农民转移就业，才能够推动农民收入、农村建设、农业发展，实现了如此大的改善。显然，在我国的现代化进程中，工业化、城镇化是最重要的推动力量。但对于认为农村衰败在一个国家的现代化发展中带有规律性的观点，我认为需要讨论。从已经实现了现代化的国家来看，其农村谈不上衰败。即便有些国家在现代化过程中农村出现了衰败，但他们的规律并不适用于中国。全世界人口超过1亿人的国家当中，只有美国与日本实现了现代化，而他们与中国相比，人口规模还是要小得多。一个有着十多亿人口的大国的现代化规律、城乡发展规律，只能靠中国自己去总结和探索。但有一点必须明确，中国的农业人口规模是世界上任何国家都不能比的，因而无论如何不能让农村衰败。从这个意义上讲，乡村振兴必然不会是一句口号，是必须要实实在在落实到农业农村现代化进程之中的。

曹锦清：乡村振兴应坚持因地制宜、循序渐进。要科学把握乡村的差异性和发展走势分化特征，不搞一刀切，不搞形式主义，久久为功，扎实推进。在乡村振兴过程中，随着农村人口向城市转移，部分乡村会萎缩、凋敝，但这并不能够说明乡村的衰败是一种必然的发展规律。另外，随着科技进步和人民需求的不断升级更新，乡村的基础设施条件会有大的改观，农业的生产方式也会与时俱进，这会导致乡村的景观发生改变。所以，不能从村落的景观意义上来看待某些乡村的衰败，我们要振兴的绝不仅仅是景观意义上的乡村，重点是农民实实在在地受益。农村人口城镇化是大的趋势，鼓励农民进城要和乡村振兴结合起来，不能顾此失彼。去年年底召开的中央农村工作会议明确指出，实施乡村振兴战略是一项长期的历史性任务，要科学规划、注重质量、从容建设，不追求速度，更不能刮风搞运动。今天，我们实施乡村振兴战略，党中央总揽全局、统筹谋划，中央一号文件提出了明确的目标任务和一系列的具体举措，也明确了规划引领、法治保障、人才支撑等内容，对于一些探索中的改革既有鼓励，也划出了红线，形成了一个系统工程。因此，乡村振兴绝不是一阵风、做表面文章，而是一项整体推进、环环相扣、实实在在的战略。按照中央的部署稳步推进，乡村振兴就一定能够实现。

陈文胜：乡村振兴作为全新的战略构想，不仅是重大的政治决策，更是对国家未来发展战略的顶层设计，必须深刻吸取过去在农村工作中出现的形式主义、短期行为等各种教训，特别要警惕基层工作中可能会产生的官僚主义和形式主义的不良倾向。在农村基层工作中，行政化难以避免，久而久之就可能使乡村振兴工作表现出农民的依赖性越来越强、越来越丧失自主能力和创造能力的现象，这样就难以实现乡村的自主发展，就有可能使乡村振兴工作走向形式主义。因此，基层在推进乡村振兴工作的时候，要特别注重调动农民个体和村集体的积极性，切实保护农民的相关权益。同时，不能用城市化的理念来发展乡村。过去，很多地方在新农村建设中出现了乡不乡、城不城的问题。新时代的乡村振兴是要实现城乡融合发展，要乡中有城，城中有乡，各司其职，共荣共生。

乡村振兴需要解决的关键问题

张　雁：坚持乡村全面振兴是一个系统工程，涵盖了农村经济建设、政治建设、文化建设、社会建设、生态文明建设和党的建设方方面面，哪些是工作中首先需要解决的关键问题？

陈锡文：实施乡村振兴战略的总任务就是要实现农业农村的现代化。中央明确要求，当前和未来一段时期的基本方向是质量兴农、绿色兴农，主线是农业供给侧结构性改革。这里有两个关键问题。一是从国家农业整体发展上考虑，如何构建现代农业产业体系、生产体系、经营体系。构建现代农业产业体系，就是要解决农业的结构问题和资源有效利用问题，形成农业资源合理开发利用的产业结构，并促进产业链的延长和价值链的增值；构建现代农业生产体系就是要运用现代化的手段从事农业生产，重点是农业的科技化；构建现代农业经营体系就是推动农业资源、资金、技术、劳动力等要素的优化利用，提高农业全要素生产率。二是如何实现小农户和现代农业发展的有机衔接。关于现代农业，我们起初都想到必须走土地流转集中最终实现规模化经营的道路。但现实是，中国的国情很难让大量分散经营的农民尽快退出农业来实现农业的规模化经营。改变中国农业分散的、粗放的经营方式的这个过程，要放在大的历史背景下去审视，对此要有足够的历史耐心。中国要因时因地去发展适合各地实际情况的农业现代化，一条路是通过土地流转集中来实现农业的规模经营，还有一条路就是通过农业的现代化服务，让小农户与现代农业进行衔接，实现小农户的农业现代化。

曹锦清： 一是要抓住产业兴旺这个根本。没有产业振兴的乡村振兴就是一句空话，只有有了产业，有了工作岗位，农村人口才会发生聚集。二是要掌握粮食安全的主动权。对粮食的需求是分不同等级的，粮食生产既要满足低端的消费需求，又要满足中端的消费需求，还要满足更加高端的消费需求。所以，需要有新型的经营主体来发展农业品牌，这方面的改革特别艰难，但却是农业发展所必需的。三是要降低人均基本公共产品的成本。由于村落过度分散，农村人口向城镇流动以后，随着人口流出导致的人口递减，农村的基本公共产品供给也会相应地出现一些问题，乡村的道路、医疗、教育等基本公共产品的人均供给成本都会相应地逐步增加。比如说，农村的孩子不断向中心镇或县城集中，村一级的小学就缺少了生源，但乡村小学在教室、教师方面的投入在短期内是不变的。如何降低公共产品的人均供给成本，提高乡村基本公共产品的供给效率，是乡村振兴必须考虑到的一个大问题。四是要完善城市资本下乡的规则。不要怕资本下乡，但是一定要有好的规则。比如说，劳动参与合作不能剥夺村民的劳动权益，土地参与合作不能剥夺农民的土地权益。这方面中央已经有了诸多的考虑和举措，在实施过程中要认真执行和不断完善。

陈文胜：在实践中，要把乡村振兴的总体要求与各地的实际相结合，在统筹推进"五位一体"总体布局和协调推进"四个全面"战略布局中，突出围绕"振兴什么""谁来振兴""怎么振兴"这三大关键问题来推进乡村振兴战略。首先，在"振兴什么"的问题上，要以建设"美好乡村"为主题，顺应亿万农民对美好生活的向往，按照"农业强、农村美、农民富"的乡村全面振兴战略远景，以产业兴旺为目标引领农村产业的发展，实现农业综合生产能力稳步提升，农业供给体系质量明显提高，农村一二三产业融合发展水平进一步提升；以生态宜居为要务推进绿色乡村行动，建设农村美好生态家园，使农村生态环境明显好转，农业生态服务能力进一步提高；以乡风文明为目标推进形成农村美好社会风气，使乡风文明达到新高度；以治理有效为目标创新乡村治理体系，走乡村善治之路；以生活富裕为目标推进创业增收行动，使共同富裕迈出坚实步伐。其次，在"谁来振兴"的问题上，要以实现乡村自主发展为突破。中央明确将坚持农民主体地位作为实施乡村振兴战略的基本原则，这是我们党以人民为中心的根本政治立场所决定的。要充分尊重农民意愿，切实发挥农民在乡村振兴中的主体作用，调动亿万农民的积极性、主动性、创造性，把维护农民群众根本利益、促进农民共同富裕作为出发点和落脚点，促进农民持续增收，不断提升农民的获得感、幸福感、安全感。最后，在"怎么振兴"的问题上，要以推动城乡二元结构变革为动力。建立健全城乡融合发展体制机制和政策体系，使市场在资源配置中起决定性作用，更好发挥政府作用，推动城乡要素自由流动、平等交换，推动新型工业化、信息化、城镇化、农业现代化同步发展，加快形成工农互促、城乡互补、全面融合、共同繁荣的新型工农城乡关系。

推进乡村振兴的基本路径

张　雁：实施乡村振兴战略是一项长期的历史性任务，如何扎扎实实地把乡村振兴战略向前推进？

陈锡文：一要继续深入推进改革。只有不断深化改革，才能"激活主体、激活要素、激活市场"，为乡村振兴提供强大的动力。今年的中央一号文件提出了一系列的重大改革举措，改革的过程中一定要把问题弄清楚，切实扎实推进，中央一号文件也明确了要"着力增强改革的系统性、整体性、协同性"。在未来的制度建设过程中，我们一定要把农村集体产权、农村集体经济组织、农民财产权利等问题讲清楚，把什么是必须保护的、什么是不允许做的、改革的目标是什么理清楚，尤其是要避免少数人借此侵占农民的财产权利以及防止外来资本借机损害农民农村的利益。二是强化人才队伍支撑。今年的中央一号文件提出了要强化乡村振兴的人才支撑。实现乡村振兴，人才是第一位的。乡村需要的人才方方面面，既包括生产经营者、农业服务者、科技工作者，也包括"三农"工作队伍。当前，农村青壮年劳动人口流失比较严重，"三农"工作队伍人才匮乏，乡（镇）工作者很多是由县里下派，流动性大，大学生村官和扶贫第一书记又不一定能很快地融入农村，这些问题都需要加以着力解决。三是要有落实乡村振兴战略的体制机制。中央明确提出要建立实施乡村振兴战略领导责任制，实行实绩考核制度，强化乡村振兴规划引领，尤其是提出要研究制定中国共产党农村工作条例，强化乡村振兴的法治保障，以此来看，乡村振兴将会有一套完整的制度体系来保障，这体现了中央的决心和信心，也让我们"三农"工作者倍感振奋。总体来说，只要扎扎实实落实中央的这一系列要求，就一定能扎扎实实把乡村振兴战略向前推进。

曹锦清：扎扎实实推进乡村振兴战略，首先是要坚持制度约束，把制度建设贯穿其中。要以完善产权制度和要素市场化配置为重点，激活主体、激活要素、激活市场，着力增强改革的系统性、整体性、协同性。按照今年中央一号文件的要求，必须巩固和完善农村基本经营制度，落实农村土地承包关系稳定并长久不变政策，衔接落实好第二轮土地承包到期后再延长 30 年的政策，让农民吃上长效"定心丸"；深化农村土地制度改革，系统总结农村土地征收、集体经营性建设用地入市、宅基地制度改革试点经验，逐步扩大试点，加快土地管理法修改，完善农村土地利用管理政策体系；深入推进农村集体产权制度改革，全面开展农村集体资产清产核资、集体成员身份确认，加快推进集体经营性资产股份合作制改革；完善农业支持保护制度，以提升农业质量效益和竞争力为目标，强化绿色生态导向，创新完善政策工具和手段，扩大"绿箱"政策的实施范围和规模，加快建立新型农业支持保护政策体系。

实现乡村全面振兴，要坚持和完善党对"三农"工作的领导，各级党委和政府要坚持工业农业一起抓、城市农村一起抓，把农业农村优先发展原则体现到各个方面。健全党委统一领导、政府负责、党委农村工作部门统筹协调的农村工作领导体制。在实践工作中，加强"三农"工作队伍建设是重点，要以懂农业、爱农村、爱农民作为基本要求，加强"三农"工作干部队伍培养、配备、管理、使用。

陈文胜：党的十九大报告和中央一号文件都提出要实现城乡融合发展，这就必然要求从根本上改变"以工统农""以城统乡"、以扩张城市减少农村减少农民的发展路径，扎扎实实地把乡村振兴战略向前推进，重点就在于如何切实推进城乡融合发展。我认为，一要更新发展理念。城乡融合发展不能只是按照经济规律的要求实现资源要素的优化配置，而且还要遵循生态发展规律、社会发展规律。二要唤醒乡村潜能。我们以往对"三农"的认识是不全面的，乡村被认为是提供粮食、农副产品和工业原材料的供应基地，农业的发展几乎是乡村发展的全部内容，而乡村在生态、文化等方面的价值优势往往被忽视。随着信息化的不断推进，互联网极大地改变了城乡的空间距离，乡村相对于城市的比较优势不断凸显。怎样激活乡村潜能、发挥乡村独特优势，以实现与城市错位发展，成为推进农业农村现代化、实现乡村全面振兴的关键。三要以特色小镇为支撑，把特色小镇作为城乡融合发展的核心，通过建构特色小镇作为区域一体化的对接点、连接城市和乡村的支撑点、中心城市的扩散点，把乡村的优美环境、人文风俗、历史文化、特色资源等在空间上进行集聚，形成城、镇、乡村三者的功能分工，优化城乡空间布局。

本文原载于《光明日报》2018 年 07 月 17 日 15 版。

四、从春节返乡研判乡村振兴的现实与希望
——对话王文强、陆福兴

　　故乡是什么？故乡是村头的那棵树，是家门前的那条小溪；故乡是父亲黝黑脸上的皱纹，是母亲头上霜白的头发；故乡也是鞭炮声中的那顿年夜饭……中国乡村社会正经历前所未有的变迁，特别是党的十九大提出乡村振兴战略以来，春节返乡的热潮仍旧，乡村的变化又有哪些，乡村振兴的现实基础在哪里、希望又在哪里？对此，陈文胜与湖南省社会科学院人力资源与改革发展研究所所长王文强、湖南师范大学中国乡村振兴研究院教授陆福兴进行了对话。

城镇化进程中对传统文化的眷恋与呼唤

陈文胜：春节返乡是中国特有的文化现象，历经几十年后春节返乡的人数还在不断增长，春节返乡话题为什么连续多年热度不减？今天已发生什么样的变迁？

春节回家过年是中国工业化、城镇化进程中最独特最壮观的人口迁徙现象，每到春节，人们不分天南地北都要从四面八方奔向家乡，因此，春节返乡成了中华民族区别于其他世界民族所最独特的文化，以春节返乡题材为主的"返乡体"成为近几年来网络媒体必不可少的热点话题。

为什么春节返乡话题连续多年热度不减？其原因是多方面的：其一，是乡村的发展日益引起了人们的重视和关注，使带着各种不同乡村文化印记的"返乡体"很容易引发全国性焦点和大讨论。其二，新时代人们对"乡愁"的新诉求。随着"城镇中国"对"乡土中国"的不断扩张，"乡愁"成了居住在城市里的人的"时尚"，所以，一到年前节后，"返乡体"就成为"乡愁抒发运动"。其三，信息化下传播媒介众多、发表快速快捷、信息内容需求广泛和吐槽可参与性的便捷，促成了人们对"返乡体"的热捧和讨论。

我认为，春节返乡热是工业化、城镇化进程中传统文化在心灵上的呼唤。因为乡情是中华民族的一个永恒主题，也是中华民族所独具的传统文化。不管是帝王将相，还是庶民百姓，都无法摆脱衣锦还乡、荣归故里和饮水思源、叶落归根的传统观念。每到春节、清明、端午、中秋等传统的节日，国内就会出现大规模的返乡潮。不管身在何处，都要回归故土。如《山东"男孩"携妻回村过年记》，从中就可以看出山东那个乡村年过得很有仪式感和传统味，这些民俗习惯就是传统文化。

随着城镇化的加快推进，乡村、农民与国家的关系发生了全新的变化，中国乡村社会处于前所未有之变局。一是社会治理之变，农业税取消之后的国家、乡村、农民之间出现断裂，村民自治为以经济精英为主的社区精英分子的产生提供了一个制度性的条件，农村社会治理理念和方式随之发生了深刻变化。二是社会结构之变，乡村逐渐演化为经济多元、利益多元、阶层多元的多元化社会，乡村社区的独立性与组织能力亦逐渐地得以培育与发展起来，社区中的各种社会力量与民间性的组织也不断地产生与增加，使家庭结构、代际关系等乡村社会基础性结构发生了前所未有的变化。三是社会价值之变，追求个人价值、实现个人理想、发家致富等思想观念逐渐兴起，家庭、家族、宗族以及传统习惯成为主流，这是改革开放前后乡村的价值观念和意义系统的根本性变化，也是最为深刻的变化。

乡村社会的此种巨变，与中国城市化、现代化和工业化的整体推进相同步，其本质是一种外力推动下的巨变。以我长期调研的湘南为例：一是农民居住条件有了根本性改变，一些条件较好的家庭甚至还在县城购买起了商品房。二是家庭生活条件日渐现代化，大部分农户家庭有了彩电、冰箱、洗衣机等现代家用电器，电脑更是进入千家万户。三是享受型消费品正在走入寻常百姓家，不少农民家庭购买了小汽车，空调也成为部分农家的必备生活品。四是农村基础设施持续改善，村级道路硬化基本到达每家每户，自来水成为"标配"，液化气取代煤、柴成为新时尚。五是农村环境卫生受到重视，乡村人居环境得到大大改观。

无论是宏观层面还是微观个案均显示，中国乡村发展取得的成就是十分卓越的。改革开放之初，农民基本上告别了食品短缺的饥饿时代。后来，国家不断推进各种惠农政策，从取消农业税、粮食补贴、农机补贴，到医保、低保、乡村公路建设、农电改造、危房改造、农村信息化等等，特别是乡村振兴战略的实施，使得中国农民、农业和农村发展处于百年来最好的时期。如乡村公路建设的大力推进和农村信息化的快速发展，极大地缩短了城乡的距离，大多数农村交通方便，通讯便捷，城乡隔绝状态前所未有地被打破，农民的视野和文明程度前所未有地不断提高，农民的改革获得、中国农业的改革发展和中国农村的改革进步是主旋律。改革使农民不再终生困守于土地，有了在国内外自由择业的权利；随着收入水平的提高，农民有了在国内外自由生活的能力，到城市甚至国外过年就成了乡村新时尚。

陆福兴：作为一个农家子弟，春节返乡是我固有的过年方式，在外工作几十年，没几个春节在外面过，总觉得回家乡过年才有年味。一年一年的回家过年，感觉到家乡也在一年一年的变化。

人变了，乡里农民成了透着城市味的返乡人。现在的农村人，特别是新一代在外面打工的农民，他们的衣着打扮、举止言谈与城市人没有什么两样了，他们再也不像他们的父辈，外人从衣着打扮很难分辨出他是乡里人还是城里人，特别是读过书又在城里见过世面的年轻人，他们见多识广，言谈举止都日渐城市化了。那些城镇读书的中小学生说的是纯正的普通话，故乡再也不是纯正的乡村，而是夹杂着城市化影子的乡村。

村富了，曾经的小木屋变成了一栋栋美丽的乡村别墅。农民的富裕都体现在房子上，看乡村哪家富不富，你只要看一眼他的房子就知道。现在，乡村看到的土墙木房子是"古迹"，大部分农民都建起了两三层楼的红砖瓦房，而且外面用瓷砖铺得漂漂亮亮，有的房子结构设计很时尚，不再是过去的堂屋加厢房式样，有的就是一栋栋别墅，对于我们这些在城市只能住盒子房的工薪族来说，真有点羡慕乡亲们优越的住房条件。

路堵了，山间小道到处充斥着小汽车的喇叭声。前几年，从城里开车回家过年，似乎还有点气派甚至引来乡亲们羡慕的眼光，那时乡亲们有车的不多，开车回家有种优越感，在乡间小道顺便捎个熟人或儿时伙伴还能激起成功的喜悦。近年来，乡亲们家里一般都有了车，山间小路上到处都充斥着小汽车的喇叭声，村道、县道堵车成了常事，好在一些容易拥堵的路段出现了交警执勤，习惯了散漫的乡间驾驶员也收敛了平时的野气，尽管堵车的新闻时断时续，但除了县城堵车严重，其他乡间小道还基本能走动。

现代了，信息化的便利让人们出门购物不带零钱了。乡间现代的表征是信息化，它在乡村无孔不入。乡村老少都带着手机，家里有电脑的也越来越多，有事情随时都可以电话沟通，不必像过去要走很长的山路去报个信。在乡村集市里卖肉卖菜的商贩，都挂着二维码，所有的交易手机一扫就可以支付完成。有一次我用现金买蔬菜时，大爷见钱找不开，用微信扫了我的二维码，成功找了零钱。

漂亮了，荒山野岭看得见往日的绿水青山了。近几年在生态文明建设中，生态环境变化是很显著的。我记得儿时在乡里时，山上都是光秃秃的，砍柴要去很远的地方，割猪草要到处寻找草源，现在乡村到处都是柴，满山遍野都是柴草，农民也基本上不烧柴了。绿水青山又回到了农村，农民家里还搞起了垃圾分类，生态环境真是大变样了。

年味淡了，节日的气氛变得越来越冷。我记忆中，过年有很复杂的程序，也是很有趣的。以前从腊月二十四开始就进入过年的准备阶段，乡里的集市就开了，可以天天赶集，大多数家庭过年要杀一头猪，这猪叫作年猪，杀年猪是大事，要放炮祭奠神灵；要请亲戚朋友吃一顿饭，饭菜就用猪肉、猪血、猪杂等现料做。这头猪的肉要挂在烧火的地方做成柴火腊肉，家里上半年接待客人和改善生活都依靠它；这头猪的油就是大多数家庭未来一年做菜用的油，拜年走亲戚一般都带块腊肉。腊月二十五家里要炒一些瓜子、花生之类的东西，在正月十五之前都可以用这些东西招待客人；腊月二十六是做石磨豆腐的日子，正宗的石磨豆腐透着独特的香味；一般腊月二十七要做糍粑，糍粑用糯米制成，印上各种吉祥的文字或花纹；二十八、二十九、三十就是杀鸡、贴对联、做年饭的时候。过年时家里每人还要做一身新衣服，大人们在过年会非常忙，所以有句俗语叫"大人盼插田，小孩盼过年"。小孩过年有寒假，大人过年会忙得不可开交，反而农忙时节的插田这等大事因为乡里插田会互相帮忙，互相到各家里吃饭，把好酒好菜都要拿出来招待，比过年要更喜欢。到了过年的前一天晚上，要吃团圆饭，一家人或一个大家庭的人要聚在一起，长辈们或是赚了钱的人要给小孩子发红包。大年初一早上是正式过年，早上的这顿饭叫"年饭"，要天亮前吃完饭。吃饭是很讲究的，有很多禁忌，如只能讲好话，不能摔碗掉筷子，甚至吃完饭只能说"吃饱了"，不能说"吃完了"或"不吃了"之类的话，认为这样兆头不好。吃完年饭天亮了要给长辈拜年，拜年也互相称赞互相说好话，一派祥和幸福的景象！正因为这一系列的程序和仪式，把年过得非常充实。但是，近年来发现，乡里过年的特征越来越少了，过年的仪式感也弱了，气氛也越来越淡，2019年县城过年禁燃放鞭炮，似乎年味更加淡了，跟平常没有了两样。

家味淡了，自己动手过年的兴奋越来越少。乡下的过年也越来越社会化了，许多东西都是市场上购买，千篇一味。过去过年的东西都是家里人自己动手做，每个家庭做出的东西或咸或淡，各有特色。随着物质生活水平的提高，市场上的物质越来越丰富，过年的许多物资都可以在市场买到，于是，很多人过年日益没有了自家的味道，一切东西都去市场搞定。市场上买的东西有的是小作坊做的，有的是农民私人加工的，不仅卫生和食品安全不能保障，而且没有家的味道，总觉得过年过得太容易了，没有自己动手的成就感。

人情淡了，春节的功能日益变得单一。年在变，人也在变。人情淡了，以前过年亲戚们互相要请客吃饭，从初一到十五，和睦乐融融的。现在大家懒得做饭了，有的请客还上酒店；拜年开车去，见个面就回家了，有的干脆就不拜年了，打个电话或发个红包就算了事。大多在家里找几个人打一场麻将。礼尚往来成了纯粹的金钱红包，没有了小时候的亲戚亲情。

王文强：春节返乡是改革开放后我国城乡人口大规模流动后形成的一种现象。中国人有着浓厚的"家"和"过年"的情结，"回家过年"是每个游子心中最重的情怀。在改革开放前我国城乡人口流动受到制度上的限制，人口流动规模小。20 世纪 80 年代中期国家开始允许农民向城市流动，21 世纪以来国家全面放开并支持农村劳动力进城务工，同时不断推进农业转移人口市民化，在这个过程中，城乡人口流动的规模不断扩大，春节返乡人数不断增加。

从过程来看，春节返乡有几个方面的变化：一是城乡路网互联互通程度越来越高，交通的速度、舒适度与信息化水平越来越高，为春节返乡提供了越来越便利的条件。二是乡村本身的水、电、路、信息网络等基础设施条件不断改善，农村商业服务、生活服务也逐步向城镇靠拢，为春节返乡的人们提供了越来越舒适的环境。三是城乡居民收入水平不断提高，为春节返乡提供了更好的物质基础。

从趋势来看，春节返乡可能出现两个方面的变化：一是随着人口增长率的下降，举家进城家庭的增多，春节返乡人数将在稳定一段时期后逐步下降。二是如果农村缺乏新的吸引力，随着乡村陌生化程度越来越高和城乡融合发展的程度越来越高，以"团聚"为目的的春节返乡停留乡村的时间将越来越短。

乡村问题是城市病和工业病在乡村的蔓延

陈文胜：春节返乡既是人们与亲人团聚的关键途径，也是人们了解乡村发展变化的重要窗口，每年都有一些"返乡观察"引起了热烈讨论，如何客观看待乡村的变化？

如何看待和评价中国乡村百年以来的巨变，如何认识和评判诸如"城市像欧洲，农村像非洲"的现实表达，如何"留住"或"拯救"国人所热衷和倡导的"乡愁"？这是评判、理解和阐释中国乡村巨变绕不开的话题，也是为"乡土中国向何处去"而把脉问诊所无法回避的问题。

其中乡村"唱衰论"之所以如此流行，原因是多方面的。在经济社会发展的历史进程中，世界上实现现代化的国家大多是中小国家，工业化、城镇化基本可以同步。中国作为特大型国家，区域极为复杂，资源禀赋和文化差异使不同的地区处于不同的发展阶段。这种不同步发展，不仅是工业化与城镇化不同步、工农不同步，而且是城乡不同步、区域不同步。作为一个有 14 亿人口的全球人口大国，世界上任何一个已经现代化国家的人口规模无法与之相比较，这种不同步发展的现代化进程无疑具有十分巨大的差异性和复杂性，由此带来城乡发展不平衡和乡村发展不充分问题就更加突出。如农业发展质量效益不高，农民增收后劲不足，农村自我发展能力弱，城乡差距依然较大，成为制约如期全面建成小康社会和基本实现现代化、实现国家长治久安的最大短板。

西方发达国家大多是从农耕时代进入工业时代、再进入信息时代的逐渐演进进程，我们置身于农耕时代、工业时代、信息时代在同一时空并存这样一个中国现代化的基本现实。像北京、上海、广州等地区已处于信息时代，是绝对不落后于西方发达国家的城市，二线、三线城市和大多数县城进入了工业时代，正在加快推进城镇化进程，很多乡村和偏远地区还是传统农耕社会，正处于为摆脱贫困而发展的进程中，这是人类史上绝无仅有的发展史。不仅是城乡发展不平衡，而且是区域与区域、乡村与乡村发展不平衡，因为每个乡村发展状况都不一样。因此，无疑会发生传统与现代、制度与现实、工业与农业、城市与乡村等方面的激烈碰撞，成为不同层面评价中国乡村的深刻根源。

从客观上说，相比中国城市化的快速推进与发展，甚至是相比西方发达国家的乡村发展来说，历经几千年小农经济发展积淀的乡村中国，在向现代化整体迈进的过程中，仍然存在不少需要引起关注的问题。譬如，农业粗放型发展方式向集约型发展方式转型压力大，农业生产中的环境污染大、能源消耗高、人力资本投入高的问题较为突出；相比城市而言，农村公共服务与公共品供给不足，基本公共服务全覆盖压力较大；农民收入结构虽发生了重大变化，外出务工收入在农民总收入中占有较大比重，但农民增收渠道有限、增收乏力的问题依然突出；农村劳动力大量外流，在增加农民收入、加快城市发展的同时，广大农村也出现了空心化、空壳化等问题，乡村发展后劲不足、机制缺失等问题已不能不引起高度关注。

然而，乡村唱衰论者对乡村发展的成就视而不见，看到的常常是乡村社会道德低下、伦理丧失、治理无序和环境破坏，根本原因是他们在用城市文明的眼光看农耕文明的乡村，把现代化的城市与传统的乡村进行对比；他们用自己的价值观和理念判断农村，或者把理想中的农村和西方先进国家的农村与中国当前的乡村简单做对比，用自己的价值观判断认为乡村应该怎么样，特别是他们把在现代化的城市中未能实现的梦想转移到乡村，用最好的道德标准、最好的理想图景来要求相对落后的乡村。同时，中国乡村如此广阔，单凭一个村庄难以定论，单凭乡村社会中的单一现象难以定论。特别是以文学的情怀和理想表现乡村，容易把乡村的个别缺陷无限放大从而耸人听闻。现在一些媒体也炒作，说乡村是落后的代名词，比非洲还差，我很不赞同这个观点。

的确，在现代化浪潮的席卷之下，中国乡村社会的价值观念发生了深刻变化。可以说，这些问题绝非为乡村所独有，而且从某种程度上是城市病和工业病在乡村的蔓延。因为这些问题虽然出现在乡村而根子却在城市和工业，更需要从国家的发展战略，从城市化与工业化一枝独大的发展现实中寻找答案。

陆福兴：每年的"返乡观察"都从不同侧面反映着乡村的变化，返乡观察的"火爆"，是人们对乡村发展的关注度日益提升的结果，也是人们对"乡愁"期盼和失落的表达，尽管有些故意的炒作和博眼球，但是都是对乡村的现实或理想的个人表达，我们可以用宽容心态去阅读。因为中国乡村地域太广阔了，不同的乡村差异是非常大的，如南方和北方的乡村，贫困乡村与富裕乡村，偏远乡村与近郊乡村，不同的乡村之间经济社会文化等天壤之别，因此，如果以某个特定乡村的变化代表整个中国乡村的变化，那是片面的。大多"返乡观察"只是某个特定乡村过年的所察所感，是特定的现象，对于作者观察的乡村来说，是对的，但是，如果推演而来说成是中国的乡村景象或问题，那就是以偏概全了。客观看待乡村的变化，应该说乡村发生了翻天覆地的变化，但是，在变化过程中，乡村也存在许多问题，甚至有些问题还很严重，但总的来讲，乡村年年在变化和进步是肯定的。

王文强：在乡村不断发展变化的过程中，"返乡观察"的兴起并引起热烈讨论，说明乡村变化正在受到越来越多人的关注，当然"返乡观察"本身也有助人们了解乡村的发展变化。但对于"返乡观察"中展示出来的一些现象，以及观察者对现象所作的判断，我们应该理性地看待。观察者本身长期在乡村外，缺乏对乡村变化的持续深入调查，在春节返乡的短时期内了解到的不一定是乡村的全貌，而且乡村情况千差万别，一个乡村观察到的情况并非是所有乡村都会出现的情况，所以"返乡观察"只能起到从不同地方、不同角度看乡村的作用，一味地唱衰乡村或夸大乡村变化都不可取。所以，全国人大农业与农村委员会主任陈锡文曾经指出，对农村情况的基本判断，应基于科学的统计，而不是讲故事。任何一个国家的乡村变化都不是单因素造成的，客观看待乡村的变化与走向，需要从历史的视野、国际的视野、城乡关系发展的视野来综合看待，还要结合国情、国家政策的取向来分析，乡村的个性问题与共性问题要有所区分，乡村的故事与乡村的统计要结合起来，才能展示真实的乡村与乡村的变化。

"反向过年"是对时代变迁的必然回应

陈文胜：为何近年来的春节也出现了"反向过年"的新现象？是不是意味乡村日益失去了吸引力？今天的乡村振兴亟待解决的关键问题是什么？

根据有关调查表明，有 51.4% 的一线城市受访者希望父母"反向过年"。

"反向过年"这一现象的出现，说明了中国乡村社会的社会结构价值观念正在发生着深刻的变化。在工业化、城镇化进程中，中国乡村在这滚滚而来的时代大潮冲击中发生着史无前例的历史变迁，具有几千年农耕文明传统的农业中国、乡村中国正在加快被现代的工业中国、城镇中国所取代。马克思、恩格斯认为，以农业为主的乡村文明不断向以工商业为主的城市文明变迁的发展进程，"是随着野蛮向文明的过渡、部落制度向国家的过渡、地方局限性向民族的过渡而开始的，它贯穿着全部文明的历史并一直延续到现在"，并认为，"对传统社会来说，社会整体变迁意义上的进步，莫过于城市社会取代农业社会"。

中国传统的乡村社会是费孝通所称的"熟人社会"，社会很少流动与迁移，"日出而作，日落而息"的逻辑重复着循环的社会节奏，形成了以人伦次序为基础的差序格局，以"家本位"为核心的"熟人社会"，以"礼治秩序"为代表的传统文化价值规范，维系一种稳定的熟人社会关系和固定的社会结构。随着工业化、城镇化的不断推进，商品经济成为整个中国社会的主要经济形态。市场经济的最大优势，就是跨越地理范围与生活范围，实现了陌生人之间的经济交易，从而打破了农业社会的封闭性和稳定性。

农民从世代困守的土地上解放出来，由农业向非农职业不断分化，传统意义上的家族式的大家庭已经全面解体，乡村社会家庭结构从主干家庭向核心家庭演变，家庭日趋小型化，由一对夫妇与未婚子女组成的家庭结构逐渐成为主要形式。由于告别了农耕社会的生活方式，接受了城市现代化生活方式的全方位洗礼，社会价值观念从"乡土伦理"向市场伦理演变，习俗观念从"乡土本色"向现代性多元演变，传统家庭伦理被彻底颠覆。对于中国现代化这场具有划时代意义的历史事件，其中乡村社会的价值观念是最为根本性的变化，是中国现代化最为深刻的社会变迁，"反向过年"就是对当下的工业化、城镇化进程中社会变迁的一种必然回应。

在 2017 年，中国的城镇化率就已经达到 58.52%，按照目前发展趋势，到 2020 年、2030 年城镇化率还将进一步达到 60%、65%，2050 年可能超过 70%。说明城镇化难以逆转，越来越多的农民选择在城市生活工作，向往着比乡村更满意的现代化生活环境。因此，不少人不再春节返乡而是把家人接到城市团聚，这种"反向过年"表明农民作为"人的城镇化"进一步加快，农民的乡村传统家庭观念正在发生变革，标志着中国乡村社会向现代化转型已经成为大趋势。

但这并不意味着乡村就失去了吸引力。过去看待乡村大多是从粮食安全的角度出发，以工业化、城镇化为发端，极大地改变了城乡的空间距离，乡村不再只是单纯的农产品供应基地，还被赋予了生态保护、环境调节、观光休闲、文化传承等多重功能，使乡村进入了多元价值的新阶段。党的十九大报告明确提出，中国的全面现代化是人与自然和谐共生的现代化，既要创造更多物质财富和精神财富以满足人民日益增长的美好生活需要，也要提供更多优质生态产品以满足人民日益增长的优美生态环境需要。生态产品能离开乡村吗？美丽中国能离开乡村吗？乡村的生态价值优势对满足美好生活的需要具有不可替代的功能。

乡村发生了多功能的变革，城镇化就要赋予城乡融合这样新的时代内容，就再不能把建设城市等于城镇化。如欧美发达国家，大企业和著名高校都在小镇，日本的 IT 等很多新兴产业都往乡村转移，普遍出现了回归乡村运动。党的十九大报告中，在乡村振兴战略中提出城乡融合发展，就是要求在加快推进城镇化的同时实现农业农村的现代化，使乡村成为一个与城市共生共荣、各美其美的美好家园。在中国有两个生活空间，一个是城市，一个是乡村，让中国人往返于城乡之间，享受着两种不同的生活方式，这是中国现代化的新进程，是中国城镇化的新方位。

今天的乡村振兴亟待解决的问题是什么？"返乡体"焦虑背后的根源是城乡关系的问题。在当前的乡村振兴中，怎样才能留住城市市民和外出农民工的乡愁、保住他们的文化之根？这是乡村振兴必须要回答的重要问题。

长期以来，无论是乡村的政治发展、经济发展，还是社会发展、文化发展，都要在平等的基础上尊重农民的自主行为，去激发农民的自主能力创造真正属于自己的生活。

坚持农民的主体地位，就是尊重农民的首创精神，尊重农民平等权利，尊重乡村价值与自主发展。也可以用一句话来概括：做到让农民能够"我的乡村我做主"。因此，处理城乡关系的关键，是要尊重农民的主体地位。

论道大国"三农"
——对话前沿问题

陆福兴："反向过年"的新现象确实存在，但并不意味着乡村失去了吸引力。"反向过年"一方面是乡村人对城市生活和文化的向往以及城市生活的体验，作为一个乡村人，也有体验城市文化的愿望和好奇心。同时，"反向过年"也是乡村人的一种面子，因为代表着他城里有亲戚或家人。乡村的吸引力不是乡村的繁华和富有，而是我们所说的"乡愁"的吸引，一般认为，乡村过年年味要浓，因为乡村过年都是自己家的东西，每个家庭都有自己的特色年货，因此，乡村的年味吸引力是经久难衰的。

今天乡村振兴面临亟待解决的问题，其一，乡村经济要加速发展。我反对用城市的标准去衡量乡村的经济，也不能用城市的生活去衡量乡村生活，乡村的富有是一种独特的富有。比如，农民用红薯喂猪，用蔬菜喂鸡等，这种富有是城里人不能比的。不是农民不如城里人那样节俭，而是他们的生活粗放。但当前还确实有许多乡村经济不发达，农民生活还比较困难，因此，实现全面小康，是乡村振兴的第一大任务。其二，乡村基础设施和公共服务要补短板。农民解决了温饱后，乡村生活环境不断改善，但是，农村的基础设施与城市的差距还很大，特别是公共服务的短缺，如教育、医疗等，就这些来说现在城乡差距不是缩小反而越来越大了，因为乡村的孩子不去城镇读不了书，很多爷爷奶奶只能离家弃土在城镇租房子陪读，对乡村农民来说大大提高了生活成本。而且，乡村教育如果不好，影响的是农民的下一代，会造成恶性循环。乡村卫生院基本看不了什么病，农民不愿冒风险，看个感冒也要上县城。其三，乡村文化要严格保护。乡村文化是一种无形资产，也是一种不可再生的资源。我家乡的县城大开发把几公里长的青石板路给毁了，现在想建设风情古镇又要恢复，但再也不能恢复到以前了，只能仿古。当前，我们一方面因为重视乡村文化旅游而重视乡村文化，另一方面却在开发中毁坏乡村文化，保护乡村文化不仅需要创新机制，还要提高保护水平。

王文强：出现"反向过年"的新现象，从表面上看是人们的过年观念正在发生变化，从深层次来看，反映的是乡村社会的变迁。如"家"的变迁。过去，乡村才是游子的"家"，家庭与家族不可分割，即使在城里安了家，那也是"小家"，过年还是得回归"大家"。随着人口的流动和乡村社会治理的转型，今天的家族功能已经弱化，"小家"逐步独立出来，游子在外组建家庭，春节返乡以与父母团聚为主，当春节不愿意回乡时，可以选择让父母来城市团聚，而不会受到家族其他人员的指责。再如，乡村生活环境的变迁。游子春节返乡的另一个情节是回到自己曾经生活的环境，与熟悉的亲朋好友交流，而随着乡村面貌的持续改变，游子们熟悉的环境日益变得陌生，一些地方已经城镇化，一些地方则青山绿水不再，城乡生活的差异变得越来越小，一些农民工尤其是新生代农民工因长年在外，与乡亲也日渐疏离，从而导致回乡的愿望不再那么强烈，如果有条件接父母到城市过年，那也是另一种乐趣。所以，"反向过年"的新现象，是一种乡村社会变迁的反映，也不是一种十分普遍的现象，不能简单地以"乡村日益失去了吸引力"来理解，但也可以说对部分人或者部分地方的人日益失去了吸引力。

从中我们也可以发现一些问题，比如乡村建设的同质化问题，一些乡村被建设得越来越不像乡村，失去了自己的特色；乡村环境污染的问题，尽管很多乡村的可见环境也正在变得日益干净，但不可见的土壤污染、地下水污染仍比较严重；乡村的精神生活匮乏的问题，乡村精神文化生活越来越单调，传统的礼仪、习俗在年轻一代身上逐步失传；乡村的人才流失问题，优质人力资源基本上进了城，乡村的产业发展、社会治理缺乏人才的支撑等，这些都是乡村振兴亟待解决的问题。

农业如何成为满足美好生活的美好产业

陈文胜：在国民经济下行的大背景下，振兴乡村产业的路径是什么？乡村振兴，产业为本。乡村最核心的产业是农业，最首要的目标是确保国家粮食安全，最突出的问题是综合效益和竞争力偏低。因此，必须以农业供给侧结构性改革为主线，优化农业资源要素配置，调特产品结构，调绿生产方式，调优产业结构，使农业成为满足美好生活需要的美好产业。

对于中国农业而言，不仅供需结构矛盾突出，最主要的表现是数量和质量发展不平衡、质量发展不充分，规模与效益发展不平衡，效益实现不充分。

品牌是效益和竞争力的综合体现，无疑是提升农业综合效益和竞争力的必然选择。如何推进供给侧结构性优化，习近平总书记提出了"中国产品向中国品牌转变"的要求，以品牌为引领无疑是推进产业质量变革的有效途径。农业作为对自然资源和生态环境有特殊要求的产业，决定了农产品不同区域的品种和品质差异性，那些品质优良、独具地域特色的农产品品牌，是特定地域的产物，是天然的地标品牌。正是农业生产的这种自然选择属性决定了农业生产的地域分工，品牌战略能够使各具特色的地域资源优势转化为市场竞争优势，是破解农产品同质竞争和"高库存"困境的有效途径。因此，要突出以市场为导向，以品牌为引领，推进整个中国农业的区域结构、产业结构、品种结构的全面优化，实现由农产品规模化生产向农产品地标品牌化经营的转变。

农业技术变革是产业转型升级的前奏和先导，是农业现代化的一种前沿趋势。改革开放以来，农业科技创新为人口大国的粮食安全作出了卓越贡献，但突出的贡献主要是产量的提高。随着中国经济由高速增长阶段转为高质量发展阶段，农业发展处于从追求高产向追求绿色可持续转变的关键时期，如何应对当前农产品的品牌难题，科技创新由提高产量向提高质量与效益转型已刻不容缓。坚持质量兴农、绿色兴农，就客观要求农业科技创新由增产导向向数量质量效益并重的品牌导向转变，由高投入、高消耗的"石化农业"向资源节约、环境友好的绿色农业导向转变，逐渐恢复农业生态系统的内在活力。因此，根据乡村振兴战略新要求，深化科技创新科技服务的体制改革，提升农业科技的数据化、信息化、智能化水平，首先就要明确农业科技创新的目标和方向，把满足消费的品质需求和市场竞争力摆在突出位置，以土壤分类普查与污染治理为着力点，以农业节水节地节能为关键，以生态肥药推广和绿色发展为重点，以农业标准化与大数据平台建设为支撑，推进农业发展全面向绿色转型，形成不断提高质量的农业科技创新与服务体系，使农业成为一个具有无限生机的绿色产业。

陆福兴：在国民经济下行的大背景下，振兴乡村产业也受到了很大的影响，但是，乡村与国际市场的分离使乡村的影响要比城市弱得多，因此，振兴乡村产业还是大有可为的。其前景是特色产业和品牌农产品。必须利用乡村的自然环境特色和资源，发展乡村的特色产业，打造农产品品牌。农业是与土壤和自然环境紧密结合的产业，是一个有区域性的产业，如果产业选对了，产业做出了品牌，农业产业就有市场特殊竞争力。当前我们还必须注意的是，乡村产业不一定都是农业产业，乡村也要一二三产业融合发展，乡村产业要在二、三产业上做文章，开辟乡村新产业形成新业态。

王文强：发展产业需要两个基本条件，一个是要素的支撑，一个是市场的支撑。从历史上看，改革开放之初，农村经济之所以快速发展，是因为一方面改革激发了农民的生产积极性，另一方面所有农产品的市场需求都十分强烈。从当前来看，虽然我国经济进入转型的"阵痛期"，但产业发展的两个基本条件仍然具有巨大的挖掘潜力。一方面，国民经济下行，使城市诸多传统过剩产能的产业退出，如果这些产业中的资金、劳动力下乡回乡，则可以为乡村产业振兴提供新的要素支撑。另一方面，居民消费结构的转型为农业的功能拓展提供了广阔的空间，乡村旅游、休闲农业、创意农业、特色农业、农产品加工业等成为吸引各方面关注的朝阳产业，我国庞大的消费市场可以为乡村产业振兴提供有力的保障。所以，乡村产业振兴的前景十分广阔。关键问题是如何推动要素供给与市场需求的互动与良性循环，形成新的发展动力，这首先是要解决好农业供需不对称的结构性问题，才能提升农业的市场效益，从而吸引更多的要素投入。因此，必须深入推进农业供给侧结构性改革，以优势与特色为导向优化农业区域、品种结构，满足市场多元化、个性化以及健康、安全消费的需要；因地制宜大力培育农村新产业新业态，发展多功能现代农业，延伸产业链，提升价值链，才能有效激发乡村产业发展的潜能。

乡村民俗习惯是传统文化的重要载体和象征

陈文胜：从春节期间的"返乡观察"来看，很多人将视角聚焦在乡村文化方面，在城市文化与乡村文化的碰撞中，如何才能实现乡风文明？

2006 年提出新农村建设就有乡风文明这个要求，十多年以后在乡村振兴战略中再次提出，说明乡村这个问题一直没有解决。乡村振兴，风气为魂。必然需要发挥伦理道德规范的观念引导和行为约束作用，以有效破解在乡村治理中法律手段太硬、说服教育太软、行政措施太难等长期存在的难题。在基层调研中就发现，不少地方在乡村环境整治中，把农户环境卫生好的和不好的都集中公开公布，好的没有奖励，不好的也没有处罚，但全村都是很自觉的，这就是正风俗。古时候，伤风败俗的人就不许进祠堂，这就是树正压邪，是社会舆论与自觉修养相结合的"软治理"。

而乡风文明的本质是精神文明，是要建立以文化为核心的乡村社会精神家园。中华民族传统文化的根在乡村，乡村的民俗习惯是中华民族传统文化的一个主要内容，其中生日、祭祀、婚庆、丧葬是农民的头等大事，不仅关乎一个家庭甚至一个家族的荣誉、面子，更是传承数千年的传统文化。为什么在世界文明史上独有中华文明传承五千年而不断？是什么力量将中华民族凝聚在一起？建立在家园、家庭、家人之上的家国情怀，为中华民族的凝聚力、向心力奠定了坚实的基础。没有家，哪有国？有了家就有了家庭的归属感，知道自己生命的源头，感恩亲人的抚育与呵护；有了家庭的归属感就有了家族和家乡的归属感，知道自己来自何处，眷恋成长的故园；有了家族和家乡的归属感就有了宗族和民族、国家的归属感，知道自己身在何处，担当着时代所赋予的历史使命。故情系故土，小而思乡，大而思国。而乡村的民俗习惯在其中发挥着特殊的纽带作用：家庭通过乡村的民俗习惯这个精神的归宿将家乡与国家的命运连在一起，家族通过乡村的民俗习惯这个血缘的密码将宗族与民族、国家的命运连在一起。从而将祖源认同与民族认同合为一体，使中华民族有一个共同的心理归属，具有巩固中华民族共同体的不可或缺的作用。

习近平总书记强调要增强文化自信，传承中华民族优秀传统文化。因为乡村的民俗习惯是传统文化之根，切不可再干"文革"砸毁孔子庙那样的蠢事了。张治中在当年"破四旧"时就直言，"破四旧"在以后会被认为是一个笑话，历史现在已经证明了他的预言。因此，乡风文明建设重在引导，不能用行政手段过分干预禁止。有些地方在乡风文明建设中搞形式主义，不分对象硬性规定婚丧只能办多少桌酒，桌上只能摆几样菜，菜只能是哪几个品种等，甚至平坟、砸棺、禁卖冥币，不仅是严重损害了传统文化的传承，侵犯了农民的文化权利、损害了政府的公信力，更是使中国历史文化血脉走向断裂，严重影响了中华民族凝聚力和向心力。

在全球化背景下，国家和地区之间竞争的本质就是以文化为核心的软实力竞争。与美国、英国等发达国家相比，中国的工业文明、城市文明并无多大的差别。而我们之所以是中国人，而不是美国人或英国人，其本质是因为植根于乡村文化的民族传统生活方式和价值观念的不同，尤其是每个人成长过程中受到熏陶的区域文化和地方文化的不同。如果说只有民族的文化才是世界的文化，那么，也可以说，只有建立在乡村文化基础上的区域文化、地方文化才是民族的文化。因此，乡村的民俗习惯作为中华民族优秀传统文化的重要载体和象征，其价值绝不亚于万里长城。

我认为，移风易俗要以尊重乡村的民俗习惯为前提，乡风文明只能循序渐进，不能一蹴而就。历史也证明，任何国家用强权法律、行政手段干预传统的民俗习惯都是失败的。故黑格尔言，凡是存在的就是合理的，凡是合理的就一定会存在。

陆福兴：乡村文化是乡愁的载体，因此，"返乡观察"聚焦乡村文化也理所当然。当前乡村文化和城市文化的碰撞不小，所以乡村文化在碰撞中遇到了强大的城市文化压力，特别是某些有"优越感"的城里人，返回乡村用城里人的视角和思维，对乡村文化指指点点，企图唱衰乡村来显示自身的"优越"，影响了人们对乡村文化的正确认识。要在城乡文化碰撞中实现乡风文明，我认为最关键的是要保持乡村文明的乡土味，乡风文明的特点是乡土，有乡土味才有乡风文明，因此，建设乡风文明，不能用城市文明做样板和标准，而是要在乡村文明的基础上加强建设引导，乡风文明必须根植在乡土之中，如果成了城市文明的翻版，我们的乡风文明建设就失败了。当然，乡风文明建设也要吸取现代城市文明的精华来创造创新，而不是一味地仿古和复古。

王文强：城市文化源于工业文明，乡村文化源于农业生产与乡村生活，两者是相对独立的文化。但我国城镇化的进程是以农村人口的进城为基础的，农村的发展又以城镇化的带动为基础的，从而不可避免地产生了城市文化与乡村文化的碰撞，这种碰撞既有冲突、也有相互渗透。城市文化以物质的繁荣为基础，具有开放性与创新性特征，乡村文化以地域为条件，相对封闭与守旧，因而在我国快速城镇化进程中，在城乡人口大规模流动中，乡村文化的确有相对弱化的表现，所以为"返乡观察"所聚焦。乡村文化是乡村生活的精神依托，乡村文化的弱化，对乡村生活的幸福感、价值感必然产生不利影响，也使得一些恶习和城市文化的糟粕趁虚而入。因此，要实现乡风文明，一方面要强化对乡村优秀传统文化的继承与弘扬，增加乡村公共性、集体性文化的供给，激励农民参与到文化资源的保护与文化供给的活动中去；另一方面，要顺应时代变迁创新性改造乡村传统文化，倡导吸收城市文化的精华，使城乡文化能相互补充，从而使乡村文化成为引领乡村现代化的强大精神力量。

加快城乡地位平等、要素互动与空间共融

陈文胜：乡村振兴的关键是激发乡村活力，乡村振兴如何在希望的田野上找回失落的故乡？

中国经济已由高速增长阶段转向高质量发展阶段，乡村发展同样面临着结构优化、动力转换的新任务。西方国家的现代化实践表明，城镇化进程中的一定发展阶段会出现乡村衰退。尽管中国乡村发展总体良好，但城乡二元结构问题依然普遍存在。这一方面使城市独具资源集聚的优势，在市场机制作用下强化了对乡村要素的"吸附效应"；另一方面使城市和工业处于中心地位，在政策体系方面强化了以城统乡、以工带农的城乡不平等发展格局。

党的十九大报告提出建立健全城乡融合发展体制机制和政策体系，就是要通过制度变革、结构优化、要素升级，实现新旧动能转换，在改革、转型、创新3个方面推动城乡地位平等、城乡要素互动、城乡空间共融。既要充分发挥政府的主导作用，大力推进体制机制创新，强化乡村振兴制度性供给，探索以基础设施和公共服务为主要内容的城乡融合发展政策创新，确保农业农村的优先发展，也要充分发挥市场在城乡要素资源配置中的决定性作用，

构建推动城乡要素双向流动与平等交换的体制机制。同时，要高度重视现代技术这个关键变量。信息技术和网络经济已经极大地改变了城乡的空间距离，迫切需要为新技术新产业新业态新模式在乡村的发展开辟广阔道路，使乡村的新动能加快成长，成为破解城乡二元结构的内生动力。

陆福兴：在希望的田野上找回失落的故乡，我觉得乡村振兴必须让乡村做主，不要包办代替。为此，一是乡村振兴生活富裕要缩小城乡差距也要城乡有别。生活富裕要缩小城乡差别，使农民的生活水平更上一层楼，但是，一定要城乡有别，不一定要农民与城市市民的生活一样，那也是不成功。二是产业兴旺要夯实基础设施更要特色品牌。产业兴旺不是政府推动而是要遵循市场规律，政府的任务是加强农业的基础设施建设和向农民提供高质量的公共服务，政府不能帮农民办产业。同时，乡村振兴的乡村产业不是政府统一推进，而是要做乡村自己的特色产业和品牌产业，否则大宗同质竞争的产品会毁掉农民。三是生态宜居要绿水青山也要政府公平投入。绿水青山是金山银山，但是绿水青山的保护还要付出金山银山的代价，因此，保护绿水青山，政府要完善生态补偿机制，不能让农民为生态环境受损失，绿水青山是公共产品，没有农民私人付出的道理，否则就是不公平。四是乡风文明要移风易俗更要弘扬本土精华。乡风文明移风易俗是必须的，乡村的风俗有许多不健康的东西要改要移除，但是，决不能用统一的标准去建设乡风文明，必须在弘扬乡村本土文化的基础上建设乡风文明，否则，全国统一建设乡风文明，将把乡村特有的文化毁掉。五是自治、法治、德治相结合的"三治"融合要治理有效更要突出农民主体。乡村治理是乡村振兴的保证，"三治"融合的目的是治理有效，因此，有效就是目的，不同的地方"三治"融合的方式应该比重不同，各有侧重和特色。同时，乡村治理必须让农民成为主体，政府不能代替农民，否则不仅治理成本很高，而且费力不讨好。

王文强：乡村振兴的关键是激发乡村活力，而激发乡村发展活力的关键是激发乡村资源要素的活力。众所周知，改革开放前，在计划经济体制下，农业农村以原料、资金、土地等资源要素单向支持城市发展，改革开放后，农村劳动力也大规模地单向流向城市，带动加剧了资金等要素的流出，导致农业农村现代化所需要的资源要素严重不足，乡村发展活力相对弱化。所以，要找回失落的故乡，仍然需要在资源要素上找到突破口，这既包括激发农民、资金、土地、资产等的活力，也包括合理引导人才、资金、技术等要素向农村流动。从根本上说，就是要坚持农业农村优先发展的总方针和城乡融合发展的总方向，以改革打破城乡二元的体制机制壁垒，发挥市场在资源配置中的决定性作用，引导城乡要素自由流动、平等交换，为乡村发展提供有效支撑和强大动力。在政府层面，则要正确处理好政府与市场的关系、政府与农民的关系，防止大包大揽、脱离实际、脱离群众，注重制度规范、政策激励、教育引导，为激活农村资源要素和推动资源要素向农村流动提供有力的保障。

五、城镇化进程中乡村遭遇五大难题
——对话贺雪峰、吴理财

　　在城镇化快速推进中，农村劳动力自由就业让农民成为中国社会有史以来大流动时代的主力军，乡村社会由此而发生数千年来从未有过的大变局。在取消农业税以前，很多人把县、乡干部作为农民负担和"三农"问题的罪魁祸首，减轻农民负担成为焦点难点问题。农业税取消以后进入农民零负担时代，"三农"问题仍然没有解决，而焦点难点问题又是什么？陈文胜于 2016 年 9 月与华中科技大学中国乡村治理研究中心主任、长江学者、博士生导师贺雪峰教授，华中师范大学中国农村综合改革协同创新研究中心主任、博士生导师吴理财教授进行对话。

谁来种田?

陈文胜: 在当前中国的现代化进程中,城镇化的大趋势难以逆转,市场要素配置的非农化趋向同样难以逆转。随着越来越多的农村劳动力不断进入城市,作为人口大国,"谁来种田""怎么种田"究竟是不是问题?

1. "谁来种田",究竟是不是问题

贺雪峰: 有人说现在农村的青壮年劳动力都进城了,没有人种田了,我不这么认为。中国现在农村还有 6 亿人,其中有 2 亿多劳动力,50 多岁到 70 岁的都是种田的主力。没有田种的时候,就会感到很孤单,种田的时候就会觉得有成就感;既可以锻炼身体,又有收入,而且还有有机食品可以送给在城里打工的儿子,家庭关系也就会搞得很好。这些人在城里根本就待不下去,在农村只要能活动都愿意种田,都想种田,如果没有田种会过得不舒服。这些人加起来多少呢?有 2 亿~3 亿愿意种田、能够种田的人。我们全部耕地才 18 亿到 20 亿亩,劳均不超过 10 亩地。而今天我们的机械化程度越来越高了,并且我们国家各种各样的资源投入还在进一步改善生产条件,进一步扩大机械化水平。在这么好的生产条件之下,劳均不到 10 亩地,会没有人种田吗?

2. 不是没人种田,而是没有田种

贺雪峰: 现在的农民在我所调查过的地方都是没田种。比如说,最近去城里打工的机会比较少了,而且在城里打工不愉快,那些 40 岁、50 岁的人,回去就说现在田太少了,要有个 30 亩田就太好了。现在只有几亩田,确实太少了。所以现在的问题不是没有人种田,而是真正的没有田种。种个三五亩田也养不活一个劳动力,就只好进城。城里待不下去回来也没有办法。所以说,在生产力条件大幅度发展、国家资源投入越来越多、生产条件越来越好、机械化水平也越来越高的情况下,劳均种三五十亩田是没有问题的,就算是老年人,也是种得了的。

3. 不是没人种田,而是田不好种

贺雪峰: 今天有没有地方土地抛荒呢?有土地抛荒,这是实话。比如说

吴理财的老家，还有陈文胜的老家，山区的有，包括武汉郊区都有很多地方的土地抛荒。土地抛荒最根本的原因不是没有劳动力，而是那个地方的人进城了。为什么进城呢？因为那个地方的水利条件不行、土地没有平整，电力灌溉不行、机械化水平不高，总而言之，生产条件不够，土地过于细碎，田没办法种。没有办法种的时候，农民种地就要靠肩挑人扛，没有办法使用机械，最终是十年九旱，十种九不收，那个田就没办法种了，所以才不种。不种的原因不是没有人，而是田没有办法种了，没办法靠种田来维持他的生活，只好进城去了，这是被迫进城。包括老年人，在种田的时候，要靠肩挑人扛那怎么种得动呢？那么这个时候，我们国家资源就要投入，对土地进行整理，提高它的机械化水平，把灌溉条件搞好，马上就会有人种了。

在那些土地抛荒的地方，政府搞土地流转，资本是不会到这些地方去的，要靠国家支持资本进去。那些地方的土地价值都很高，比如江汉平原，我去问的时候，发现没有一块地没有人种，大家都在种。政府支持资本经营，给很优惠的条件，每亩地补 500 块钱，给农民补 250 块钱土地租金，给资本经营补 250 块钱的综合补贴，鼓励资本去种农民的田。

4. 究竟谁来种田，要尊重市场规律

贺雪峰：所以要分两个层次，一个层次就是在土地因为没有办法种而抛荒的地方，国家的资源就不应该是投入资本，而是投入在生产条件的改良、灌溉设施的完善、机械化水平的提升上面。武汉市政府投入资本对土地流转推动力度很大，黄陂的区委书记跟我讨论的时候说，雪峰你都不知道，你来看一看我们这边抛荒多严重啊。我说，你那边抛荒的都是黄陂的山区，山区抛荒很严重，最后推动土地流转的时候，都是要靠近武汉平地的土地，绝对不会要山区，要山区只能做一个事情，就是搞旅游，绝对不可能种地。农民都没有办法种地，资本不可能去种得了地。

第二个层次就是在全国绝大多数土地没有抛荒、可种的地方，特别是平原，像华北平原、江汉平原，包括一般的低丘地区，这些地方的土地到今天为止没有抛荒，大家都还在耕种，这时候就要尊重自然状态，农民愿意种就种，农民不愿意种的也绝对不会抛荒。就会出现两种情况，第一种情况，给邻居种，邻居可以扩大规模，邻居为什么要种呢？因为父母太老，子女太小，

没有办法进城去打工。要照顾一家子人，年轻力壮的时候只种自己的四五亩田不够，就可以把那些别人不愿意种的地拿过来种，种个 30 亩田，还做点小生意，比外出务工的收入还要高。这个时候就成了农村的"中农"，收入在村庄，社会关系在村庄，最终的经济条件不比外出务工差，又能够保证家庭生活的完整。这一部分人就特别特别的重要了，自然而然地生存，不要国家的任何支持，农民自己之间形成土地流转。最后出了问题国家也不用管，也不要国家支持，最后资本也不亏本，还可有利。因此，这种自然的状态是最好的。另外一种，地方政府要像抓招商引资一样推动土地流转。而为什么要把土地流转呢？流转以后，其中的资本觉得亏了，农民也不满，政府还出了补贴，三方都不讨好。所以要尊重市场规律，尊重农民自发的积极性，这个自发的积极性它有强大的生命力。今天不是没人种田，而是田不好种，既然是田不好种，政府的投入就应该解决田不好种的问题，去进行土地整理、改善灌溉条件、提供生产的基本公共品供给，如果政府能够做到这一条，那么种田问题就很好办了。

在农村社会里面，只要有土地的地方，农民最终就会自然形成一种秩序，这种秩序就是当你觉得你的土地太少了，靠土地和在农村做点小生意或者小工程不能够养活自己的时候，那就进城打工获得收入。而土地不种也不会荒在那儿，给兄弟种、给朋友种、给邻居种。这样一来，因为父母年龄比较大不便于进城的人，在农村想方设法寻找各种各样的就业机会，只要比较勤劳，最后在农村获得的收入不会比外出务工的收入少，农村的各种事情都能参加，家庭收入也不少，家庭又很完整，又年轻力壮，这些人就成为农村的"中农"，即中等收入的农民。这一部分农民是村干部最好的来源，尽管人数不多，占整个农民农业户的 10%～20%，但很重要。其他一些年纪大的农民，大部分人的年轻子女都进城了，他们在农村种好自己的田，过好自己的日子，自给自足。所以，归结一句话，就是谁来种田这个问题要尊重市场规律，不要政府人为地去干预，农民自己是理性的。

5. 不是种不种田，而是划不划算

吴理财：其实这里面要分两种情况，一种就是一些年纪比较大的农民，土地会种起来，你不叫他种田他也会种田的，这是一部分。第二部分就是年纪比较轻的这些人，主要是从利益价值这个角度来比较，看种田划算不划算。这第二部分的人可能就是国家以后制定农村的种田政策要着重考虑的人群。就是这样一些中青年，种田不种田一般主要是考虑划算不划算。比如说打工一天赚的钱跟种田赚的钱相比较，如果打工一天赚钱更多的话，那肯定是去打工去了。

所以，我觉得这里面要一分为二地来分析了。老一代的农民对土地是有感情的，你不叫他种田他都会种。但是我们国家有一个基本情况，就是总体上来讲是人多地少，农村的土地是比较少的，农村种田的问题不很突出。像留守在农村的那些农民，一般不会抛荒田地的。看到田地抛荒，会觉得可惜了，就是你不叫他种田，那些农民也会主动去种田的。

如果要讲规模经营，那是另外一回事了。规模经营就要考虑效益，考虑效益就要比较了，那就是种田与在外面打工或者做其他的行业相比较划算不划算的问题了。现在种田确实是不划算的，这一点还是要看到，这也是不少规模经营很难持续的一个根本原因。如果把这些资金投入到其他地方，可能赚的钱更多一点。所以，我觉得这里面还要区分具体的情况来判断。

总体上来讲，我们国家不是没有人种田的问题，是因为我们国家的田地太少了，人太多了。

6. 改变种田方式，不断减少种田的人数

陈文胜：我是觉得谁来种田确实是个问题。我老家的村子大片完整的耕地就是因为没有人种，全部栽成树了，还有那么多曾经种红薯的旱地也全部栽成树了。我父辈那个时候，对耕地那么重视，是把耕地作为生命线来保护的，到这一代全部变成林地了。

今天的农民种田有一个很大的变化，我们原来搞抢修抢种那个"双抢"的时间，要搞一个月，现在只要一个星期就完成了。因为现在科技发达了，连小田也可以使用小型的收割机和机械犁了。所以，原来是靠很多的劳动力来种田，现在已经不需要那么多了。在这样一个科技发展水平下，农民包括妇女甚至老人种田都不是问题。因此，现代科技创新不仅仅是优化了品种，关键是推动劳动替代，减轻了劳动强度，提高了生产率，减少了农业生产对劳动力的需求数量。

7. 种田应成为一种职业选择，而非一种无奈

陈文胜： 我认为农民不能够再作为一个身份，而应该是一个职业了。为什么讲这个概念？不能规定一个农民一辈子总是种田的，要让他们有一个自由选择的机会，并非是因为除了从事农业就没有生存能力的人才来做农民。像我母亲，她不愿意住在长沙，就愿意住在老家的山村，她感到快乐，因为她喜欢那里，就像喜欢吃辣椒和不喜欢吃辣椒一样，就是个人的喜好。去种田就是这样一个喜好，是一件很光荣的职业，而非一种无奈。站在城里人或者是知识分子的角度来看待农民，比如说有些偏远山区的一些农民既没有出过门，也没有什么技能，不种田还能干什么？恰恰不是这样，就如同认为你是没有本事种田才来当教授一样，是不是你种不了田只有当教授？

贺雪峰： 农民不是一种身份，而是一种职业，这种话很容易引起误导。在今天已经没有农村村民了，也没有城市居民了，只有居民身份证，原来是叫农村户籍和城市户籍，今天都叫作居民户籍了。只知道你是上海的，你是武汉的，你是湖北的，不再区分农村户籍和城市户籍，它叫居民登记，是根据居住地来登记的。在这个意义上来讲农民作为一种身份，其实也没有这个意义。但是农民不是一种身份，今天说叫职业，也不一定很准确。比如说我是农民，我打工去了，但是我父母还在种地，你说我究竟是农民、农民工还是工人呢？在便民上这个也许很重要，但是对农民不重要，就是哪里有钱赚，就选择去哪里。

从选择这个角度上去看，你比如说你母亲，她住在城市不习惯，她根本不就管农民是褒义词还是贬义词，她就是喜欢农村生活。她觉得在家里种点田锻炼了身体，不劳动的时候吃饭没有办法消化，就不舒服，所以一定要去劳动一下，没有地方劳动，就用锄头到处去砍一砍、去挖一挖也很舒服。就像城市人说种花养草不赚钱，但是种花养草是情趣啊，它变成了这样一种东西。所以从这个意义上讲，有这么多在农村里的人，你要是把他的基本生产条件改善一下的话，那么最终只需要花比较少的时间就能够获得收入，又能够获得这种乐趣，最终又解决了我们农业问题的话，何乐而不为呢？所以我觉得在这里要尊重市场规律，尊重农民选择，这不是大话。

陈文胜： 所以你就不能够把农民作为一种身份来考虑，而要作为一个职

业来考虑。为什么作为一个职业来考虑？因为你作为一个身份注定他一辈子当农民。

吴理财： 对于一个生长在农村，长期居住在农村的人，比如说我们的父母亲，他不会考虑这是身份还是职业的问题。只是我们作为介绍现代性的知识结构时才会这么考虑，他们不是这么考虑的，他们觉得，"我一辈子就是种田，我能做什么事呢？"所以他只能够种田，当然如果他除了种田之外，做其他的事能够赚点钱，比种田还划算，他肯定会做其他的事情。他只能是这么思考，跟我们思考的问题不一样，逻辑不一样。

陈文胜： 我还是认为，随着社会职业的进一步专业化，职业农民是中国农业发展的必然选择。如以色列农业是现代农业的典范，而以色列的农民祖祖辈辈都不种田，移民来以色列之前也不是种田的。

8. 关键是市场机制要有利于农民种田

陈文胜： 关键是市场机制要有利于农民种田。为什么？种田不赚钱的时候，谁也不会去种田。猪肉一涨价马上就来打压，猪肉一跌价母猪都发补贴。农民个人都没有保险，母猪却买了保险，这样一些怪事，就是市场机制有问题。包括粮食保护价，把所有的卖得出去和卖不出去的粮食都同等保护了。如湖南，金属含量很高地域的劣质大米，金属含量不高地域的优质大米，都是这个保护价，这就说明我们的市场机制是有问题的。在中部地区，这个问题最突出的是湖北和湖南，做得比较好的是江西，突出发展优质稻，所以江西农业至今没有问题。

所有的卖得出去和卖不出去的粮食都是一个价格保护，国家采取这个政策导向就很难把农民种田的积极性调动起来。你说湖南稻米金属含量很高，其实并不是湖南所有的水稻都出了问题，很多地方的金属含量都不是很高，因为湖南有的大米出了问题，就说整个湖南都出了问题，结果国家收购的粮食全部都存放在仓库里面了。所以，这样保护下去，整个都出问题。

9. 社会化服务是一个难点，种田要种出品牌

陈文胜： 还有一个问题就是社会化服务，城市的社会化服务都很好，但是现在农村就很缺乏这方面的一些行业，比如邮递快件、物流等，政府对在农村发展这些服务行业，包括农机、农技服务都应该予以补贴。现在还有一

些农产品销售问题，如土鸡蛋，城里人想买买不到，买到的又有不少假冒的。所以，社会化服务怎样突破是一个难点。

习近平总书记到吉林考察调研时强调，粮食也要打出品牌。现在有一个什么问题呢？据媒体报道，产粮大省的河南竟出现"买粮难"，一方面，农民发愁粮食价格低、不好卖，而另一方面，不少面粉加工企业却表示难以买到符合要求的小麦。湖南号称鱼米之乡，可乡下和县城不少人都不吃湖南的大米了，吃东北大米、泰国大米，这就是品牌，就是要打出品牌。

因为金属含量问题，把湖南的大米搞得一败涂地。虽然明明知道不是所有的湖南大米都有问题，可就是说不清是具体哪个地方的大米有问题。怎样来破解这个问题？我提出一个建议，就是推行一县一品。湖南哪一个县的粮食质量出了问题，就是哪个品牌出了问题，不是所有的湖南大米都出了问题。这样，就更加需要多元化的社会服务。

谁来治村？

陈文胜： 随着城镇化的加快推进，农民与国家的关系发生了全新的变化。这些变化，不断体现到国家机器的神经末梢——乡村组织，乡村治理就要顺应这种社会变迁。那么，乡村治理作为一种非国家形态的基层治理，存在于非国家政权系统的乡村社会，究竟需要怎样进行创新治理？

1. 当下的乡村能不能治理

吴理财： 我觉得，当下的乡村治理相当难。问题是能不能治理。为什么？乡村的共同体意识已经消减了，人都"原子化"和个体化了，我觉得这个才是当前农村治理里面最困难的一点。

什么叫治理？治理不是一个秩序的问题，实际上是要建立一种联系。问题是当下的乡村社会没有了这样一种社会联系，"原子化"了，这是在村庄内部或者农民本身来讲，这是一个方面。另外更主要的就是老百姓跟当地政府之间，这样一种制度性的联系缺乏了。过去是有联系的，比如说通过征收税费这样一种形式，尽管这种形式现在很遭人诟病，但至少有一种制度化的联系。取消税费以后还有没有这种联系呢？没有了。农民可以跟乡村组织老死不相往来，这就麻烦了，这就不是一种治理状态了。治理的一个前提是必须要建立一种联系，一种网络，没有这种网络，就没有这种联系，谈何治理呢？我觉得这个是当前农村治理的一个问题。

贺雪峰：我觉得你从治理的概念讲也可以，但是我认为治理首先要解决的问题是什么呢？中国现代化的乡村治理，农民一定要参与，在农民参与的时候要注重的是怎么样的一个参与，不管是积极的、消极的，至少要保持基本的生产生活秩序。如果最后连生产的土地都抛荒了，没有办法搞生产，整个中国现代化就失去了农村社会稳定这个最大的基础。所以，你必须解决它最低限度的秩序问题，生产的秩序、生活的秩序、价值的秩序，这样一个最低限度的秩序。治理最重要的目标是解决这个问题，这种解决方式有两种。一种靠农民这样一个社会共同体内部来自我解决，这个方面其实是越来越弱的。另一种是国家投入，比如说我们湖北省，给村党支部书记享受副镇长待遇，大概一年有 4 万块钱，这是一种投入；农村的基本公共品的供给，包括灌溉设施、道路修建、扶贫兜底，所有的这些东西都由国家来投入。农村自身秩序有困难的时候外力的帮助其实是很重要的，是必不可少的，至于究竟用什么方式去帮助，可以考虑。在农村社会给农民的帮助一定要尊重农村社会内在的秩序，虽然这个秩序在市场经济条件下越来越弱，但也不是没有。所以要尊重这条规律，在这个规律下达到一个最底线的治理。我总是说不要都想得太好太美，最后都是搞美丽乡村，想得太好了之后就会欲速则不达，能够保持底线就不错了。

2. 乡村治理的目标就是保底

贺雪峰：我讲的这个治理其实是保底，一定要能够保底，如果一户农民自己不能保底，国家就要保底，也就是维持这个地方的基本的生产生活秩序，基本的、最低限度的兜底。

在中国现在这样一个快速城市化的阶段，快速城市化一定是人、财、物从乡村流向城市，否则就谈不上快速城市化了。有能力的农民到城里去，因为有更多的获利机会、就业机会在城市而不在乡村，乡村的精英肯定是要进城的。在这种情况下，乡村留下的就业机会、获利机会是非常少的，这时候就不要指望农民在乡村里面致富，靠农业致富。即便可以也只是极少数人，农民不可能靠农业致富。所以，我觉得在中国未来的30年里，大量的机会都在城里，乡村要解决的治理问题，不是要立足于让农民在乡村的生活比城市更好。这就是我不同意李昌平他们的地方，实际上在过去就没有这样的乡村，乡村一直就是贫穷落后，这是一种积弊。总而言之，乡村不是李昌平他们想的那样一种乌托邦式的乡村。

因此，乡村治理的目标就是保底，不可能让每个乡村最后都是农民富裕、乡村美丽，这是没有可能的，少数几个样板村可以。治理的目标就是解决最底线的农民的基本的生产生活条件，不能让农民在农村里生活不下去，基础的生产条件没有。要是保底的话，就要依赖"中农"加"老、弱、病、残"这样一个治理结构，是足以支撑的。我觉得谁来治理和治理的目标就是这两个方面。我比较保守，现在把大量的资源都给到少数的村庄，比如说一个郝堂村，政府就投资1个亿，你可以在郝堂村投资1个亿，郝堂村旁边的村你还能投资吗？

3. 廉洁与廉价是乡村治理的核心

陈文胜：湖北给村党支部书记享受副镇长待遇，一年有4万元工资。我突然想到中国几千年的农耕社会乡绅治理，那时候的乡绅是没有多少工资的，除了县衙外，国家对基层治理不花一分钱。我感到很奇怪的是，那时候的乡绅，不仅没有工资，还要拿出钱来捐助修路、架桥、建学校、修祠堂等公益事业，现在的村干部思想觉悟难道比不上封建王朝的乡绅？很多现代化国家也是一样，如相当于中国村委会主任的美国镇长也是基本上没有工资福利待遇的。由于是商业社会，对低成本是永恒的追求。因此，社会对政府的要求是以最低的成本来进行治理，成本越低这个政府越好。

如何创新乡村治理？西方主流的政治学将民主选举作为天然法则，而我认为，廉洁与廉价是国家基层治理的核心。所以，需要社会精英回到乡下去，回到乡下不是要去获取利益，而是反哺。作为工业反哺农业、城市支持农村的国家战略，最关键的不是资金不是物资，而是人。现在的乡村治理提出了"新乡贤"概念，也就是有能力进行乡村治理的精英。在中国今天这样一个人口大流动的时代，可以说在人类历史上是前所未有，非常需要建立一个社会精英的反哺乡村机制，尤其是需要制定一个鼓励退休还乡政策。要为全中国的农民作出贡献他们没有这个能力，但是对他们的家乡村庄，应该有能力去作出贡献吧？

4. 乡村治理能够依靠"新乡贤"吗？

贺雪峰： 从整个政策来讲要怎么治理，靠这些乡贤回去？比如说在浙江，浙江几乎每个地（市）我都跑了，他们那边有些富人倒没有出去，却也搞得问题较多。

陈文胜： 习近平总书记提出要发扬优秀的传统文化，饮水思源、回报桑梓就是中华民族的传统美德。

还需要有一个城乡双向流动机制，现在的户籍制度、土地制度、财产制度，使乡村只有流出的没有流进的，特别是返乡精英进入不了。很多大学生一毕业户口就迁不进去了，即使回乡种田也迁不进户口。好的资源就流出去了，而难以流出去的资源就留在那里，乡村还能有什么希望？

贺雪峰： 但是我跟你的观点略有差别，我觉得城市精英就不要再到农村去占地方了，人才从农村流到城里去是正常的，并且是必然的。人才流出来以后把农村的一部分机会留给仍然要靠农村来生活那一部分人是很正确的。要是老不愿意把流出人才放弃的话就会有一个什么问题呢？农村的那一部分中阶农民就没有活路了，所以在这个意义上讲如果进城了就不要再回去农村了。这是一个快速城市化的过程，城市人就不要去跟农民争地了。

吴理财： 我的观点跟你不一样，就是我们从农村出来这些人对农村还是有感情的。精英返乡和资本下乡的逻辑是不同的，资本的逻辑就是要赚钱，资本要介入土地流转，如果不能够赚钱就不会介入。而且介入土地流转，是要把土地变成非农的，因为在农用土地上很难取得效益，所以必须要转为非农。而且这里面很多的地方案例都提出了，资本介入土地流转都变异了，绝对变异了。像我们从农村出来的人，回归到农村去做一些事情，或者说农村建房子，不会像资本那样去掠夺农村，至少还带有一种回馈的感情在里面，做法是不一样的。

问题是在当下的中国社会，市场的原则是凌驾于所有之上的，有道德感的人很少。尽管在座的我们都可以做到，但是要完全依赖于所谓的道德，所谓的"新乡贤"来治理乡村，那是靠不住的。因为整个社会的大结构是市场经济，必须要符合市场经济的原则。有个别的道德感很强的可以去做，但这只是个案，真正要依靠所谓的"乡贤"比较难。

陈文胜：在这个问题上，我们至少要发出一个声音。我记得小时候乡村代代相传的一些古训，比如卖酒的、卖豆腐的，不能掺假就是职业的底线，掺假就会断子绝孙。每个人都没有底线的时候，我们还能依靠谁呢？不是天下兴亡匹夫有责，而"是天下兴亡我的责任"，就如同前不久一个地方官的名言"做不了大事就帮老百姓建一个厕所。"没有能力去振兴国家，就振兴一下家乡的村庄，哪怕是改变一点点也可以。

5. 乡村治理的关键要靠农民自己

贺雪峰：谁来治理？我觉得可能还是要靠农民自己，靠农村社会自己，农村自身的治理是基础，政府的帮助也很重要，但是政府一定要记得不能包办代替，最多只是帮助。

具体去考察全国大部分农业性地区的治理都可以看到一个非常有趣的结果，农民大体可以分成3种人群，最多的就是老年人留在村里，年轻人出去打工的这种。这种出去打工的年轻人是农村人还是城市人呢？他是什么就不去纠缠，总而言之，他的父母还在农村，甚至小孩还在农村，但是他到城里赚钱去了。从农民家庭的收入来讲，因为年轻人可以出去赚钱，那么这个家庭的收入是增加了；但从农村社会来讲，年轻人确实只是春节在村庄里面，农村出现了空心化，形成了这样一个格局。这一部分家庭的收入不错，因为他们的父母还可以种田，但只是具有经营自己家庭生活的能力，没有发挥治理村庄的作用，这是一部分。

第二个部分就是处在中间的农民，因为子女太小了或者是父母太老了，或者就是不愿意出去，或者说在农村有获得利益的机会，比如说开了一个商店、当了一个干部、有一个什么小手艺，或者有5兄弟，其他4个兄弟都出去了，土地都流转给他了，在农村获得的收入不比外出务工少，就不出去了。这一部分人年轻力壮，收入机会在农村，社会关系在农村，家庭生活很完整，数量不大，各个地方调查显示，少的10%，最多不超过20%，这是第二部分群体。这部分农民就非常有趣了，农村里面村干部一般是这一部分人，包括小组干部，甚至村民代表，这一部分人有治理能力，可以当村干部，获得一定的收入。

第三部分群体就是家庭里面缺少强壮劳动力，比如说强壮劳动力得了重病、有残疾，不管是身体残疾还是智力残疾，这一部分人就成了农村的绝对贫困户，一般都是低保、救济户。这一部分群体数量也不大，5%左右，甚至低于5%，在村庄里面发挥不了大的治理作用。

这3个群体合在一起最终比较稳定，基本问题都能解决，但是能不能带领农民致富呢？带领不了。但能解决农村基本的生产生活上的问题。这个时候就要通过国家的力量输入一些资源，比如说给村干部一些工资，不一定很高，但是也不低，然后给村集体每年补贴一些钱，能够修一些基础的设施，提供均等化的基本公共服务，这样的话农村的治理就可以保持基本的秩序。所以说，农村治理主要靠什么？我觉得是靠农民自己，靠农村社会自己，尤其是靠中间农民。

在农村社会结构里面，就是因为分化出来一个中间农民的"中农"，这一部分农民加上老弱病残者，最后形成了一个非常稳固的治理结构。所以今天去看全国大部分农业性的农村，自发形成了一种相当稳定的、非常有效的治理结构。

治理乡村，一定要充分利用乡村自身的这样一种力量，如果从外面派一个干部去，一个村还可以，多了就不行。今天大家都学华西村，有几个华西村呢？没办法学的，所以最终还是要靠农村的这种看起来好像不咋的但是其实很重要的"中农"力量。

6. 乡村治理需要建构什么样的机制？

吴理财：湖北对村干部实行副镇长待遇，我觉得还不够。村干部干好干坏、干一生能怎么样？没有一个晋升的渠道，不可能转为一个乡（镇）的公务员。乡（镇）实行公务员制度以后，有一个很大的问题，就是对于村干部没有一个晋升的渠道，没有晋升的渠道就必然会变成近年来所出现的一个共性问题。

过去中国传统社会是有乡村治理的，为什么乡村治理治理得好？是因为有晋升的渠道，有激励机制存在。做得好的话可以作为国家的官吏，甚至做很好的更高级的官吏。当然退休之后，可以返回到自己的故乡，可以造福桑梓，这就是费孝通所讲的双轨制。取消这样一种双轨制以后，乡村精英上升的通道没有了，当前的乡村就出现了这些问题，就是这些村干部干好干坏都有没有激励机制。如果能够转换为公务员的话，我觉得乡村的治理状态可能有所转换。不像在20世纪90年代之前，农村有"转干"这样一些通道，就是村干部干得好可以转为国家干部。但是现在实行公务员制度以后，就没有了这个通道。

吴理财：对，就一辈子还是农民身份。如果这样的话，假如我作为村支部书记，一辈子干再好也还是一个支部书记，能怎么样呢？湖北对村干部实行副镇长待遇这是一个好的方面，但这个副镇长待遇能不能跟公务员制度打通？如果能够打通的话，村干部干得好就转为公务员，乡村治理的问题可能会有所转变。当然这不是一个省的问题，这是国家高层的一个制度设计的问题。

陈文胜：你讲的是一个官本位的问题，把这个官位制拿到乡村治理的问题中来了。但现代社会是多元社会，也不是所有的人都是官本位思想的。为什么中国过去的农耕社会的乡绅绝大多数没有向上的职务通道，乡绅治理却能够延续几千年？就是这样的乡绅治理使中华民族几千年的文明没有断代。那时候的乡绅治理跟今天乡村治理的不同在哪里？像美国这样一些西方的现代化国家，绝大多数的基层治理官员也基本没有向上的职务通道，为什么基层治理却能够有序进行？美国的一些市长，原来却是舞厅的看门人。为什么让舞厅看大门的人来当这个市长？因为权力的边界很清楚，都是明确的硬性规定，就如同当前中央的"八项规定"一样，都是硬约束。从这里就反映了一个基本的问题，就是我们的行政权力太大了。

贺雪峰：究竟村一级是在非正式治理体系里面还是在正式治理体系里面？其实吴教授讲的也不是官本位，说的是村干部上升的通道，给他一个事业编也可以，不能让他丧失保障。我讲个简单的例子，比如说浙江，浙江的村干部工资收入都非常低，并且还是误工补贴。我到宁海去，发现村干部有误工补贴，一个干部一年的误工补贴少的只有几百块钱。而到苏州去，发现那里的村干部的工资非常高，村支部书记一般就是十几万，15万到20万之间。但是我发现苏州的乡村治理确实很好，浙江这边则搞得问题较多。

陈文胜： 我觉得浙江的村干部问题，不是一个工资低的问题，而是一个授权机制的问题。首先是要解决权力归属的问题，这是"谁来治理"的关键。如果权力归属不清，权责不明确，要么就责任很大而权力没有。特别是上面各级对乡村组织下达如计划生育、社会稳定甚至征地拆迁等工作，什么都一票否决，法律又没有授权，责任却很大，一票就否决了。要么就权力很大而责任没有。两个方面都走向了极端，这两个极端不解决，谁来治理都是一个很大的问题。

吴理财： 你讲的权力是什么意思？一个是乡土的权力，一个是行政的权力，行政和乡土的权力是两码事。行政是一种强制性的东西，这是一种行政权或者叫政治性权力。

陈文胜： 现在中国的乡土权力和行政权力是没办法分割的体系，你讲的是一个概念，我讲的是现实。现在的乡村权力到底是属于谁？属于乡村干部还是属于村庄共同体？村庄共同体怎么形成？其中第一个就是村庄的共识。共识就是权力的公信力，公信力就是说你当村委会主任包括村党支部书记，这个村庄社会认不认同这个权力。第二个是制度的权力。就是说你必须要通过一个什么程序，比如说现有的法律，你必须通过村民代表大会的同意。村民代表大会没有同意，村委会的决定是无效的，这是一个底线的问题。第三个，必须有人负责。这样一个制度的权力构架才能构建一个共同体的构架，否则谁来治理就是一个伪命题。如果你也可以负责，我也可以负责，就不叫负责。

乡村治理需要什么样的机制？我认为，一是低成本的治理模式，二是公开透明的决策模式，三是多元输入的社会支持体系。

谁来改革？

陈文胜： 中央高度重视改革，但到了农村基层，在大多数地方感觉不到改革的氛围。特别是底层百姓，感觉不到多少改革的红利。

论道大国"三农"
——对话前沿问题

1. 改革对农民到底有多少红利

贺雪峰：从两个方面看改革，一个方面像户籍制度改革，说实在的，今天的户籍制度改革就是一个管理制度，它把背后的福利全部都已经拨开了，不把这些福利剥夺的时候，这个改革就牵涉到很多的东西，就根本进行不下去。之所以它能够改，就是因为把户籍背后的福利全部剥离了。正是这个剥离改革好像都很轻松，很简单，所以不要太看重这个户籍制度改革。户籍制度改革叫户籍管理制度改革，它根本就不涉及城乡的福利，城乡的待遇。现在把户籍转到北京去照样去不了。现在不只是取消农村户籍，也取消了城市户籍，都叫居民户籍，便于管理。

另一方面，我觉得在中国现在这样一个现代化进程中，确实有很多地方和市场经济不适应，过去的计划经济有很多东西要改，改的时候我觉得最终还是要城乡一体化的。不过在很长一个时期，就是你刚才担心的，改革的时候要让农民享受和城市人口同样的待遇，这个我们都同意。但是不能因此说城里人可以享受跟农民一样的待遇，农民可以自由进城，但资本不能自由下乡。因为农民是弱势群体，农民的土地是基本保障。资本自由下乡，在货币超发的情况下，农民的土地和那点房子三下两下就搞到城里去了。

不管是谁来改，改革的时候都一定要保护农民的利益。改革的目标是让农民获得城市人一样的权利，但不能让农民最终失去在农村的基本保障，这是底线，是改革的方向。再过 30 年，那个时候我们国家的农民应该具有很强的生存能力了，包括在城市获得资产的能力都有了，到那个时候怎么改呢？我觉得最终还是要城乡一体化。但在大量的农民还没有这个能力的时候，保护农民在农村的基本保障，这非常的重要。

2. 改革要将顶层设计和基层探索相结合

陈文胜：目前的改革要把顶层设计和基层探索相结合，中央也提出了这个要求。每一个县、每一个乡的情况都不一样，华西村发展模式谁能保证能够在全国推广？但你不能说华西村那个模式不对。每一个地方的情况不一样，山区和平原、西部和东部、南方和北方、郊区和湖区都不一样，不可能搞一刀切的改革，要结合当地的实际情况、尊重当地多数人的意愿，探索出各个地方最适合的改革路径。比如合乡并村的改革，一个基层干部来信告诉我，他所在的乡中最远的一个村，骑摩托车到乡政府要 3 个多小时，上午到乡政府开会要早上 5 点钟起床才能赶到，由于山区在早晨 5 点钟时候天还不是很亮，骑车上路极有可能出安全问题。这样的改革是苦了基层苦了农民，而且很担心，这样的改革会不会重复？

中国改革能不能走一条新路？将自上而下的顶层设计和底层探索相结合，将改革跟底层利益紧密联系在一起。原则性的问题由中央确定不能变，中央确定的总体规划不能变，但是，能不能为政策的执行留下探索的空间？中央也不可能对全国各个地方做出一刀切的执行方案，一刀切就会出现很多问题。

谁来发展？

陈文胜：2020 年是全面建成小康社会目标实现之年。习近平总书记提出全面建成小康社会的关键在于补齐"短板"，最突出的短板就是农村贫困人口脱贫，核心是乡村的发展问题，谁来发展乡村？怎样发展乡村？

1. 乡村是谁的乡村

陈文胜：现在如何发展乡村仿佛不是乡村的事了，都要按照城里人的要求来发展了。很多"返乡团"一回到城市就点评乡村，一些媒体也炒作，说农村是落后的代名词，我很不赞同这个观点。乡村怎样发展呢？不应该按照城里人的要求来发展，不应该按照城里人的理想目标来发展，也不应该按照美国的模式来发展。中国的农村现代化程度到今天已经发展很快了，已经取得了非常了不起的成就。要是按照西方或中国城市现代化的标准来发展，那就不像乡村了。所以说，谁来发展乡村其实就是说乡村是谁的乡村的问题，不能够让有些人按照什么标准来搞形象工程。

2. 鼓励农民进城买房是不是值得提倡

贺雪峰：鼓励农民进城买房，农民到县城买了房，但在县城住得舒不舒服呢？年轻人住到县城舒服，他们的父母住在县城反而不舒服，为什么？因为县城没有办法和土地结合起来，老人最终在县城就只有等死了。跟子女住在一个空间里天天吵架，相反在农村里，只要有个房子，天天种点菜，几个老伙伴打打麻将、讲讲话、听听鸟叫，又舒服又好。这个意义上讲，进城之后是对年轻人有利，但是对老年人就不一定了。老年人在农村里可以安居乐业，只要身体还好他的生活质量是很高的，到城里去了之后，他不习惯，家里很吵闹，空间又很狭小，他又没有收入，没办法和土地结合去产生他的价值，最终他会很不舒服，很不自在。农村是落后，但那得看对谁，年轻人在农村待不下去，老年人在城里也待不下去。所以，在这个意义上讲，就要给农民给农村留点空间，不要那么急于把农村消灭，就是要消灭也要有个过程。

吴理财：你刚才讲的这个农民进城买房子的问题，农民其实也很现实，对于农民来讲，如果在城里能够买一套房子，而且能够在城里找到一个比较稳定的工作的话，那他还是比较愿意买房子的。问题就是买房子他有这个能力，但是却找不到工作。

陈文胜：现在有些地方说要农民买房，但也要考虑就业、培训、社会保障等配套措施。

吴理财：对，问题就在这儿。要考虑到配套，有了房子就要给相应的就业。现在仅仅是从消费意义上来讲，农民在这儿买个房子，在这儿消费，仅仅是一种消费意义上的城镇化，而不是一种生产意义上的城镇化。真正的城镇化必须是生产意义上的，就是在这儿能够买房子，同时又能够在这儿立足，能够找到比较稳定的工作，有稳定的收入，这样一种城镇化是可以的，是没有问题的。但是现在个别地区的城镇化，就是政府提倡到城镇来买房子，但是又没有提供相应的就业机会。消费是在城镇，但他的生产，他的东西还在农村，这样就成了问题，这就不行了。

3. 最关键是要充分激发乡村的内部活力

吴理财：谁来发展？关键看怎么来发展，怎么来定义发展。发展是农民自身的发展，或者是村庄意义上的发展。但是我们现在讲发展一般还是从经济或者发展经济学的角度来讲这个问题，还是像我们前面讲到那个扶贫一样的逻辑，无疑就是政府主导的。

陈文胜：在市场经济条件下，乡村发展由政府主导造成的问题不少。我不由得想起一位县委书记大胆指出的当前扶贫工作存在的痛点：不论是一味地给钱给物式的"保姆式扶贫"，还是越俎代庖式的"任务式扶贫"，都违背了精准扶贫的初衷，建立扶贫的良性体制机制，才是解决贫困问题的关键。确实，中国目前的整体福利水平确实还远没有到养懒汉的地步，贫困户过分依赖政府和社会的现象可能存在。比如有少数贫困户对来帮扶的干部很麻木，认为干部比自己更着急，因为自己不脱贫不签字干部就交不了差。但问题不在贫困户，而在扶贫工作的政策设计。

因此，无论是乡村的政治发展、经济发展，还是社会发展、文化发展，我们都应该尊重农民的自主行为，去激发农民创造真正属于自己的生活的自主能力。假如政府的扶持政策孤立地支持某一个示范村的基础设施建设、公共服务体系或产业转型发展，久而久之，将与周边的乡村形成强烈反差。这种喂食吃的做法不但不能让乡村的原始发展动力与政府扶持政策实现有效对接，反而在一定程度上消减了优惠政策的正向效用。一旦农民接受喂食形成习惯以后，习惯成自然，自然成必然。农民对政府对社会的依赖性越来越强，越来越丧失自主能力和创造能力。

六、乡村振兴的战略底线与七大短板
——对话王文强、陆福兴

即将进入全面建成小康社会的收官之年，习近平总书记提出"坚持底线思维，增强忧患意识，提高防范能力，着力防范化解重大风险"的明确要求，表明党中央保障经济持续健康发展和社会大局和谐稳定的坚定决心。农业农村是经济发展和社会稳定的基石，党的十九大提出乡村振兴战略以来，中央的相关政策密集出台，地方的相关工作迅速铺开，全国上下掀起了乡村振兴的热潮。那么，当前农业农村有哪些短板？对此，陈文胜与湖南省社会科学院人力资源与改革发展研究所所长王文强、湖南师范大学中国乡村振兴研究院教授陆福兴进行了对话。

农产品数量底线与粮食安全短板

陈文胜：中国特色社会主义进入了新时代，既要全面建成小康社会，又要乘势而上开启全面建设社会主义现代化国家新征程，历史的新方位处于滚石上山、爬坡过坎的关键阶段。国际国内经济形势复杂严峻，不确定性因素急剧增多，进入了一个风险与困难并存的发展环境中，面临着挑战多、风险高的新考验。特别是 2019 年是一个特殊的年份，中国很多历史节点的整 10 周年都在 2019 年交汇，从中央到地方都在高度重视防范社会的重大风险。

作为人多地少的全球人口大国，即使中国再富裕强大，有再多的钱也无法在国际市场上买回能够养活 14 亿多人口的粮食，"谁来养活中国"始终是悬挂在中华民族头上的"达摩克利斯之剑"。因此，农业无疑是中国现代化的战略后院，经济形势越复杂就越要稳住"三农"基本盘，越需要农业作为安天下的产业发挥着压舱石和稳定器的作用。民以食为天，国以农为本。中国只要自己吃饭的问题解决了，什么问题都好说。2019 年中央一号文件强调农业农村优先发展，突出一个"稳"字，换一句话来说就是防范风险。习近平总书记在参加十三届全国人大二次会议河南代表团审议时，就明确要求"要扛稳粮食安全这个重任"，把确保重要农产品特别是粮食供给，作为实施乡村振兴战略的首要任务。因为能否把中国人的饭碗稳稳地端在自己的手上，无疑是国家安全的战略底线。

实施乡村振兴战略，从根本上说就是要更好地满足人民日益增长的对美好生活的各种需要，首要的就是要把粮食安全作为战略底线。韩俊在"2019年中国农业发展新年论坛"上指出，粮食产量不可能每年都增加。

习近平总书记强调，"对粮食问题，要善于透过现象看本质。在我们这样一个 13 亿多人口的大国，粮食多了是问题，少了也是问题，但这是两种不同性质的问题。多了是库存压力，是财政压力；少了是社会压力，是整个大局的压力。对粮食问题，要从战略上看，看得深一点、远一点。"因为农业是永续产业，农产品不可能像工业产品那样快速更新换代。乡村振兴要求以深化农业供给侧结构性改革为主线，推进农业政策从增产导向转向提质导向，但绝不能够简单地照搬工业供给侧结构性改革的"去产能化"与"去库存化"，应以一定库存粮食作为底线，以应对人口大国的风险。突出农产品质量是正确的，但中国农产品市场体系、农业发展体系还没有全面建立起来，而且组织化程度很低，一旦市场失灵使价格信号发挥不了作用，特别是抛荒弃田越来越多，必须确保一定的产量和数量为基础，质量和品牌只能作为方向。

因为农产品的质量和品牌建设需要久久为功，不可能在短期内一蹴而就。在当前这样一个外部国际环境复杂、内部经济发展下行的时候，盲目地强调去产能、去库存，就会走到另外一个极端。不仅会导致农产品质量有风险，而且数量更有风险。即使国外进口能够解决农产品质量问题，而数亿小农破产所带来的人口大国的社会稳定与执政风险将是灾难性的。因此，必须向日本学习，对农产品进行市场保护，先向农民下订单，而不是放任市场对农民的强势地位。

陆福兴：农业是不可替代的战略产业，粮食安全是人类长期追求的基本目标。在信息化背景下，粮食、石油与货币共同成为发达国家制约发展中国家的战略武器。国家粮食安全是人口大国挥不去的安全隐患，确保国家粮食安全是我国乡村振兴战略的底线。发展速度慢不要紧但国家粮食必须安全，2019 年中央一号文件把农业农村作为国家的"压舱石"，很大程度上就是指农业的国家粮食安全功能。粮食安全的风险很复杂，主要风险有以下几个方面。

其一是数量安全的风险。粮食不够吃这是数量上的风险，尽管在正常状态下，当前粮食数量可以在世界范围内调节，数量安全还不是很严重，但据多方统计，我国自 2004 年以来，粮食进口的数量在逐年增长，2017 年的谷物进口量占当年产量的 4.53％，如果不保住土地红线，如果农业技术和耕作制度不跟上，粮食数量安全风险是必然存在的。特别是 2008 年世界粮食惜售引起的恐慌警示我们，粮食数量安全并不是数量绝对短缺引发的，某些国家对粮食的人为控制也会造成粮食的数量安全风险。

其二是质量安全的风险。不能吃或不好吃是粮食的质量风险。近年来，我国粮食质量安全问题越来越凸显，粮食质量成为粮食安全的主要内容。尽管我们的粮食丰收了，如果粮食的质量不好，那也是不安全的。如我国通过

12连增收后，当前粮食的数量安全基本上没有问题，但是，一方面，我国许多地方的粮食因质量跟不上导致严重积压滞销，另一方面市场上许多外国优质粮食却供不应求需要大量进口，日益显示了粮食质量安全的风险。我国有些地方的粮食重金属严重超标，有的粮食低端粗糙，营养不良，品质不优，有的是转基因粮食民众不敢吃，因此，粮食质量安全的问题在现代社会变得日益严重。

其三是粮食结构安全的风险。即使粮食数量充足、品质优良，还可能引发粮食安全问题，那就是粮食的结构安全问题。粮食是稻类、麦类、玉米、高粱、薯类等的总称，人们对粮食的需求有结构和比例问题，尽管有些粮食品种之间可以相互替代，但粮食结构决定人们的消费水平和农业发展，因此，粮食结构安全也十分重要。如我国近年来的粮食进口，有些就是结构的问题。当前与美国打贸易战，我们国家一方面限制美国的大豆进口，另一方面又国内大豆短缺，要找其他国家去进口大豆。这就是粮食结构不安全的表现，一旦这种结构严重恶化，就会影响人民的生活和我国农业的发展，同样可以引发严重的粮食安全问题。

陈文胜：中国粮食安全的风险，还有一个粮食储备风险。现在民间粮食储备能力已基本丧失，无论乡村还是城市，基本上都没有了粮食储备的意识。现有的国家的粮食储备体系主要是主粮的储备，而在新的形势下食品又多元化了，居民日常消费的食品不再是以主粮为主，大多是生鲜农产品。很多农产品不是没有产能，反而是产能过剩。农产品滞销事件呈现出逐年增加趋势，由2009年的6起上升至2018年上半年的17起，由零星分布逐渐演变成区域化滞销，诸多因素中的一个关键原因就是缺乏生鲜水果的储备能力。因为反季水果价格远远高于产出期的价格，如柑橘在出产期的时候价格很低，而等到来年春天卖橘子的时候价格就自然攀升，假如能够具有生鲜水果的储备能力，农民不会急于出售而会待价而沽。因此，在中国粮食储备体系中，最缺乏的就是生鲜农产品的储备能力，应对风险能力非常有限。

中国很多农产品不是没有产能，2018年年底我在石门县调研时发现，进入寒冬时节，漫山遍野的橘子仍挂在树上、烂在地上。石门柑橘是湖南水果的一个品牌，现场摘吃的人个个赞不绝口。我就问怎么在长沙街上很难买到？

农民说，石门交通不方便，运到长沙要两天，特别是保鲜能力最成问题，集中装运一个星期就可能烂掉 1/3，再到销售环节可能烂掉一半，成本一下子就提升了，加上出产期供大于求，与其亏本还不如挂在树上、烂在地上。湘西在 2018 年底也同样出现了大面积椪柑滞销现象，一方面是产能过剩或销售渠道的问题，而另一方面就是缺乏生鲜水果的储备能力。

近几年来，哪一个农产品一旦出现短缺，就会造成整个市场的恐慌。"蒜你狠""豆你玩"，像大蒜这样的小品种都造成整个农产品市场的震荡。一方面，很多产品大量过剩，是相对于这一段时间的出产期过剩，另一个方面，过了出产期又出现短缺，且价格反弹。所以，国家粮食储备需要形成新的战略，突出补齐生鲜农产品储备短板，着力生鲜农产品储备重大技术攻关。农产品生产周期短，只要技术水平能够不断提高，也可以克服人多地少的先天性局限。如何提高政府主导、社会协同的储备能力，是国家安全战略的底线。必须以藏粮于技为着力点，以提高储备能力为关键，这要上升到国家战略的高度。

农产品质量底线与食品安全短板

陈文胜：中国社会发展已经到了一个重大的历史拐点，也就是从过去全力解决温饱到今天全面建成小康社会的发展转轨。中国几千年来一直强调以农为本，就是粮食的问题。手中有粮，心里不慌。中国人曾经最大的梦想就是吃白米饭，因为在那粮食短缺的时代，很难有干净的白米饭吃，没想到好的生活来得这么快，丰富多彩的农产品任你挑选，湖南的大米、东北的玉米居然成为卖不出去的库存。

但农业的生产模式没有发生相应变革，生产没有满足市场的需要，有很多农产品都是从国外进口。在基层调研时发现，农民自己都吃的是泰国大米（虽大多是假冒伪劣），说明了什么？说明随着生活水平的不断提高，人们对生活要求发生了重大变革，消费结构出现了高、中、低端的消费分化，即使是生产粮食的农民消费都在向高品质需求转变，让人真切地感受到社会主要矛盾变化后生活方式的变革。不是产量越多越好，因为卖不出去就会伤害农民的利益。农产品供给需要加快以数量保障上升到以品种和质量保障的大转型，农业生产的数量导向要向质量导向转变，政府的行政导向要向市场导向转变。

农业生产不像工业生产，工业生产对象一般是无机物或结束了生命的有机物，而农业生产是利用生物的生命活动进行的生产，单纯依靠现代科技生产农产品，与在自然条件下生产的农产品是完全不同的品质和味道。一个农产品一旦生产出来，无论是加工水平再高，还是营销手段再好，也无法改变农产品的品质。就像再好的厨师，也没有办法把养鸡场里饲料喂的鸡加工成乡下原生态土鸡那样的美味。因此，农业发展不仅仅是要遵循经济规律，而且更要遵循生命规律、自然规律。农业是一个特殊产业，对气候、水质、土壤等生态环境的要求很高，那些品质优良、独具地域特色的农产品品牌，是特定地域的产物，什么样的地域生态环境决定着生产什么样品质的农产品。橘生淮南则为橘，生于淮北则为枳。像龙井茶到湖南来种就不是龙井茶了，东北大米品种在湖南种出来绝对是不一样的味道。

在工业化的进程中，发展方式的变异给农业发展带来前所未有的挑战。由于土壤地表流失，土地品质退化，化学污染严重，加上基因改造工程，直接影响农作物营养价值，并使农产品安全受到威胁，对人类健康造成极大的隐忧。早在 20 世纪 30 年代，美国首位诺贝尔医学奖获得者卡奈尔就已提醒世人："日常供应的食物中所含的营养成分已大不如前。食物虽然保持了原来的外形，但受大量生产的影响，品质已变。化学肥料只能提高作物的产量，却无法补充土壤中枯竭的'全部元素'，因此影响到食物的营养价值。"今天，人们已经越来越感到生活的趣味性下降，纯洁无污染的食物越来越少。利用无土栽培或化肥等生产的食品与自然条件下生产的食品完全不同的品质和味道，餐桌上的美味消失了。

医学研究表明，现代很多疾病起源于饮食与生活的不正常。在日本的一些地区，人们发现引发糖尿病的因素之一竟然是食用含硝酸盐过量的蔬菜。经研究，蔬菜中高浓度的硝酸盐来源于大量对蔬菜施用氮肥，温室蔬菜催生栽培法所造成的光合作用不充分也会形成硝酸盐残留。农药污染对农作物和人类的危害更为严重，某些化学性质稳定的农药，在环境中半衰期长，不易分解消失，其毒性可通过食物链浓缩积累。人类投放到环境中的化学制品，有不少对动物和人类有致癌作用。由于农药的长期使用，使一些昆虫产生了抗药性，造成使用量越来越大，但药效却在降低。虫害不能根除，反而又加重了对环境和食品的污染，给人类造成很大的危害。还有养殖业中激素的滥用等被社会质疑为是导致中国青年低受孕率的直接原因。所以，农产品生产不仅要依靠科技提高产量，更要靠科技提高质量。

农产品生产不仅要产量，还要质量。否则，不用说农业发展会出大问题，乡村振兴战略都会出大问题。习近平总书记在河南代表团审议时强调，要推进农业供给侧结构性改革，不断提高农业质量效益和竞争力，"实现粮食安全和现代高效农业相统一"。乡村振兴最关键的是产业兴旺，最突出的问题是综合效益和竞争力偏低。中国的农业发展到今天，可以认为，农产品不是生产不出来的问题，而是卖不出去的问题。农产品质量问题的根源是什么？一是农民没有生产绿色食品积极性，因为高质量农产品生产成本远高于低质量农产品生产成本，而成本比例未能反映价格比例；二是消费者不了解绿色食品的生产过程，即使是绿色食品也缺乏品质认同，因而销售不畅，价位不高；三是品牌造假成本远低于造真成本；四是中国缺乏日本那样强烈保护小农的社会责任感和国家安全忧患意识；五是政府主管部门仅进行生产数量和市场品牌的统计管理，未能对生产加工和销售的全过程实行有效监控，没有建立从生产到加工、到市场全过程的正面清单和负面清单。

针对这些问题，习近平总书记2016年3月在参加十二届全国人大四次会议湖南代表团审议时，首次提出推进农业供给侧结构性改革，从此就成为中国农业改革的主攻方向，成为中国农业发展的主线。2017年中央一号文件以农业供给侧结构性改革为主题发布时，我就发文认为，如果农产品的品牌化特别是粮食等大宗农产品的品牌化没有成功的话，农业供给侧结构性改革也就失败了。因此，大宗农产品要品牌化，高、中、低端的农产品都要品牌化，要走品牌化、品质化的道路。特色农产品要高端化，因为特色农产品是独特的稀缺资源。科技创新要绿色化，不仅要产量，更要质量。要全面进行全国县域的农业土壤普查以及相应的传统优质农产品品种普查，弄清楚每个县域到底适合种养什么及其哪些品种，全面建立优化区域品种结构的"正面清单"和"负面清单"，让那些传统的区域品牌、品种得到保护和发展，让那些低端的劣质的逐渐淘汰。社会化服务要规模化，因为农业现代化不仅是耕地的规模化，更是装备的现代化。在湖南人均只有七、八分地，那么小的规模通过社会化服务基本上实现了机械化。所以，社会服务规模化是小农户农业现代化的一个关键，也是乡村振兴的一个关键。

陆福兴：现代农业技术可以按照人们的意愿和需要创造全新的生物新品种，农业新技术不断大量应用到农产品的生产、储存、加工、运输、销售全过程，农产品品种不断被改良，但农产品也隐含着健康风险。

其一是激素催长和药品保鲜引发农产品健康隐患。随着农业技术的广泛应用，人类的食物链也被日益"药品化"，餐桌上很多食物已经不是传统意义上的农产品。据专家称，瓜果使用激素可以增产 20％以上。目前，我国已取得登记的植物生长调节剂有近 40 种，主要在瓜果、蔬菜及棉花、小麦等作物上使用。不少蔬菜、水果在生长过程中使用催熟剂、膨大剂、生长激素、防腐剂等来达到增产增效、缩短生长时间、保质保鲜，有的农产品从田间到餐桌甚至用上十几种生化药剂，浑身是药。2017 年，农业部曝光的农产品质量安全十大谣言中有 8 个是关于不正当生化药物的谣言，在向社会公布的 9 个农产品质量安全执法监管典型案例中，有 7 例是关于生化药物非法使用的，这些激素和药物的滥用，引发了人们很多新的疾病风险。

其二是转基因农产品的不确定性安全风险。转基因抗虫抗草、适用生物化肥农药，还耐机器采摘和长期储存，农产品转基因商业化对于种植者的诱惑越来越大。据一份研究报告指出，2017 年，全球范围内共有 102 种转基因作物被批准商业化，涉及 65 个品种。当前我国允许商业化种植的转基因作物只有棉花和番木瓜，水稻、玉米正在试验之中；但我国允许进口的转基因农产品有十多种，其中包括大豆和玉米，由于大豆和玉米作为饲料或加工原料运用广泛，导致人们对相关农产品和加工产品均存在"转基因恐惧"。转基因食品的安全性问题还需要时间检验和科学证明，但如何防范这种不确定性安全风险是农业技术创新的难题和使命。

新型城镇化底线与农民工市民化短板

陈文胜：按照乡村振兴战略的要求，农民要成为有吸引力的职业，收入增长必然是乡村振兴的一个底线。长期以来农村政策都一直强调要建立农民收入的增长机制，那么这个收入增长从哪里来？国外农产品市场进口冲击越来越大，靠农业这个总体上属于薄利产业的收入作为增长的主体部分很难，收入有限，不可能带来很大的增长。随着国民经济下行，政府财政收入增长不断放缓，转移性收入已经逼近天花板。虽然中共十八届三中全会就提出了推进改革提高农民的财产性收入，但改革在现实中进展缓慢，在决胜全面建成小康社会的关键时期，远水难救近火。由于工业化、城镇化的快速推进引发了农民收入结构的变革，使农民收入在整体上实现了由农业收入为主向非农工资性收入为主的历史性变迁。

农民纷纷逃离穷乡僻壤，大多数人摆脱了贫困，不是政府、企业、社会组织扶出来的，而是工业化、城镇化带出来的，是在外打工农民工和进城经商创业农民通过自我奋斗实现的。这到底是不是乡村的衰落呢？如果没有近3亿的农民工置身于工业化、城镇化进程中，要农民靠种一亩三分地去共同富裕是不可能实现的。反之，如果近3亿的农民工一旦失业而无家可归，不要说中国全面建成小康社会有可能难以实现，对整个中国社会发展也将带来灾难性的冲击。

《国家新型城镇化规划（2014—2020年）》就明确指出，城镇化是伴随工业化发展，非农产业在城镇集聚、农村人口向城镇集中的自然历史过程，是人类社会发展的客观趋势，是国家现代化的重要标志。习近平总书记提出，新型城镇化核心在于推进"人的城镇化"。李克强总理指出，"大量农村人口到城镇转移就业和落户，这本身就是工业化、城镇化对农业农村发展的有力带动，也标志着我们在破除城乡二元结构方面迈出了实质性步伐。"

党的十九大提出的中国现代化战略安排，到2020年全面建成小康社会，到2035年基本实现现代化，到2050年全面建成社会主义现代化强国。根据有关研究预测，中国在 2020 年、2030 年城镇化率将分别达到 60％、65％，2050 年可能超过 70％。城镇化大趋势难以逆转，人口不断向城镇聚集这个大趋势也就必然难以逆转。党中央、国务院部署，到 2020 年要解决约 1 亿进城常住的农业转移人口落户城镇，约 1 亿人口的城镇棚户区和城中村改造，约 1 亿人口在中西部地区的城镇化问题。因此，就不能离开工业化、城镇化来推进乡村振兴，必须将农业农村现代化与工业化、城镇化作为一个有机的整体。中共中央、国务院下发的《关于建立健全城乡融合发展体制机制和政策体系的意见》中明确要求，以协调推进乡村振兴战略和新型城镇化战略为抓手，实现城乡融合发展。

王文强：如果农民不增收，农业农村现代化就是一句空话。"贫穷不是社会主义"，改革开放从农村起步，归根结底是农民太穷了，需要通过改革调动积极性。我国的城镇化以放开对农村劳动力迁移的限制为突破口，根源也在于农民可以通过进城务工来增收，从而为城镇化提供了持久的劳动力红利。从这一意义上看，农民增收既是农业农村发展也是新型城镇化最强大的动力。所以，无论从解决新的社会矛盾出发，还是以推进城乡融合发展为方向，实施乡村振兴战略必然要以农民增收为底线。

与改革开放之初相比，我国农民收入水平已经实现了上百倍的增长，但当前的形势正在发生深刻变化，农民稳定就业和持续增收面临新的挑战。从城市来看，国民经济下行、人工智能的快速发展、城市传统劳动密集型产业的退出，对素质较低农民的转移就业带来了新的压力，而且城市资产价格在快速上涨，农民的资产又难以变现，农民变市民缺乏资本，大量农民仍然难以在城市稳定就业。从农村来看，土地经营权越来越向新型经营主体集中，规模经营成为普遍现象，对部分农村劳动力产生"挤出"效应，尤其是曾经担当务农主力的农村老年劳动力更多地被"挤出"。由此导致不少农村劳动力在城乡之间徘徊、迷失。

农村还有数亿人口，如果农民不能稳定就业，甚至出现一定规模的"失业"，无论这种"失业"是显性的还是隐性的，都会形成重大风险隐患。一是城镇化进程降速风险。就业是农业转移人口在城镇落户的基础条件，难以稳定就业的农民必然难以融入城市，如果这一群体增多必将对我国城镇化进程产生拖累。二是城乡居民收入差距再拉大的风险。农民"失业"影响最显著的就是农民收入，如近几年一些省份农民收入增幅下降、与城镇居民收入差距拉大问题的出现，与这种"失业"不无关联。三是乡村社会稳定的风险。文化程度较低的农村青壮年劳动力不能稳定就业，容易产生对社会的不满心理；农村老年劳动力无所事事，无收入来源，则会增加子女负担，并可能形成生活安全风险，这都不利于乡村社会和谐稳定。对此，不得不防。所以，推进小农户与现代农业发展有机衔接，加快农村改革激活农民资产，加强对农民的人力资本投资，提高农民就业能力等应该作为乡村振兴的紧迫任务来抓。

种业安全底线与特色种养体系、农业技术短板

陈文胜：农业既是一个古老的产业，也是一个随着科技进步而不断发生变化的新兴产业。科技创新就是农业现代化的一种前沿趋势，正是由于农业技术形态的不断演化，才形成了不同历史阶段的农业。由科技创新而引发的每一次种子革命，都造就了农业的质的飞跃。回顾中国历史进程，正是由于小麦、玉米、土豆、红薯等品种的引入，对中国农业发展的飞跃产生了革命性的影响。种子作为农业生产的源头，是推动农产品产量与质量不断演进的内在动力，不仅决定着农产品的品质和效益，而且决定着农产品的核心竞争力，无疑是一个国家和民族生存与发展的"芯片"。所以，就有一句这样的名言：一粒种子可以改变一个世界，一个品种可以造福一个民族。特别是对于中国这个人多地少的人口大国来说，种子更是事关农业效益和粮食安全这些民族命脉的国之重器。袁隆平院士就反复强调："关键时刻，一粒小小的种子能够绊倒一个强大的国家。"

根据黄崎所著《中国种子》一书的相关数据，2013 年全球种子市场价值达 481 亿美元，其中美国种子市场价值最大，为 129 亿美元，占全球种子市场的 27%；中国排名第二，为 105 亿美元，占全球种子市场的 22%。到 2020 年，全球种子市场价值预计将达到 721 亿美元。同时，国际种子市场的垄断

趋势日益明显，2013年世界前十强种子公司市场集中度超过55％，仅孟山都一家公司的国际种子市场占有率就高达21％。中国作为一个农业大国，是种子需求大国，常年用种量250亿斤，市场规模高达650亿元，并向超千亿元规模迈进。然而，除水稻、玉米、小麦、棉花种子基本上能够自给自足外，中国50％以上的生猪、蛋肉鸡、奶牛良种，90％以上的高端蔬菜、花卉品种依赖进口；其中美国是中国最大的种子供应国，进口数量占中国种子进口总量的60％。如果放任种子市场被国外控制，人口大国的"咽喉"就随时有可能被扼住，这足以让所有中国人警惕。

当今世界科技的竞争，主要是新能源技术、信息技术和生物技术三大前沿科技，其中种子技术是生物技术竞争的核心。然而各国农业科学家大都热衷于转基因种子，培育常规种子的已经越来越少，原生态的种子加快走向灭绝。我不是一个农业科学家，对自然科学领域没有话语权，但对人类自身生命健康与未来发展有可能带来的风险应该有起码的质疑权利。在中国农业科学发展的进程中，瘦肉精曾获得过国家科技进步二等奖，那时我在乡（镇）工作，农业部门下发红头文件在农村全面推广瘦肉精，湖南全省基本上普及。后来逐渐发现瘦肉精对生命健康带来的危害与隐患，地方政府的公信力又一次被消解。因此，我不得不质疑转基因农产品对人类生命健康的危害性：一是灾难如何制止不可知。据我所知，目前还没有一种技术和方案能中止转基因灾害，或恢复原来的物种。二是不可逆转性。一旦发生生物灾难，对人类毁灭性的打击是覆盖性的，而生命无法逆转。三是本身的变异不可知。对转基因带来的危害特别是灾难，会不会变异无法预测，对食物链及其生殖链会不会造成危害不可知，因为转基因对今后50年甚至百年后的人类遗传带来怎样的影响无法证实。

我记得"中国乡村发现网"转发过安徽省人民政府参事刘奇先生的《一粒种子可以繁荣一个时代》一文。刘奇就进行了比较分析，一是常规种子可以连续种植3～4年，而杂交种子、转基因种子只能种植1年。二是常规种子种得好产量并不一定低于杂交种子、转基因种子，且农药、化肥施用量可降低20％，更重要的是常规种子具有延续性、原生态性，具有绿色食品的天然品质。三是制种为种子产业带来不可估量的垄断利润，使农民特别是中国广大小农户受到难以摆脱的市场控制。我认为，转基因技术带来的生命健康风险和粮食安全风险更不可低估。因为只有大自然的选择才是符合生命规律，也才是最科学的；只有大自然的物种多样性才能确保人与自然的永续发展。如果逆天而行，一旦受到毁灭性打击导致物种链崩溃，物种变异就成了人类的掘墓者，人类末日即将来临。我绝不是危言耸听：如果放任杂交种子、转基因种子统治世界，听任原生态的种子基因消亡，这是大自然物种的悲哀，更是我们人类自身的悲哀。

陆福兴：种业安全相对应的是种业危机，种业危机是农业的源头风险。种业危机是一国种子产业被别国控制而产生的产业安全危机，是影响深远、危害重大的生物资源危机，最终会导致危机国经济崩溃政治动荡民不聊生。种子犹如农业的"芯片"，一国若没有自己的种子，就会渐渐丧失农业产业的控制权，沦为国际农业的附庸。中国种业尽管还没有达到危机，但是，种业危机就像一把高悬在国人头上的利剑，令人胆战心惊。

其一是种业市场被国外种业巨头占领，民族种业危机逐渐严重。作为农业大国和人口大国，中国理当成为世界种业大国，才能确保农业安全。但是，中国种业的国际竞争力与大国地位极不相称，目前的种业状况令人不安。据统计，2013 年全球种业十强企业占全球种子市场的 70%；中国种业前十强只占国内份额的 13%，不到国际份额的 1%。除主粮种业外，我国 2016 年蔬菜种子和花卉种子市场上，外资企业已经占据了 60% 以上，主粮的玉米种业也逐渐被攻陷。数据显示，2013 年在国内种业市场中，本土企业市场份额仅占 20% 左右，其余 80% 的国内市场份额被外资企业瓜分。目前国内种子市场上，甜菜种子 95% 是外国品种，向日葵中的食葵约有 60% 是国外品种。

其二是土品种被遗弃，农产品品种品质多样性风险日渐迫近。随着生物育种技术的不断创新，大量新品种被培育出来，新品种的产量和经济效益比土品种好，抗虫、抗病等性能提高，因而得到了农民的广泛种植。但与此同时，传统品种逐渐被新品种替代，特别是地方品种大量被农民抛弃，农民大面积种植同一品种，导致了农业品种多样性锐减，致使大量原生态土种子逐渐消失。据联合国粮农组织统计，2012 年全球已有 22% 的家畜品种面临灭绝，如果不采取相应的措施，到 2020 年人类将丧失 2 000 个左右的家禽家畜土品种。与此同时，一些土品种与洋品种杂交，也失去了土品种的纯正基因。人类通过科学技术的人为干预，使新品种农产品品质的丰富性和天然性降低，传统物种的独特口味逐渐遗失。例如，过去美味的乡村土猪、土鸡基本绝种。

王文强：种子是农业最基本也是最重要的生产资料，种业安全事关国家农产品安全。众所周知，我国既是种质资源大国，也是种子需求大国，在我国农业对外开放过程中，西方发达国家的跨国种业不断向我国种业领域渗透，企图对我国种业形成控制态势，对我国农业生产的主导权产生了巨大威胁。尽管近年来国内种业发展步伐加快，但在长期的以产量为导向的技术创新路径中，传承与创新未能有机结合，民族种业发展仍然任重道远。当前，我国正处于推进农业供给侧结构性改革的重要时期，以农业结构调整为契机，加强对民族种业特别是地方特色品种的保护与创新，确保种业安全与国家农产品安全，无疑是农业现代化的一条重要底线。

在当前的农业生产体系中，地方特色的优质品种资源越来越少，关于地方种质资源流失的报道也时有出现。在湖南，过去家家户户都养土猪、土鸡、土鸭，现在基本上被所谓的"洋猪""洋鸡""洋鸭"所替代。传统的蔬菜种子销声匿迹，农户种蔬菜都不留种（留的种没有用），需要时只能到市场上去买，买回来的种子到底好不好，农户自己心里都没有谱，只有吃的时候才知道。水果也是速生品种，过去要生长几年才挂果的，现在一年挂果，吃个新鲜还可以，但无法让人"回味"。这是过去片面追求农产品高产量的结果，使地方特色种养体系受到了破坏。在盲目引进国外品种、大力培育高产量杂交品种的同时，经过长期的优选、改良沉淀积累下来的传统地方特色优质品种，却在逐渐被淘汰，这无疑是一种巨大的损失。

我国人多地少，且地域自然条件差异大，历经数千年形成的特色种养体系是我国农产品供给的根本保障，也是我国农业参与国际分工与竞争的基础，地方特色品种资源的持续减少无疑对特色种、养体系形成了明显的冲击，因而，无论对国家农业现代化还是对于国际农业竞争都是一种巨大的风险。我国地方农产品品种丰富多元，并与地方文化相融相生，是我国农业的基石，是最宝贵的财富。2017 年中央一号文件就提出"把地方土特产和小品种做成带动农民增收的大产业"，随着农产品市场消费结构的转型，地方"土特产"已经成为市场追捧的对象，传承、创新地方特色品种资源，大力发展特色种、养体系，应该成为农业供给侧结构性改革的重点工作、农业科技创新的主导方向，作为推进乡村振兴的重大任务来抓。

陆福兴：农业核心技术自主知识产权不足，存在农产品国际贸易壁垒风险。当前，农业技术不仅是美国和欧盟等产生国际贸易摩擦的一个主要因素，还是引起发达国家与发展中国家之间纠纷的导火索。以美国为首的发达国家纷纷在农业技术特别是生物技术领域进行战略布局，大力支持国内农业公司在全球进行技术的市场侵占和贸易扩张，他们以知识产权为武器，对世界农业产业链和价值链进行垄断和控制，企图控制人类粮食安全、生命健康、能源安全的主动权。

当前，我国农业技术发展取得了巨大的成就，但是现代农业技术的核心技术——农业生物技术发展还比发达国家落后很多，尽管有一些前沿领域取得了重大的进展，但是与我国的农业大国地位根本不相称。如转基因技术，我国尽管是世界上能够参与研究的少数几个国家之一，也拥有一些自主知识产权，但目前90％以上的基因技术知识产权都掌握在美国等西方发达国家的手中。当前，美国等发达国家的生物技术公司大量涌进我国，通过独资、合资等方式占领中国生物技术市场，利用我国丰富的生物技术资源实施生物技术产业链和价值链的控制，我国名义上是合资并控股，但核心技术不在我们手里，在农业生物技术上存在较大的潜在的风险。

知识产权是高新技术贸易保护的核心，我国生物技术知识产权保护不能担当重任。知识产权作为WTO协定的重要组成部分，已经成为世界贸易的重要规则和贸易战的核心手段。推进国家农业技术发展，维护国家农产品国际贸易权益，都必须依靠知识产权制度。众所周知，我国农业知识产权保护起步晚，保护体制不完善。我国加入WTO的谈判中，最关键和最难的是农业保护的谈判，实质上就是农业知识产权上的让步和牺牲。未来的农业产业都将建立在生物技术的基础之上，只有拥有核心生物技术自主知识产权，国家才能在农业现代化的国际竞争中不受制于人。因此，防范农业技术风险对我国农业发展具有重大战略意义。

民族传统美德底线与文化道德短板

陈文胜： 乡村振兴，文化为魂。习近平总书记强调要增强文化自信，传承中华民族优秀传统文化。孔子认为，"礼失而求诸野"，意思是在庙堂之上、市井之中很多传统的礼节、道德、文化都被普遍丢失了，反而在乡下还能找到。也就是说，乡村对传统文化道德的保存和守护要强于城市。中华民族传统文化的根在乡村，而乡村民俗习惯是传统文化的一个重要内容，其中生日、祭祀、婚庆、丧葬是农民的头等大事，不仅关乎一个家庭甚至一个家族的荣誉、面子，更是传承数千年的传统文化和乡村社会的精神家园，这是我们在现代化进程中应充分注意的。城乡只有地域与生活方式之别，但绝无高低优劣之分，执意以工业和城市文化为取向，以移风易俗的名义去改造甚至取代传统的乡村文化，在认识上是愚蠢的，在做法上可能是灾难性的。因此，移风易俗要以尊重传统文化为前提，对农民那些世世代代传承的民俗习惯需要有最起码的敬畏之心。

乡风文明本质是精神文明，是以文化为核心的乡村精神家园，是思想道德建设的重要内容。顾炎武在《日知录》中提出，风俗者，天下之大事，求治之道者，莫先于正风俗。伦理道德是引导社会风气和凝聚社会人心的不可替代力量，是乡村振兴的灵魂。可以说，想要富口袋就必须先富脑袋。在"振兴什么"与"谁来振兴""怎么振兴"的问题上，关键是如何激活农民主体积极性。所以，习近平总书记在多个场合强调"幸福都是奋斗出来的"。在中华民族几千年的文化传统常识中，贫穷就是落后，不守规矩、偷懒耍滑、不劳而获就会令人不齿，只有勤劳致富、遵纪守法才能获得社会的尊重和认同。

然而，在个别乡村农民却在争当贫困户。为什么呢？那些勤劳的农民靠奋斗一生才摆脱贫困；可个别因长期游手好闲、好逸恶劳导致贫困的农民在政府的帮扶下建房、就业，坐享其成而一夜脱贫；勤劳致富的农民心里不平衡了。据《半月谈》记者发现，贫困村吃撑了，非贫困村却"饿"得不得了！

豫南某县一个非贫困村，近两年没有修过一条路，而相邻的贫困村两年里却修了 4 条路。贫困村富裕了，非贫困村心里不平衡了。

究其原因，是乡村振兴和脱贫攻坚任务艰巨。建立工作责任目标考核机制是为了层层传导压力、高效推进工作落实，以确保各项决策在基层落地。可在当前这样一个倒逼的机制下，责任层层分解，任务各个分散，所有任务都压到了基层，上级各个部门全部跑到基层去检查考核验收，都在对下级下任务定指标，基层干部面对这么多的任务，这么多的表格和数据无所适从。

从更深层次上看，产生这些问题的根源在于一些地方的乡村在工业化和城镇化进程中丧失了自身发展的主动性和自主权，被动地接受工业与城市的反哺和扶持，被动地接受城市与工业发展的带动和辐射。因此，实施乡村振兴战略，推进城乡融合发展，关键是要充分激发乡村实现自身发展的内在动力，激发农民创造自己美好生活的自主能力，在保持城乡各自独立性和差异化的前提下尊重乡村自主，让广大村民群众成为乡村振兴的主体。

王文强：乡村文化是中华文化的根脉。习近平总书记指出，乡村振兴，既要塑形，也要铸魂。塑形是提高乡村的物质生活水平，铸魂则是提高乡村的精神生活水平，两者都是乡村振兴的基本要求，不可或缺，繁荣发展乡村文化则是提高乡村的精神生活水平的根本途径，是实施乡村振兴战略必须坚持的底线。

大家都能感觉到，当前的乡村对传统文化的尊重已经明确减弱，无论是传统建筑等文化实体，还是文化技艺、文化仪式、传统习俗都逐渐衰落，甚至伦理文化也在发生改变，一些不良风气趁虚而入。尽管近年来全国部分地方也兴起了乡土文化热潮，但整体来看，乡村优秀传统文化的传承仍然是一个比较大的问题。不可否认，这与农村人口的大规模转移、城市文化下乡有着一定的关系。但也与乡村文化传承保护不力、倡导方式不科学紧密相关。农村的手工艺被工业标准化生产所取代，缺乏传承人，农村的民族歌舞被城市广场舞所取代，传统民间文艺只在电影中可以看到了。这一系列的现象都在表明，农村越来越向城市看齐了。乡村文化是中华文化的根基，乡村传统文化的衰落，带来的风险是巨大的，不仅导致最有凝聚力、融合力的家乡情结、民族情结的淡化，乡愁无觅处，人们的精神家园失去了依托，也使传统价值观念遭到破坏，唯利是图等观念侵蚀乡村，导致农民信仰缺失等等，而这已经在一些乡村成为现实。那么，乡村的魂怎么铸？习近平总书记指出，"中华文化延续着我们国家和民族的精神血脉，既需要薪火相传、代代守护，也需要与时俱进、推陈出新"。文化传承创新，不能单靠行政的力量来控制，以什么样的方式来引导优秀传统文化的传承，创新乡村文化活动形式，是实施乡村振兴战略需要深入研究的重要课题。

陆福兴：乡村文化振兴要警惕乡村文化被遗弃的风险。乡村文化是乡村的灵魂，是乡村数千年创造积累的结晶。当前的乡村文化建设中，有些地方把具有历史文化标志意义的东西毁掉了，取而代之的是一些人工仿造的东西，形成一些千篇一律的文化垃圾。这些仿古性农村文化和设施，不仅没有弘扬乡村传统文化，反而对传统文化造成破坏。同时，一些地方在乡风文明建设中，用城市的标准引导乡村风俗，地规范化管理，无视乡村各地特有的传统文化和风俗习惯，强行照搬城市标准进行统一改造，导致乡村民风民俗城市化和统一化，破坏了乡村风俗习惯的特色化和多样化，存在乡村真正传统文化被遗弃的风险。

与此同时，还要防范农民的"政策综合征"风险。农村政策在近年来越来越好，但是政策的集中出台和政策的消化不足，造成乡村的"政策综合征"，即政策疲劳和政策依赖。一方面，农民易出现"政策疲劳症"。国家在近年来对"三农"发展日益重视，出台了很多的"三农"政策，特别是每年出台的关于"三农"的中央一号文件，加上国家各部委都有"三农"的优惠政策下达，政策在不断地积累且多而操作复杂，因而农民对国家"三农"政策存在理解和执行的疲劳。另一方面，农民易出现"政府依赖症"。有些地方政府确实想为农民做点事情，发挥政府的力量去推动一些应该由市场和农民去做的事情，于是农民就产生了政府依赖症，忘记了自己的责任担当，形成了新的"等、靠、要"依赖思想，坐等政府扶持和政府投资，丧失了主体的积极性和能动性，使国家乡村振兴失去了主体原动力，这也是国家乡村发展的重大风险。

绿色发展底线与乡村生态环境短板

陈文胜：尽管快速的工业化是乡村环境恶化的直接原因，但以资源要素扩张为支撑的农业发展所造成的资源破坏、环境污染、水土流失、土地沙漠化等一系列问题，对乡村的生态环境恶化和农产品质量安全带来了前所未有的挑战。有关研究显示，中国化肥年施用量占世界总量的30％，农药单位面积使用量比发达国家高出一倍，化肥、农药的利用率仅为30％和40％，比发达国家低一半；每年约有50万吨农膜残留在土壤中，残膜率达40％；农业用水的有效利用率也仅为40％左右，远低于欧洲发达国家70％～80％的水平。据科学家观察研究，仅需少量的化学药剂便会对一些野生动物造成生理病变，例如干扰生殖系统和内分泌系统，造成性别变异而无法繁衍后代，最终可能导致物种灭绝。

特别是"白色污染"已经成为中国乡村环境的一大灾难，全世界从来没有见到一个国家像中国这样大张旗鼓地推广、应用一次性塑料包装、农膜，弄得全国山河一片"白色恐怖"。在一些乡村的农田、山坡到处都是一次性塑料包装、农膜。由于无法降解，很多地方只得就地焚烧，看似分类处理了，可燃烧排放的剧毒进入了大气中，成为难以除掉的恶性污染物。

生态环境是生物存在和发展的内在条件，特别是人类生存和农业生产的基础。地球上只有相当狭小、厚度稀薄又十分特殊的圈层适合高等生物的生存，这个狭窄的空间集中位于地球表层上固相、液相和气相的交界面附近，围绕着该界面，高度集中了地球上99％的生物物质，这就是生物圈，而生态环境就是生物圈中各种生物相互依存、相互作用的最为关键的部分。环境污染导致生物圈的森林受到前所未有的破坏，现今地球上生存的500万～1 000万种生物，正在以每年数千种的速度灭绝。

1962年美国的卡逊出版了《寂静的春天》一书，揭露了美国农业、商业界为追逐利润和产量而滥用农药的事实，披露了滥用农药对整个生物界包括对人类自身带来的严重危害、所造成的生态危机。"这是一个没有声音的春天。这儿的清晨曾经荡漾着鸟儿的歌唱。而现在，一切声音都没有了，只有一片寂静覆盖着田野、树林和沼地。"这种危机破坏了人类生存的环境，使生物渐渐地消失，最终地球上只剩下人类自己。这个时刻可能就是人类灭亡的时刻，这种生态灾难、生命生存的灾难就是人类自身的灾难。

乡村振兴，绿色为要。习近平总书记在参加十三届全国人大二次会议河南代表团审议时就强调，乡村振兴"要树牢绿色发展理念"，乡村"留得住青山绿水，记得住乡愁"，才会成为安居乐业的美丽家园。那么，下一步的发展思路到底应该如何走？我认为，乡村环境治理线广面长，地形复杂，站在乡村来治理环境事倍功半，就如同狂犬疫苗不打人身上要打狗身上一样，必须跳出乡村，在源头上治理环境才能事半功倍。比如对农膜的危害要引起高度的重视，市场上流行反季节蔬菜，可是反季节的代价就是大量的农膜的使用。就像关闭一些造纸厂那样，必须下大决心对一次性塑料包装、农膜等无法降解环境污染产品的生产进行全面关停，确保城乡环境从源头上得到根治。

王文强：生态环境保护是人类社会发展的永恒主题。大多数国家的工业化与环境破坏基本上是同步进行，在经历了惨痛的教训后，发展不能以牺牲环境为代价已经成为全球共识。广大农村是我国最宝贵的生态财富，是城市发展的绿色屏障，保护好生态环境是农业的重要功能、农村的神圣责任，是乡村振兴的底线与底色。为保护好生态环境，党中央明确提出了绿色发展的新理念，并将其作为实施乡村振兴战略的重要要求，作出了实施农村人居环境3年行动计划的一系列部署，还明确了"实现化肥农药使用量负增长"的任务，为农村生态环境保护提供了有力的支撑。

但在保护生态环境，推动绿色发展过程中，要注重采取科学的方式方法，防范出现绿色发展不绿色的现象。比如，在推进农村"厕所革命"时，不能用一刀切的标准去支持农户改造厕所，现在农村厕所改造无论是聚居区还是散居区，很多都是按照一个标准，要求改成冲水式的厕所，政府投入很大，但一些农户根本就不用，因为配套设施缺乏，后期管护难，反而让农民觉得不方便不实用。更可怕的是可能加剧农村环境污染，因为散居农村没有地下管网，农户如果不充分利用粪便污水，就会自然排放，势必造成污染。又比如，农村垃圾治理，现在的通行做法都是农户分类放置、集体统一收集、乡镇转运、县级统一处理，村村都配有保洁员，成本很高，垃圾处理难度也很大，现在农村堆肥沤肥的少了，一个县的垃圾往一个地方汇集去处理，那该有多复杂。为什么过去农村没有这样的问题？因为过去的不可回收垃圾少，大家都会充分利用可作为肥料的垃圾，可回收的垃圾也会主动收集去卖钱。所以，农村垃圾的治理，需要做的不是简单的收集与处理的工作，还包括源头上减少垃圾、有机肥生产技术推广、可利用垃圾回收体系建设等系列工作，才能实现良性治理。显然，推进农业农村绿色发展是个系统工程，"实现化肥农药使用量负增长"与农村环境整治要结合起来推进，要实现乡村生态宜居，必须避免走上一条高碳发展的道路，防范小环境干净了、大环境破坏了的风险。

经济规律底线与市场、债务短板

陈文胜：乡村振兴，产业为重。农村经济一直没有走上良性的产业发展轨道。我发现，近几年存在农产品的产能过剩的现象。因为个别扶贫点不是工业化和城镇化能够推进的地方，就只能搞农业，也就大多是种植业、养殖业。具体种什么、养什么，贫困户和扶贫干部就只能根据身边的经验决定项目。如有一个县的黄桃作为地域品牌卖到 30 元一斤，周边地区为了产业扶贫大规模地复制、推广，造成产能过剩而供大于求，价格直线下滑到 5 元一斤。这种行为会造成农产品结构失衡，给农业发展带来市场风险，更严重的可能会造成整个地区的整体返贫。

更为复杂的是，中央提出高质量发展，在农业上就是深化农业供给侧结构性改革，淘汰那些低端产品，生产高质量的品牌农产品。问题是，品牌农产品需要久久为功，在脱贫攻坚中"远水难救近火"。而淘汰那些低端产业，牵涉到的绝大多数又是贫困户，高质量发展难成，如果又限制低质量发展的话，就严重影响到贫困户的收入，怎么脱贫？发挥市场的决定性作用谈何容易。

我最近两年在很多场合都讲了，未来的 5 年农产品的价格会大幅度下降，尤其是水果。为什么呢？因为扶贫地区大都在偏远山区，山区的生态条件优越，发展经济主要是种水果为主，由于大多数地方的气候环境基本相同，很多水果种植模式都可以大量的复制。如湖南的扶贫地区大都在湘西、怀化这样一些山区，整个湖南农产品品牌的区域发展没有一个统一的严格规划，到底哪一个区域生产什么品种，哪个区域不能生产什么品种，缺乏技术指导。像日本就是一村一品，每一个村只能种什么不能种什么，有明确的规定，就是防止同质竞争导致小农破产。

陆福兴：应坚持乡村产业特色化发展底线，防范产业同质化风险。当前乡村产业发展的关键问题是自主性不足，特别是精准扶贫和乡村振兴中，政府对产业发展的扶持力度较大，于是，部分乡村就在政府的推动下，发展和复制一些外地的产业，如果没有结合本地的自然条件和产业的科学布局，这种东村复制西村的做法，就会使乡村形成同质化的产业，特别是有些地方政府喜欢用几千亩、几万亩的产业规模来制造政绩，很容易造成产业规模的好大喜功而连片同质化，没有产业特色就没有产业竞争力，很容易在丰收年导致产品卖不出去或价格不好，致使农民丰产不增收，形成乡村产业同化的风险。

王文强：实施乡村振兴战略是一个国家战略，离不开各级政府的投入、引导、服务，但政府也很容易出现求快或好大喜功的冲动，忽视市场配置资源要素的决定性作用、农民作为乡村振兴主体的决定性力量，包办一切，运动式推进乡村振兴，产生适得其反的效果。这类例子在以往的农村工作中并不鲜见。尤其是在引导资金向农村投入的过程中，一些地方政府忽视市场规律，喜欢大包大揽，如在推进农村"两权"抵押（住房财产权抵押和土地经营权的抵押）贷款中，由政府兜底担保，鼓励抵押贷款；在金融扶贫信贷中，政府全额贴息并承担风险，想办法让贫困户贷款。这实质上就是政府在为农民贷款，而且往往是规模较大的贷款。一旦在某个地方出现农产品滞销、自然灾害等问题，农民还不起贷款，则农民、政府、金融机构全部被"套牢"，形成区域性融资风险。这一现象不得不引起我们的警惕。推动资源要素向农村流动，是政府、市场、农民多重力量的推动，但需要各司其职、各担其责，尤其是政府不能越位，这应该也是乡村振兴的一条底线。

陈文胜：坚持农业农村优先发展，乡村振兴必然需要政府的优先投入。如何投入，中共十八届三中全会提出要更好地发挥政府作用的同时，要求发挥市场配置资源的决定性作用。无论是落实中央高质量发展的要求，还是按照市场经济的常识，都应该以具有确定性的成熟型产业的企业和专业大户为金融贷款的申请门槛或资格，支持扩大高质量产业的发展，从而优化品种结构、产业结构、区域结构，形成产业持续发展的长效机制。而在个别的产业扶贫工作中，特别是将产业扶贫贷款金额纳入扶贫工作考核的重要内容，却只有完成发放贷款的指标，缺乏任何贷款的门槛或资格的规定，使一些质量效益和竞争力偏低的产业、产品继续生产甚至扩大生产，严重偏离了中央提出的供给侧结构性改革战略目标，无疑将导致金融风险，影响了贫困地区产业发展质量变革、效率变革、动力变革的转型升级进程。

根据调研发现，个别地方的产业扶贫只是为了套取财政补贴。这种现象不仅是典型的形式主义，不能为贫困地区造血，而且在一定程度上是一种腐败行为，更为财政投入带来了不小的风险。

同时，扶贫干部大多没有做过生意，只能硬着头皮把贷款发放下去。一些地方的做法就是把贫困户的贷款投资到一个企业，贷款借据是贫困户签的，贫困户到投资的那个企业分红。问题是，这个贷款谁来偿还？基层干部反映，有些资金已经打了水漂，还有不少的企业、不少的产业发展前景不容乐观。所以在这个层面，我就感觉到债务风险、金融风险不小。要怎么样进一步规范？最核心的还是如何理顺政府和市场的关系问题。政府既不能不作为，也不能乱作为。有效的市场和有为的政府一直没有很好地对接起来，不负责任的时候说这是市场行为，要乱作为的时候说这是发挥政府的作用。

我既反对缺乏市场导向的农业发展方式，也反对放任市场对农业的控制。中国的农业和农民太弱势了，需要政府的全面的保护。美国有强大的农业，美国政府对农业市场的保护力度依然很大，日本政府对农业的市场保护更是全方位的。日本和美国虽是盟国，但是日本从社会到政府都坚决抵制对美国农业市场开放，而中国对美国农业市场开放的程度远远高于日本。

在市场风险下怎样建立保护小农户的市场保护体系？我们应更多的向日本学习。改革开放以前我们关注苏联的农业模式多一些，改革开放以后关注美国、新加坡多一些，但关注日本的不多。同为东亚小农社会的日本，重农、保护小农户一直是日本国家战略的一个基石。日本对农产品是垄断性经营，凡是经营农产品必须通过农协向农民下订单。而且日本从社会到政府形成了保护本国的农产品的高度共识，即使国外的农产品价格再便宜，品质再好也不买。学习日本，就是要建立一个保护小农户的市场体系。一方面提高农产品品质，一方面提高农产品价格。对于中国而言，耕地是稀缺资源，应该逐渐向生产特色高端农产品为主，低端产品逐渐要从具有耕地资源优势、大规模经营的农业国家进口为主。

七、中国农业发展的战略转型与目标

——对话杜志雄

作为全球的人口大国，"谁来养活中国"这一特殊的国情决定了农业发展在中国具有极为重要的战略地位。在现代化进程中，没有哪一个国家的农业发展像中国这样必须长期作为重中之重的国家发展战略。在新的时期，国内外的经济发展以及农业发展都发生了巨大的变化，中国农业发展的目标是什么？如何来评价今天的中国农民行为和诉求？陈文胜于 2016 年 12 月前往甘肃省嘉峪关市，对话挂职担任嘉峪关市委副书记的中国社会科学院农村发展研究所党委书记、博士生导师杜志雄研究员。

中国农业发展进入战略转型期

陈文胜：进入 21 世纪以来，中国农业实现了粮食"十二连增"，处于历史上发展最好的时期。回顾世界农业发展的历史，主要农业大国只有美国在 1975—1979 年、印度在 1966—1970 年实现过"五连增"。可以说，中国的农业发展为世界树起了"中国标杆"。农业所取得的这些辉煌发展成就，为农业的现代转型奠定了坚实的基础，使中国的农业发展站在了新起点上。

农业现代化是 18 世纪以来农业发展的一种前沿变化，是一个动态的过程，不同历史时期的目标和任务不同，发展形态和发展方式也不同。尽管当前中国农业发展仍然面临着不少难题，但已经实现了从过去全力解决温饱到今天全面迈向小康的历史跨越，从根本上告别了食品短缺的时代。那么，未来中国农业发展的目标是什么？与之相应的发展形态和发展方式是什么？

杜志雄：中国农业发展已经经历了一个巨大的历史飞跃，它彻底地告别了短缺经济，从根本上实现了"生存型农业"向"商品市场型农业"的转变。这种转变需要有农业发展核心目标、发展方式的相应转变，并且还要把农业放到国民经济发展的更大的宏观视域来审视，选择具体的转变路径和方法。最近我将个人的研究和观察重点放在既相互关联也相互独立的两个方面，第一是城镇化问题，随着中国劳动力市场的高度自由化，农业劳动力和人口向城市转移，这种转移的客观后果是什么呢？就是现在留在农村从事农业的人，要么年龄比较大，现代经营理念缺乏；要么耕地荒废闲置，农业资源利用率降低；还有就是非传统农民的新农业生产主体进入农业，等等。与这个问题相关，我所关注的第二个问题就是新的发展阶段，中国农业发展的基本目标是否应该做适当调整？究竟应该由谁来实现农业发展的新目标。

中国的宏观经济发展到现在这样一个程度，已经成为世界第二大经济体，但是从全面农业现代化的视角看，尽管在供给方面中国农业取得了了不起的成就，但相对于中国工业化、城市化、信息化整体发展现状，中国农业的现代化仍是落后的。这也是中央提出"四化同步"要求和目标的原因。同时，就今天的中国农业发展现实看，"四化同步"也隐含了一个谁是农业现代化的承担主体的问题。

同样值得重视的问题是，如前所述，改革开放近40年来，中国的农业从增长的角度或者说从农产品的供需关系的角度来说，已经取得了在整个人类历史上都没有取得过的成就，但由于生产方式的不合理、环境和生态友好性技术供给运用不充分，中国农业也付出了非常大的生态代价，生态透支支撑的农业增长方式不改变，还很难说中国农业真正地实现了现代化。

因此，讲"四化同步"也好，讲农业供给侧结构改革也好，尽管各自的内涵都十分丰富，但也都包含了农业生产方式和增长方式转化问题，都是中国农业现代化的题中应有之义。

中国农业现代化的多重目标

杜志雄：长期以来，中国农业发展的主导目标是两个，第一是农产品的稳定供给和保障粮食安全，第二个目标是提高农业生产者收入水平。这两大主导目标没有错，今后仍是主导目标。但我想强调的是，中国农业可能真的已经到了必须要有第三个主导目标的时候。第三个目标是什么？我把它界定为中国农业的可持续性。这个可持续性跟现在一般所讲的注重中国的农业生态环境问题、减少农药化肥使用问题等有共通之处但也不完全一样，我把它界定为"施加于农业生产资料（如土地）上的任何技术措施（如化肥、农药、种子、机械等等投入和使用）既不对农业生产资料（土地）及其产品质量本身、也不对农业以外的生态环境系统产生破坏性影响（负外部性），从而使农业作为一个整体成为可以连续和重复的过程的状态"。这三个目标要相互统一并驾齐驱，但在不同阶段、不同区域、不同产业等强调的重点可能也应该有所差别。比如说湖南，今天在继续关注农业稳定增长和农民增收的农业发展目标的同时，更要提升第三目标追求的重要性。旧发展方式下形成的重金属污染土地如何治理？如何转换生产和增长方式防止类似问题再新产生？与此相关的农业发展新目标至少在湖南的重要性显然是不断上升的。

这第三个目标的提出虽然具有理论和政策上的重要性，但可能仍然是不够的，还需要更加使这个目标变成可以对标的、可衡量、可控制的具体指标。之所以如此，我认为只是一种倡导、一种重视是不够的。我们认识到农业不可持续问题的时间也不短了，我记得文胜前些年在"长株潭""两型社会"建设背景下，专门有关于建立资源节约、环境友好"两型农业"的专著《论大国农业转型》。这个问题不可谓不被重视，但即使如此，问题仍然频出，这不得不令人深思。

所幸的是，这个问题越来越被重视，严格可控的指标体系也在逐步形成中，2016年上半年出台的全国农业可持续发展规划及相关指标的建立，正是农业发展第三目标形成和实践的具体体现。

陈文胜：非常赞同。农业发展目标的转型不只是一个效率问题，而应该是效率、环保、安全等多重目标的博弈均衡。当下中国处于传统农业向现代农业转型的关键阶段，农业发展目标的转型涉及农业发展因素、发展机制及发展路径和一系列结构的变化，主要包括基于技术进步的要素投入的变化、基于农业市场制度的增长机制的变化、基于资源环境约束的路径选择的变化，还包括农业产出结构、消费结构、收入结构、市场结构和制度结构等结构变化。

同时，伴随着时代的发展和社会文明的进步，农业功能也不断拓展深化。农业不再停留在简单的食品功能上，还被赋予了生态保护、环境调节、生物能源、观光休闲、文化传承、国际竞争等多重功能，就必然要求未来中国农业发展所赋予的多重目标。因此，我在《论大国农业转型》一书中提出，中国的农业发展，需要以资源环境约束下中国农业发展方式转变的多目标取向为逻辑起点，围绕中国农业发展面临的资源环境约束现状与趋势、中国农业发展多目标组成与结构、资源环境约束下多目标取向的中国农业转型决策等核心问题，在确保人口大国粮食安全的前提下，实现促进国民经济转型、加快城乡一体化发展、推进资源节约、保护生态环境、保障农产品质量、增加农民收入、提高农业效益等多重战略目标。

谁来实现现代农业的新目标和新形态

杜志雄： 要由两个目标向着 3 个目标转化，要使生态生产方式成为中国农业的主流形态，紧接的一个关键问题是，在现有农业生产者当中，究竟应该由谁来实现目标和形态转换的问题。

这里，具有生态自觉性的新农人的作用不可低估。我大概是"三农"学者当中较早关注中国新农人现象的学者之一。在 2013—2014 年的时候，我和其他几位研究人员一道，开始研究新农人现象，并将其视为中国农业新目标和新形态实现的主要引领力量。也许大家会问，新农人是什么？我曾经探讨过新农人的特征，其中我最为珍视的是其"基于生态自觉基础上的环境友好资源节约型生态生产方式的运用和创新"这一特征。

目前农业政策中高度关注新型生产和经营主体的培育。新型主体本质上就是"新农人"，他们理应成为实现第三个目标的最主要的载体。仍以湖南省为例，我们在长沙市望城一些地方调查发现，很多农场就在运用稻鳖混合生产技术、鸭子和螃蟹共养技术等等，这些不就是生态生产方式的具体体现吗？这是中国传统农业的智慧在现代生产条件下的一种回归。中国传统农业的智慧，很早就已经受到了国际社会的好评。如前些年翻译的《四千年农夫》，就是美国农业部土地管理局局长富兰克林·H·金在1911 年考察中国农业后的著作，这个著作十分肯定和推崇中国传统农业的生态生产方式，认为是解决当时西方石油农业存在问题的良药。今天这些中国传统农业的智慧也正在被新型主体和新农人重新认识和发扬光大，十分有利于解决中国农业发展的现实问题，也有助于中国农业发展第三个主导目标的实现。

包括家庭农场、合作社、种植大户在内的这些新型的农业生产经营主体，正在成为实现中国农业由"两目标"向"三目标"转化的主导性力量。不过，新型农业经营主体的培育在当前也面临一系列的制度障碍。这就涉及现在的农村改革，尤其是农地使用制度改革。农地使用制度改革最近有了新的进展，刚刚出台的"三权分置"，事实上它是把所有权、承包权、最终的使用权进行了一个合理的区分，并没有改变农村土地集体所有制的基本性质。在新的制度框架之下，"三权分置"的使用权人不一定是承包权人，合理有序进入农业的工商企业、农民自己成立的合作组织、农民家庭农场，都可以成为承包土地的使用权人，这就使得土地承包人和使用人可以分离。我认为这项改革是一个非常重要的进步，会对新主体培育等产生非常大的促进作用和积极影响。这项制度的出台，有利于未来的新型农业经营主体的培育，加速具有生态自觉性的新农人的出现，从而有利于实现中国现代农业的目标转化。

陈文胜：是的，按照人们的一般常识，一个身强力壮的劳动力就可以当农民。农业发展到今天，什么样的人才能成为新农人？以色列的农业是世界现代农业的典范。与之相比，中国是有着几千年连续耕种历史的鱼米之乡，以色列处于气候恶劣和土地干旱的沙漠；中国的农民祖祖辈辈以种田为生，以色列的农民是来自世界各地的移民，到以色列前也没有从事过农业。但是，与中国的农民相比，以色列的农民受过良好的高等教育。美国的农业现代化程度高，农业技术非常发达，农民的文化素质很高。可以做一个假设，如果把美国先进的机械设备和先进的农业技术以及肥沃而辽阔的耕地转移到印度，那么印度的农业现状仍然无法改变。因为印度农民的文盲率太高，根本无法使用美国先进的机械设备和先进的技术。中国、印度与美国、以色列的农业差距，与其说是市场体系的差距、现代装备的差距，还不如说是包含着科学技术等现代要素的农业劳动力素质的差距。从这一个层面上面来讲，对现代农业新目标和新形态的实现，新农人是决定性因素。

如何评价当前中国农民的行为和诉求

杜志雄：跨越生存农业阶段、进入商品和市场化农业阶段后，今天的农民行为分化十分严重。尤其是，今天我们所谓的农民不仅指传统意义上的身份农民，还包含有职业意义上的新主体、新农人。同时，处于不同经济发展环境的农民，其行为特征也有一定的差异，比如，这一年来在嘉峪关市挂职期间发现，作为典型的工业城市的嘉峪关，这里的农民人数也比较少，行为特征也有别于其他地方。这一切，使得我们今天评价农民的行为成为一个十分复杂的事。

整体上看，分析今天的农民行为，首先要努力避免民粹主义的态度，换言之，我们很难说农民或者最基层的、最草根的农民的所有行为及诉求都是理性的。农民的某些行为和诉求，尽管是现实存在的，但不能说这些行为就是合理的、所有诉求都要不加区分地满足的。后者实际上也根本做不到。

我们都是来自农村，父辈也都是农民。以我自己的出身和长期对农民的观察，即使到了今天，农民在很多方面仍然是有局限性的，不能够否认这个。中华人民共和国成立以后 17 年的中国农业的现代化进程，30 多年的改革开放，中国农民的生产和生活条件有了显著改善，诸如医疗、养老等社会保障在制度框架建立上也都取得了长足的进步。这是事实。但中国农民还很苦，部分农民被整个社会发展进程所边缘化、处于不利的生存状态也是事实。不过很难以此得出结论，说农民的行为都是理性、农民的所有的想法都是合理的。在很多的"三农"政策问题讨论中这种民粹主义的倾向的确是存在的。

因此，讨论中国农民的行为问题、农民的现代化问题、农村的现代化问题，千万不能简单地感情用事，尤其是不能站在代表农民利益的道德高地，不加区分地看待农民的行为和诉求。

其次，就占绝大多数的传统身份农民来说，缺乏自主发展能力、过度依赖各级政府的财政支持可能是农民现代化的最大问题。比如说嘉峪关市，这是一个典型的城市经济占主导，农民人数比较少的地级市。地方政府这些年往农村、农业和农民身上投入了大量的资源。这里农民收入相对较高，但是调查发现很多农民自己对应该发展什么，怎么发展，使用什么样的技术，怎么具有可持续性等问题根本就没有想法，这就是最大的问题。这个问题可能不仅仅是嘉峪关市，在全国各地都还比较普遍。

这种现象的产生，可能根源也不完全在于农民自身。我们的很多农业政策一味地着眼于"给"而不太重视对农民自主发展能力的培养也是重要原因。从人文关怀的角度，从中国农民对中国革命、对中国社会主义建设作出牺牲和贡献的角度，支持、帮助农民都没有错。但不能将此搞成一个无底洞。因此，如何认识现在的中国农民，如何导正农民的行为以及如何调整现在支持农民发展的一些宏观政策措施，是当前非常重要的一个问题。注重农民自主发展能力培育应该成为施政改革的重要方面。

今天中国农民的构成已经十分复杂，有传统的身份农民，也有新进入的农民。如何对待农民的前提是要认清谁是今天的农民。整体上，不能再简单地和不做区别地在整体上认为今天的农民都是天生的弱势群体，给农民超国民待遇。这是需要加以仔细分析和研究、要有新的认识的问题。现在推行的是土地"三权分置"、城乡户籍制度一体化、城乡公共服务一体化，在这种情况下按照现有的政策安排，那就意味着只要有一个农民身份，就永远可以在宅基地供给、农业减免税等方面享受一个超额的、超过普通公民的权利。长此以往，农村改革可能会很难突破。

对于学者来说，不能不加分析地沉迷于对农民利益保护的简单认同，保护程度更不能够超越发展的现实。比如农业的过度保护也很难就说是真正地保护了农民的利益。我们要有农民的情怀，要从人文关怀角度关注农民的利益的保护，这些都没有错。但是，还要向前看，农民，尤其是今天构成已然十分复杂的农民，都是中华人民共和国的一分子，也都应该为国家未来的发展作出应该有的贡献。保护农民利益和农民对社会、对国家的贡献在一定程度、一定意义上要取得一种平衡，只有这样，才是真正地保护农民，也才能推进社会进步。如果是一味简单地提保护农民利益，最终也并不一定能达到保护农民利益的目标。

另外，与其过分强调农民利益保护还不如强调农民权利的保护。这有很多人已经反复提到，这里就不再重复了。

陈文胜：回顾征收农业税费时期，社会上普遍觉得农民负担是"三农"问题的核心，基本上一边倒地认为，只要取消农业税就解决了"三农"的根本问题。后来不仅农业税费全部取消了而且还有各种补贴，不仅不收钱而且还发钱，"三农"问题解决了吗？特别是农民就满足了吗？农民现在的诉求已经不是减轻农民负担那么简单了，既有政治上平等的诉求，还有国民待遇上经济发展、社会公平的诉求；既有纵向对过去的比较，还有横向对发达国家的比较。美国的农民是怎么样的，日本的农民又是怎么样的，从电视上看得到，从网络上看得到。因此，农民问题已经由过去的负担问题转变为当前的发展问题，这是一个很大的变迁。同时，今天的农民，究竟是哪些农民？有东部沿海发达地区和城郊的农民，有中西部地区和偏远山区的农民；有种粮农民，有不种粮农民；有走南闯北的农民，有漂洋过海的农民，也有终生守望家园的农民；有住豪宅开豪车的农民，也有家徒四壁的农民。农民群体已经分化成不同的社会阶层，如何判断农民的诉求，需要具体情况具体分析，切忌将农民简单地概念化。

怎么看待谁都可以对中国的"三农"问题发声

杜志雄："三农"理论研究是一个门槛很低的领域，加之人不过3代都或多或少与农民有着一定的联系，故而在中国关注"三农"问题、针对"三农"问题发声的人非常多。这种谁都可以对中国"三农"问题发言、广泛参与公共政策讨论的现象，首先我们要承认它是社会进步的表现。这本该是一个对于解决"三农"问题有利的现象，因为关心的人多了，思想多了办法多了，更加有助于政府决策、有助于营造解决"三农"问题的社会氛围。

但是，事实可能也不尽然。发表的意见是不是符合中国农村的实际尤其是不是符合中国农村全面的实际？是基于对问题的全面整体的调查结论还是从一时一事、个别的案例出发？是从现实问题和矛盾出发基于中国实际寻求解决办法还是基于纯粹的理论演绎教条主义地提出解决办法？是出于公共利益、站在人民（农民）的立场上还是出于个人和小集团利益？从"三农"发声的实际看，这其中确实存在很多的问题，并且，一定程度上还把"三农"问题搞得更加混乱和复杂。

同中国经济社会发展进步一样，中国学术研究发展整体上也进入了相对比较理性和科学的阶段。社会到了需要理性、智慧的知识分子在继续保持有思想的观察者和倾听者身份的同时，从经济、政治、社会、文化等不同视角给出更加全面和科学的解释，提出积极和具有建设性的解决方案。否则，任何人都可以对中国"三农"问题发表意见的现象，就不一定能对解决中国当代"三农"问题产生积极影响。比如说，单从某一个局部、某些个别案例出发分析问题提出解决办法可能对社会形成误导，因为中国农村地域广、产业差异性大，农村的现实是如此复杂，我们可以随便找到证据证明我们的任何一个观点。再比如说，同样由于中国农村的复杂性，很难用一种理论、一个假设、一把尺子解释中国农村所有的现象和问题，否则很容易产生理论上的误导。从这个意义上说，中国"三农"理论需要从实际出发进行理论创新，真正提出具有中国自身特点的"三农"理论，绝不能拿现存的理论去生搬硬套。这一点，对于有一定话语权的知识分子更加重要，因为你有了一定的话语权，如果你对农业、农民、农村了解不深入，不是从现实出发，从理论到理论，那发出来的言论对解决"三农"问题、对促进整体社会进步没有一点好处。

陈文胜："三农"问题上升为全社会的道德意识，对解决"三农"问题不能说没有意义。但问题是，道德意识并不等于科学态度，特别是对农民客体化的那种道德关怀，经不起理性的审判。

因此，我担任乡（镇）党委书记时写过一篇《中国"三农"学界的几种倾向》，大胆对学界的一些现象做了这方面的归纳。一是理想主义倾向，把"三农"问题的解决方案，定位为"应该怎样"，却不分析现实的"可能"；不是实践验证理论，而是理论批实践。二是道德主义倾向，用道德包装起来，如果是属于要否定的群体就否定一切，如果是属于要肯定的群体就肯定一切；一些学者以农民的维权卫士自居，不寻求矛盾的妥协而是暗示甚至鼓励对抗，鼓吹对基层政府、基层组织革命而非改革，甚至在农民中进行煽动和宣传，鼓吹斗争学说，把农村社会撕裂成了一盘散沙。三是历史经验主义倾向，不顾经济全球化的大市场时代背景，动辄把问题归因于制度不合理，照搬照套中外的历史经验，用以指点中国"三农"问题的"江山"。四是新闻典型主义倾向。不做深入扎实的调查研究，不严肃思考问题背后的深层原因，用走马观花式的调查新闻式实录一些典型个案，抓住一些新闻"卖点"，引用一些道听途说的资料，加上自己的主观臆想，炮制出耸人听闻的看法，追求轰动效应。

当时，有人说，农村基层干部是"三农"问题的"罪魁祸首"，某个非常有影响的学者就提出只要精简乡（镇）机构、裁撤 1 000 万乡（镇）干部"三农"问题就解决了。精简乡（镇）机构就成为农村改革的重点，改来改去最后把乡（镇）政府法定的职能和权力都上收了，也就把农村社会稳定的第一道防火墙拆除了。对比农业税取消前后所发生的群体性事件就会发现，农村矛盾的爆发点从此由乡（镇）转移到了县级政权以上。对此，难道不应该反思吗？

八、农业供给侧结构性改革与农业现代化
——对话奉清清

中央对"三农"工作高度重视。习近平总书记在 2015 年 12 月召开的中央农村工作会议上指出:"必须看到,我国农业农村发展面临的难题和挑战还很多,任何时候都不能忽视和放松'三农'工作。"2016 年 1 月 27 日颁布的中央一号文件《关于落实发展新理念加快农业现代化实现全面小康目标的若干意见》,连续第十三次聚焦"三农",其中,"农业现代化"连续第三次进入主题。那么,"农业现代化"连续第三次"入题"有什么深刻意义?当前农业发展到底面临什么样的变局和难题?农业发展到底存在哪些突出问题?落实发展新理念加快农业现代化,确保如期全面建成小康社会,到底要在哪些方面着力?湖南日报社理论部奉清清就此与陈文胜进行对话。

农业现代化是关键

奉清清：中央经济工作会议[①]强调，推进供给侧改革是适应我国经济发展新常态的必然要求。2016 年中央一号文件（十几年一以贯之地聚焦"三农"）第三次将农业现代化写入主题。那么，湖南省作为传统的农业大省，推进农业现代化，对于推进湖南省供给侧结构性改革具有什么重大意义？

陈文胜：湖南省经济已经进入工业化的中后期，要解决的根本问题是如何推进资源优化配置，以保证经济持续快速增长，关键就是要提高消费拉动力和消费贡献率。其中仅靠投资在一定时期会带动经济的快速增长，但很难持续。马克思关于社会扩大再生产理论认为，生产资料生产的增长最终要依赖于消费资料生产和个人消费。因此，湖南省的供给侧结构性改革，重点是发展消费品产业，尤其是消费品工业。

按照经济学家霍夫曼的观点，产业的关联度有前向关联、后向关联、旁侧关联、旁侧效应。霍夫曼主张，以后向关联度最大的最终产品作为支柱产业。在消费品中间，食品工业是提供最终产品的产业，它的后向关联度最大，能够带动原材料、零部件、服务、物流等产业发展，弹力面很强，把它作为支柱产业是非常必要的。另外，消费品工业的就业率相当高，投入 100 万元的固定资产，重化工业最多提高到 94 个劳动力就业，而消费品工业可以提高到 257 个劳动力就业。

湖南省是劳动力大省，农业剩余劳动力多，所以消费品产业的发展可以在带动农村劳动力就业上发挥重大的作用。一来消费品产业六到七成的资源来自农副产品，而湖南省农业资源丰富；二来湖南省农村剩余劳动力有 1 200 多万，如果在本地发展消费品产业，把农产品生产、加工做好，产业链延长，就可以提供更多的劳动力就业，能够解决湖南省许多的社

---

① 指 2015 年 12 月 18 日举行的中央经济工作会议。——编者注

会、经济问题。所以，湖南省必须大力推进农业现代化，发展以农产品生产为主的消费品产业和市场，特别是要大力发展以农产品加工为主的消费品工业，这是湖南省供给侧结构性改革的关键所在。

农业仍是"四化同步"短腿

奉清清： 尽管农业现代化成就辉煌，但我注意到，2013 年，习近平总书记就指出"农业还是'四化同步'的短腿"，您是怎样理解其中的深刻含义的呢？

陈文胜： 首先要明确，在党中央强农惠农政策的有力支持下，"十二五"是中国农业历史上最好的发展时期。主要体现在第一次实现了 1949 年以来粮食产量"十二连增"，把中国人的饭碗牢牢端在了自己手中；农业机械化程度、农业科技水平、农产品加工转化全面提升，农业综合生产能力显著增强，传统农业加速向现代农业转变；农民收入实现"十二连增"，增幅连续 6 年高于城镇居民收入增幅。回顾世界农业发展的历史，主要农业大国只有美国在 1975—1979 年、印度在 1966—1970 年实现过"五连增"。可以说，不论从历史的标准还是当代世界的标准来衡量，中国的农业发展为世界树起了"中国标杆"。

但用现代农业的标准来衡量，中国农业基础设施薄弱、产业发展滞后、城乡差距大的现状没有根本性改变，农业低产业化、低市场化、低集约化的现状没有根本性改变，生产规模小、经营分散、效率低、科技含量低的现状没有根本性改变。农业发展仍然依赖资源和要素投入，这是资源环境无法持续承载的"负重之路"，是农产品供给缺乏市场竞争力的"低端之路"，是农民收入空间难以有效突破的"物本之路"。根本原因是农业发展方式滞后，是传统农业尚未根本转型。尽管粮食产量实现了"十二连增"，但粮食进口量、库存量同时增长，粮食安全面临着严峻挑战。因此，农业仍然是"四化同步"的短腿，推进供给侧结构性改革的重点是农业，难点也是农业。农业没有实现现代化，中国的经济发展就很难得到根本转型。

奉清清： 那么，我们能否"单兵突进""恶补"农业，把农业现代化这条短腿"加粗拉长"？

陈文胜： 当然不行！发达国家和地区的经验告诉我们：现代化是建立在工业化与农业、农村现代化协调推进的基础之上的。

农业现代化是一个复杂的系统工程，要和工业化、城镇化以及整个国家的经济社会发展结合在一起，要和世界经济走势联系起来考虑。因为工业化并非化工业而是化农业，城市化并非化城市而是化农村、化农民，新型工业化必然涵盖农业现代化。现代农业的发展过程，就是农业的水利化、机械化、信息化、规模化、集约化、商品化、市场化、产业化、标准化、生态化、组织化、企业化、专业化的过程，就是用现代物质条件装备农业，用现代科学技术改造农业，用现代经营形式推进农业，用现代发展理念引领农业，用培养新型农民发展农业的过程。只有农业发展了、农民富裕了，工业化发展的成果（即工业产品）才能有更广阔的消费市场。只有通过农业增效、农民增收来提高对工业品的消费，新型工业化才有进一步发展的基础。缺乏农业、农村的基础承载力、资源保障力和消费拉动力，工业化与城镇化就如无源之水，无本之木。

农业现代化面临四重挑战

奉清清： 当前，我国经济进入了发展新常态，农业面临一些怎么样的新形势、新机遇、新挑战呢？

陈文胜： 随着第二、第三产业的发展逐步进入相对成熟阶段，农业蕴含的巨大潜在价值正受到社会的青睐，以科技化、市场化、生态化为特征的现代农业正逐渐成为朝阳产业、高成长产业和具有长期稳定投资回报的产业，成为社会富余资金寻求投资的重要渠道，农业发展进入可以大有作为的新的机遇期。但面临的挑战也不容忽视。

一是世界经济发展格局分化与国际农产品市场的不确定性。世界经济在深度调整中曲折复苏，呈现分化格局，大宗商品价格普遍走跌，全球经济贸易增长乏力，保护主义抬头。而全球农产品供需区域差异显著，全球跨国粮商已经形成寡头垄断，加紧向发展中国家粮食产业链全面渗透，金融资本的投机行为、气候变化引起的生产波动更加剧了农产品价格波动。这些因素多重叠加，加剧了国际农产品市场的不确定性和波动性，如何防范世界市场风险传导，需要未雨绸缪。

二是国民经济发展速度减缓与农产品市场消费结构转型。我国经济结构性逐渐减速成为常态，势必将影响到对农产品的消费需求。同时，我国农产品消费已进入整体结构转型期，农产品消费增长将从侧重数量转而侧重质量、花色、品种、品牌；农产品生产和供给的对象和需求来源均呈现多元化，消费的档次化、个性化、多样性将成为常态。因此，如何通过结构性改革，创新农产品供给，激活新的市场消费需求，加快农业的转型升级，是亟待破解的难题。

三是农业要素投入成本不断攀升与资源环境约束日益强化。当前，农用生产资料、劳动力、资金、技术、土地等各种要素投入成本不断快速上涨，而国际主要农产品价格延续下跌，我国正承受着农产品成本"地板"上升与价格"天花板"下压的双重挤压；与此同时，适合现代农业要求的优质农村劳动力供给不足，耕地保护形势日益严峻，农业缺水问题突出，环境承载能力已经达到或接近上限，对农业现代化构成了严重的威胁。如何拓展农业发展空间，降本、提质、增效，成为农业现代转型的主攻方向。

四是农村资源要素配置机制滞后与城镇化对资源要素的强势争夺。相对于工业和城市，我国农村的土地、资本和技术等要素市场发展滞后，资源要素配置中的市场作用未有效发挥作用，制约了农村资源要素的优化配置与合理流动，资源要素的闲置、低效、"非农化"和城乡不平等交换的问题突出，资源要素持续流向城镇的趋势仍未得到根本性改变，使农业农村发展处于不利地位。如何推进城乡一体化的资源要素市场化改革，构建资源要素的优化配置机制，是进一步深化农业农村改革的关键。

DAGUO

推进农业现代转型的重心，是推进农产品
供需平衡由低水平向高水平跃升

奉清清：正如您所说，农业发展牵涉的问题很多，面临的形势复杂，那么，当前推进农业现代化的重心到底在哪里？

陈文胜：当前农业的问题突出表现在结构方面，主要是在供给侧。所谓供给侧是与需求侧相对应的，需求侧表现为投资、消费、出口三驾马车，供给侧则强调供给体系的质量和效率。我国农业发展到今天，农产品总量充足，温饱型农产品已经实现供需平衡甚至产能过剩，扩大温饱型农产品消费的空间越来越小，但中高端农产品消费的市场空间很大，而当前的农业供给存在数量与质量的结构性矛盾，中高端农产品供给不足，农业的多功能开发不够，难以适应市场消费结构转型的需要，导致供需错配，使得全要素生产率低，人力、资金、土地等成本居高不下，农业市场竞争力与效益难以提升。为此，中央农村工作会议①提出，要着力加强农业供给侧结构性改革，提高农业供给体系质量和效率，使农产品供给数量充足、品种和质量契合消费者需要，真正形成结构合理、保障有力的农产品有效供给。中央强调要高度重视去库存、降成本、补短板，并就消化过大的农产品库存量，发展适度规模经营，加强农业基础设施等农业供给的薄弱环节，推动一二三产业融合发展，保障国家粮食安全等进行了全面的部署。显然，中央农村工作会议为推进我国农业现代化提出了明确的方向：今后一个时期，推进农业现代转型的重心应该是加强农业供给侧结构性改革，推进农产品供需平衡由低水平向高水平跃升。

---

① 指 2015 年 12 月 24 日至 25 日召开的中央农村工作会议。——编者注

要着重解决五大问题

奉清清：与全国相比，湖南省农业既有共性也有个性。推进农业供给侧改革对湖南省意味着什么？湖南省推进农业供给侧改革要着重解决哪些问题？

陈文胜：湖南省大宗农产品供给在国内占据重要地位，但农产品的数量地位与质量地位不对称，农产品市场竞争力不强也是不争的事实，部分农产品难卖的情况屡屡出现，在全国农产品市场上，湖南省有市场竞争优势的农产品稀缺；在农产品出口贸易上，湖南省农产品能够走向世界的产品不多，并且大多是初级农产品，缺乏具有国际竞争能力的大企业和知名品牌农产品。因此，推进农业供给侧改革对于湖南省来说显得尤为重要，是实现农业由"大"到"强"转变的关键举措。结构性改革就是用改革的办法来解决结构性的问题。当前推进湖南省农业现代转型的重点是要解决以下问题。

一是解决农业扶持重点不突出的问题。湖南省农产品的品种很多，但没有品牌；农业的名牌企业很多，但没有王牌。实际上，湖南省具有很多特色的农产品，品质非常好，如果不加以扶持就会消失了。应该说这些特色的农产品，生产不是问题，主要瓶颈是加工和销售，需要政府加大扶持力度。因此，推进湖南省农业供给侧改革的关键，就是推进农业扶持政策由注重扶持农产品的规模化向注重扶持农产品的区域地标品牌化转变，立足各地资源、气候、市场供求变化，扶持发展"一地一品"作为名优特产品主攻方向，特别是加大对特色农产品和重点品牌加工和销售的扶持力度，注重对独特资源、传统工艺、农耕文化等的挖掘，促进农业结构向名特优新调整，以此彰显湖南省农业个性，增强农业竞争力。

二是解决信息不对称的农业服务体系滞后的问题。湖南省多种所有制形式的新型农业社会化服务机构成长缓慢，缺乏应有的制度规范和政策引导，农村信息化服务体系建设滞后，政府主导的公益性农业社会化服务短缺。这造成了农产品生产与流通的信息不对称，增加了农业生产的成本，降低了农业的效率，成为阻碍湖南省现代农业发展的重要因素。

三是解决农业发展"单兵推进"的问题。推进农业现代化，从表面上看是农业本身的事情，其实质是整个社会的经济发展结构问题。如果就农业发展农业，不把农业现代化的任务和措施纳入新型工业化、新型城镇化体系中来统筹谋划，农业发展方式就难以转变。近年来，湖南省在统筹城乡发展上不断迈出新步伐，但农业尚没有建立起城乡一体化的资源要素公平交换的市场体系，农业"单兵推进"的思维惯性和工作模式还在一定程度上发挥作用，农业要素的净流出格局未得到彻底扭转。

四是解决基层治理体系与治理能力较弱的问题。农业的基层组织凝聚力不强、服务能力弱小，没有发挥应有的生产经营组织功能，影响了农业集约化水平的提高。

五是解决农业管理与考核机制滞后的问题。当前，农业管理体系和考核体系没有形成面向市场的科学管理体系，特别是重数量轻质量、重种养轻营销、重规模轻效益的管理和考核体系，与当前市场化的现代农业发展不相适应，导致农业投入成本高，但整体效益难以得到充分发挥。

着眼于客观实际精准发力

奉清清：刚刚颁布的中央一号文件①明确提出了当前和今后一段时期农业现代化的发展方向、目标与任务，湖南省如何根据实际精准发力？

陈文胜：贯彻落实中央精神，必须着眼于湖南省的客观实际，全面优化湖南省农业发展总体布局。

一是优化湖南省农业区域结构。环洞庭湖地区做好"湖"字文章，着重推进优质稻、优质棉麻等优势大宗农产品和水产养殖业发展；大湘西地区做好"山"字文章，着重推进生态旅游、花卉苗木、特色种养业和林产

---

① 指 2016 年中央一号文件。——编者注

品发展；大湘南地区，做好"特"字文章，着重推进优质粮油、特色禽畜、特色果蔬茶、烟草等高效经济作物发展；"长株潭"地区做好"城"字文章，着重推进都市农业和农产品精深加工业发展。

二是优化湖南省农业品种结构。由注重农产品的规模化向注重农产品的特色化转变，大力开发农产品品种与地方气候、土壤、水质条件相适应的地方名优特产品，扶持发展地域标志的农产品品牌作为名优特产品的主攻方向。

三是优化湖南省农业产业结构。突出农产品加工度引导，形成农业产业链，培育湖南省农业的"中国名牌""驰名商标""著名商标"，提高名优特产品的市场营销与研发，提高知识产权保护能力，避免"金银花事件"的再次发生。

本文原载于《湖南日报》2016 年 2 月 13 日理论版。

九、品牌建设是优化农业结构的突破口

——对话奉清清

习近平总书记强调，把推进农业供给侧结构性改革作为农业农村工作的主线，培育农业农村发展新动能，提高农业综合效益和竞争力。总书记的话，提出了新时期中国农业发展的战略思路，确立了中国农业改革的主要方向。刚刚发布的 2017 年中央一号文件就深入推进农业供给侧结构性改革作出了全面的部署。那么，中央提出"农业供给侧结构性改革"有什么深刻意义？推进农业供给侧结构性改革的紧迫任务、现实途径是什么？如何以品牌建设优化农业的结构？湖南日报社理论部奉清清就此与陈文胜进行对话。

农业供给侧结构性改革的真正含义

奉清清： 中央历来重视"三农"工作，至今年①已经连续14年颁布有关"三农"工作的一号文件。今年中央一号文件的"关键词"，无疑是"农业供给侧结构性改革"。正如一号文件开宗明义的，这是基于"我国农业农村发展不断迈上新台阶，已进入新的历史阶段。"那么，我国当前农业发展处于什么样的新阶段？推进农业供给侧结构性改革的真正意义是什么？

陈文胜： 我国农业已进入亟待加快转型实现历史跨越的窗口期。

中国是一个人口大国，人多地少。长期以来，我们一直把保障农产品数量、特别是粮食数量摆在第一位。因此，我们所有的思路、所有的发展理念都是保数量，能够有饭吃就不错了，没有什么品质的要求。但自2004年开始实现粮食"十二连增"，中国缺粮现象得到改变。但过度注重粮食产量忽视质量，使农产品核心竞争力逐步丧失，使今天的农产品供过于求与供给不足并存，呈现出阶段性、结构性供需不对称的过剩特征，造成了粮食高产量、高进口和高库存的"三高"现状。比如现在湖南省的大米、东北地区的玉米大多放在仓库里面，尽管卖不出去，但因为有最低保护价，卖不出去农民还是继续生产，生产出来继续都放到仓库里去。

为什么会这样？根本原因就是农业生产没有跟消费对接。原来我们每餐吃四两米都还吃不饱，现在一天能吃多少米？饮食结构发生了根本性的变化。但农业生产结构没有随着消费结构的变化而变化，特别是粮食生产，只低头生产，不抬头看销路，生产与消费严重脱节。农业生产不与市场对接，不以市场为导向，就必然没有竞争力。

所以在这个意义上，农业供给侧结构性改革的真正含义，是要解决农业发展理念的问题。随着我国农业生产力的不断提高，使数量的保障能力

---

① 指2017年（本篇同）。——编者注

发生了质的飞跃，随着居民生活水平的不断提高，使消费结构发生了根本性的变化，我们应将农产品供给的数量保障上升到品种和质量保障的大转型，农业生产的数量导向要向质量导向转变，政府的行政导向要向市场导向转变。所以，农业供给侧结构性改革的真正意义，就是在中国农业发展进入战略跨越的关键阶段，提出实现农业发展思路的战略转型。

为了巩固农业的基础地位，国家对农产品以及农资价格进行政府直接干预和补贴，有力地调动了农业生产积极性，实现了中国加入世贸之后保护农业发展的阶段性目标。但过多的保护，扭曲了市场价格与供求关系，影响了市场机制的作用发挥，不仅推动了国内产量增加，导致农产品库存积压，也形成了国内外农产品价格倒挂，刺激粮食进口量大增。毋庸置疑，当前政府直接干预农产品价格的调控体系已难以持续，必然要求发挥市场供求对价格形成的决定性作用。按照中央一号文件的要求，加大农村改革力度，深化农产品价格形成机制改革，完善农业补贴制度，更好地发挥市场在配置资源要素中的决定性作用，是激发农业农村发展新动能的不二之选。

加快转型实现历史跨越，中国的农业发展战略绝不能仅仅定位于确保自己吃饭的单纯粮食安全。在当下传统农业向现代农业转型的关键阶段，农业被赋予了生态保护、环境调节、生物能源、观光休闲、文化传承、国际竞争等多重功能。特别是对于全球人口大国来说，农业具有强国民生存之根、固国家经济之本、增国际竞争之力的多重战略作用，必然要求中国农业发展在确保粮食安全的同时，实现促进国民经济转型、加快城乡一体化发展、推进资源节约、保护生态环境、保障农产品质量、增加农民收入、提高农业效益等多重战略目标。中央一号文件指明了实现路径：壮大新产业新业态，拓展农业产业链价值链，推进农业与相关产业的深度融合，提高农业全产业链收益，促进农业的多目标转型。

优化农业结构的主攻方向

奉清清：中央一号文件明确提出，推进农业供给侧结构性改革，要在确保国家粮食安全的基础上，紧紧围绕市场需求变化，以增加农民收入、保障有效供给为主要目标，以提高农业供给质量为主攻方向。那么，作为大宗农产品生产大省，湖南省推进农业供给侧结构性改革的现实途径或者说主要抓手是什么？

陈文胜： 如何加快国民经济转型，推进供给侧结构性改革？2016 年国务院办公厅下发了《关于发挥品牌引领作用推动供需结构升级的意见》，要求发挥品牌引领作用，推动供给结构和需求结构升级。这就真正找到了供给侧结构性改革的战略着力点。品牌是竞争力的综合体现，随着消费结构不断升级，消费者越来越讲究品牌消费。相对旺盛的品牌农产品需求，我国农业不仅供需结构矛盾更为突出，而且品牌发展的水平比工业更低。就拿湖南省来说，水稻产量全国第一，湘米品名 200 多个，却没有几个叫得响的品牌；猪肉产量全国前三，但每年需外调大量种猪，诸多外地猪肉品牌入湘；湘茶、湘果等农特产品的品种很多，却少有叫得响的王牌。农产品数量、产量地位与质量、品牌地位不对等，农业竞争力只能不尽人意了。

因此，要解决当前湖南省农业的问题，推进农业供给侧结构性改革，首先就要明确战略着力点就是发展农业品牌！

为什么会这样子？农业生产不像工业生产，工业生产对象一般是无机物或结束了生命的有机物，而农业生产是利用生物的生命活动进行的生产，农业发展不仅仅是要遵循经济规律，而且更要遵循生命规律、自然规律。

一是什么样的地域生态环境决定着生产什么样品质的农产品。橘生淮南为橘，生于淮北则为枳。农业生产以自然再生产为基础，生态环境的地域差异决定着农业生产的地域分工，不同地域的土壤、降水、光照、积温等生态环境不同，决定了不同地域生产的农产品品种、品质不同。正是农业生产的这种自然选择，决定了什么样的地域生态环境生产什么样品质的农产品，形成了区域专业化生产规模。从现有的品牌农产品来看，无一不是独具特定地标符号的产品，包括特定的地域品种、特定的地域环境、特定的地域种养方式、特定的地域文化历史传承、特有的营养价值。因此，围绕地标区域性、资源稀缺性、产品唯一性、品质独特性和不可复制性打造农产品区域地标品牌，是有效化解当前区域农产品的同质竞争造成"高库存"困境的突破口。

二是什么样品质的农产品决定着什么样的市场品牌价值。在日益激烈的农产品市场竞争中，产品的品质决定着价值和影响力。农产品生产具有鲜明的地域性，在特定的生态环境条件下生产的农产品都有其特定的品质。在湖南省，经过长期的自然选择以及与自然规律相适应的现代技术手段，形成了众多品质优良、独具地域特色的地标性农产品。2016年湖南省评选出来的十大农业品牌，不仅形成于特定的生态环境，具有地域特定条件下独特的文化底蕴、工艺技术，而且是经过自然和人工手段优胜劣汰的，能适应或引领消费者对品质的需求，因而在市场上表现出较强的比较优势。由于这种优势是其他地域所不能模仿的，因而也是最具有市场竞争力和市场品牌价值的。

三是什么样的产地区域范围决定着什么样的品牌产品生产规模。农产品的生产，取决于地域的生态环境和人们对生态资源的利用方式，对应的是特定农产品品种和人工培植手段。从地域生态环境来看，农产品生产的品种和品质取决于特定的生态环境，同一农产品离开特定的生态环境就会形成不同的品质差异；从人工培植手段来看，种养的密度、规模、工艺等必须与生物的生长繁育规律与生态环境的承载力相适应，尽管科学技术的创新和突破可以改造农业生产方式，提高农产品的产出率，但前提仍然是遵循农业的自然规律，如果超越生态环境的阈值就会适得其反。显然，地标品牌农产品的培育与发展，必须遵循农业生产规律，以特定地域范围及其资源承载力为基准，走符合地域实际和市场趋势的特色道路。

因此，中央一号文件提出优化产品产业结构，做大做强优势特色产业，要求推进区域农产品公用品牌建设，强化品牌保护。因为品牌代表着农业供给结构和需求结构的升级方向，无疑是推动传统农业向现代农业跨越的现实途径。

推进区域农产品公用品牌建设

奉清清：前不久，湖南省政府办公厅发布了《关于进一步加快推进农产品品牌建设的指导意见》，就以农产品品牌建设促进农业加快转型升级，提高农产品供给体系的质量和效率提出了明确要求和具体举措，这为湖南省的区域地标品牌建设提供了有力保障。我们要如何借中央一号文件"东风"，推进区域农产品公用品牌建设，打造区域特色品牌，以品牌建设优化湖南农业结构？

陈文胜：农产品区域地标品牌就是农业供给侧结构性改革的战略着力点。湖南省要以市场为导向推进全省农业的区域结构、产业结构、品种结构的全面优化。

需要明确的是，农产品的区域地标品牌与农产品的商标品牌，是两个不同的概念。区域地标品牌是生产的产地归属，关键是产地在哪里，包括特定的区域品种、特定的生态环境、特定的种养习惯、特定的风俗文化、特有的味道和营养价值。至于农产品商标那是另外一个概念。一个农产品一旦生产出来，无论是加工水平再高，还是营销手段、"互联网＋"的运营模式再好，也无法改变农产品的品质。

作为农产品而言，地域性越小就越有特质，也就越具有品牌特性，如果泛化反而没有特色。综合来看，以县域来确定一个农产品地标品牌的区域比较合适。湖南省县域众多，一方山水养一方人，每一个县必然有一种农产品有它的特殊品质。但每一个县不是所有的农产品都能成为品牌，很可能这里茶叶是品牌而水果不是品牌。所以，"一县一品"不是说所有的农产品都"一县一品"，那是不可能的。

中央一号文件要求，强化科技创新驱动，引领现代农业加快发展。落实到农业品牌建设，这就要求我们加强农业科技研发和农技推广。前提还是要全面进行全省县域的农业土壤普查以及相应的传统优质农产品品种普查，弄清楚每个县域到底适合种养什么及其哪些品种，让那些地标品牌得到全面保护和发展。

围绕农产品品牌战略加快转型

奉清清：中央一号文件强调，加大农村改革力度，激活农业农村内生发展动力。建设农产品区域地标品牌，是不是也存在着激化内生动力的机制体制改革问题？我们要从哪些方向突破？

陈文胜：显然，农业政策要围绕农产品品牌战略加快转型。如果还是沿用计划经济的思路，湖南农业的竞争力就根本没有办法提高。要着力3个"推进"。

第一，推进农业总体结构优化。要以区域空间布局为突破口，全面进行农业生态环境区域普查，制定与生态环境相对应的区域农业品种发展规划，以区域地标品牌为导向优化农业区域结构，以农业资源环境为基准优化农业品种结构，以地标品牌经营为引领优化农业产业结构。

第二，推进区域地标品牌体系建设。按照中央一号文件的要求，大力推行绿色生产方式，加强农业标准体系建设，强化农产品产地环境保护治理和质量安全监管，加快推进水土污染的治理和传统污染型种养业的退出，增强农业可持续发展能力。强化农业科技创新驱动，着力选育开发地方名特优产品品种，重点推广优质专用品种和节本降耗、循环利用技术模式，加强农业从业者的科技素养与品牌经营能力培训，培养适应现代农业发展需要的新农民。

第三，推进农业农村发展政策转型。要改革湖南省现行的农业支持政策，突出将具有品质与市场竞争力的地域品牌作为政策扶持的重点，从扶持农业经营主体的规模化经营转变为扶持经营主体的品牌化经营，从注重农产品的产量考核转变为注重区域地标品牌考核，以此实现农业发展政策从确保农产品的数量优先，向结构转型的质量优先跨越。

本文原载于《湖南日报》2017年02月09日。

十、让农民当家作主是乡村治理的本质

——对话化定兴

习近平总书记在党的十九大报告提出实施乡村振兴战略，健全自治、法治、德治相结合的乡村治理体系。为深入贯彻落实党的十九大精神和《中共中央、国务院关于实施乡村振兴战略的意见》部署要求，统筹推进农村经济建设、政治建设、文化建设、社会建设、生态文明建设和党的建设，加快推进乡村治理体系和治理能力现代化，2019 年 6 月 23 日，中共中央办公厅、国务院办公厅印发了《关于加强和改进乡村治理的指导意见》（以下简称《指导意见》）。那么，乡村治理中的核心问题是什么？《指导意见》旨在解决什么问题？就相关话题，《清风》杂志化定兴与陈文胜进行了对话。

现代化的关键在乡村

化定兴：党中央、国务院高度重视乡村治理工作，在全面实施乡村振兴战略的关键时期，中共中央办公厅、国务院办公厅印发这个《指导意见》有何深意？

陈文胜：为应对世界局势的发展趋势和长期执政的必然要求，全面实现现代化政党转变，党的十八届三中全会提出了推进国家治理体系和治理能力现代化，这被称之为第五个现代化。而中国现不现代化，关键在乡村。习近平总书记在党的十九大提出，开启全面建设社会主义现代化国家新征程的同时，要求实施乡村振兴战略，推进农业农村现代化。基层不牢，地动山摇。乡村是国家最基本的治理单元，是国家治理的基石。乡村治理体系和治理能力能否现代化，决定着乡村能否全面振兴，决定着国家治理体系和治理能力能否全面现代化。

作为进一步落实乡村振兴战略的重要文件，《指导意见》明确要求推进乡村治理体系和治理能力现代化，以夯实乡村振兴的基础，补齐乡村治理的短板。明确了乡村治理体系和治理能力现代化的战略方向和战略重点：建立健全党委领导、政府负责、社会协同、公众参与、法治保障、科技支撑的现代乡村社会治理体制，健全党组织领导的自治、法治、德治相结合的乡村治理体系，构建共建共治共享的社会治理格局，走中国特色社会主义乡村善治之路，建设充满活力、和谐有序的乡村社会。也明确了乡村治理体系和治理能力现代化的时间表、路线图：到 2020 年，现代乡村治理的制度框架和政策体系基本形成；到 2035 年，乡村治理体系和治理能力基本实现现代化。从而把推进乡村治理体系和治理能力现代化摆到治国理政的关键位置，纳入"五位一体"总体布局和"四个全面"战略布局进行决策部署，吹响了全面推进农业农村现代化的号角。

化定兴：您认为这个《指导意见》旨在解决哪些问题？

陈文胜：由于改革开放以来中国经济社会的快速转型，城乡人口大规模流动，乡村社会已经由"熟人社会"加快向"陌生人社会"演进，而乡村治理体系和治理能力的现代化水平滞后于经济社会发展进程。存在的问题突出表现在，农村基层民主管理制度不健全，乡村干部权力任性，小微权力腐败问题突出，不仅造成不少乡村基层党组织软弱涣散，严重损害了农民利益，损害了党的形象；而且使农民当家作主失去了组织保障，造成农民在乡村治理中的主体地位难以实现，农民在乡村社会公共决策中的表达意愿渠道难以畅通，难以激发农民的自主能力去创造真正属于自己的生活。久而久之，形成了政府主体、农民客体的状况，农民的依赖性越来越强，越来越处于服从地位，越来越丧失自主能力和创造能力。

《指导意见》明确要不断增强广大农民的获得感、幸福感、安全感，我认为核心问题就是如何加强党的领导和如何实现农民当家作主。推进乡村治理体系和治理能力现代化的根本目的，就是保证和支持广大基层村民群众实行自我教育和自我管理，是人民当家作主落实到国家政治生活和社会生活之中的最直接体现。坚持农民的主体地位、让广大农民当家作主是乡村治理的本质和核心，是乡村治理的出发点和落脚点，这是以人民为中心的根本政治立场所决定的。

中国幅员辽阔，各地乡村具有不同的资源禀赋和历史文化，而随着社会的加快转型，乡村社会从封闭不断走向开放，单一的治理手段无疑难以应对差异化、多元化的社会现实。有效的乡村治理，就必然要求尊重各地的客观情况，在党的领导下尊重各地的村民群众意愿，以自上而下制度建构的法治为保障，探索以德治为引领、以自治为核心的差异化治理，乡村发展才能具有自主性，广大农民才能成为乡村振兴的真正主体。

乡村治理中最大问题是错位、缺位、越位

化定兴：据您观察，目前乡村治理必须着力解决哪些问题？

陈文胜：当前乡村治理必须着力解决乡村权力运行如何规范的问题，以及乡村权力监督制度如何健全的问题。我认为，关键之一就是建立公开

透明的乡村公共产品供给机制。由于公共决策过程、惠农项目和资金使用等信息没有公开透明，就给乡村公共权力留下了腐败空间。对乡村公共服务项目和资金，上级职能部门普遍重投入轻监管，项目和资金下拨到村里，相关信息公开不到位，不仅容易发生腐败，而且不少成为摆设缺乏实效、造成巨大浪费。

关键之二就是建立权力制衡的乡村公共决策机制。当前乡村治理中的最大问题是：错位——干了群众不需要的事；缺位——该干的事没干；越位——干了不该干的事。其中深刻的根源就是，决定权要么集中在上级政府，要么集中在乡村组织负责人手中，农民群众缺乏公共决策的参与机制、表达渠道，更谈不上对与自己利益息息相关事项的决定权。所以，"干部很努力，群众却无感"。而且由一个人或少数人说了算，缺乏日常的权力制衡、面对面的权力监督，必然导致腐败。因为涉及乡村公共服务的部门较多，点多面广线长，监管工作难以落到实处，即使从严查处也只能作为救济措施。

关键之三就是建立权责明晰的乡村公共管理机制。上面千条线，下面一根针。在属地管理的原则下，乡村是个筐，什么都往里装，造成乡村组织权责不对等而不堪重负。必须按照中共十八届三中全会的改革精神，明确政府与社会的权力边界，理顺政府与市场的关系，放权于社会，放权于基层，才能激活基层与社会的发展活力。同时，以法定职责为依据，按照权责对等的原则，界定基层组织的责任范围，划分县级党委、政府及其部门以及乡镇的权责，切实为基层政府和基层干部减负减压。

化定兴：在和一些基层干部接触中，发现他们疲于应付各种任务，几乎没有时间思考当地该如何发展，问题主要出在哪里？

陈文胜：在党中央全面整治官僚主义、形式主义之时，基层干部"5+2""白加黑"的工作与生存状态再次成为社会关注的焦点。党的十八大以来执行最严格的中央"八项规定"，在纠正"四风"取得显著成效的同时，形式主义、官僚主义在一些地方特别是基层却愈演愈烈。官僚主义、形式主义的两大突出表现，就是运动化和样板化，通过工作规划总结、检查督导、考核评比、大小会议与文件，在"一票否决"下扭曲为所谓的"压力型"乡村管理体制，乡村基层组织几乎没有多少时间精力来谋划和推进经济社会发展。

本来建立工作责任目标考核机制是层层传导压力、高效推进工作落实的重要举措，是确保各项决策在基层落地、让百姓拥有实实在在获得感的有效保障。而在现实中，不重疗效看疗程。比如环保问责，不是核查环保治理的成效，而是核查是否按照规定完成了集中学习次数，是否有学习记录，是否下发相应落实文件，是否召开相应落实会议以及相应会议记录、宣传照片，这些就成为工作考核的重要内容，仿佛认认真真搞完这些形式，环保工作就大功告成；而环保工作之所以出现这些问题，就是因为未能扎扎实实走完这些过场，这是官僚主义、形式主义在现实中的典型表现。脱离了工作实效，背离了群众是否满意这个根本标准，在某种程度上就是上级有个别部门有任意的自由裁量权，造成权力越位。

正如吴仁宝所言，形式主义是对付官僚主义的法宝。由于按规定需要召开的会议太多，一些地方开会要布置 3 个会标，基层干部参会要带 3 套衣服，换一个会标就是换一个会议，换一套衣服就是又开了一个会议，一个上午拍 3 次照片就是召开了 3 个不同会议。因为考核问责已经脱离了工作实效，基层不搞形式主义，不要说在各类考核督查的追责中无法通过，就是在巡视中也难逃违反政治纪律的拷问。所以，不少惠农政策，高层认为是为农民办好事，因一些部门不切实际搞一刀切，造成农民不接受，而基层干部迫于上级追责压力，为了完成任务不顾群众实际需要用行政手段强行推进。所以，官僚主义、形式主义的运动式推进、压力型治理，造成农民不满意、基层不满意、中央不满意，且人人都累、人人都怨的基层现状。

从根本上整治官僚主义、形式主义，优化乡村治理结构，必须推进政府供给侧结构性改革：公共产品供给结构要从政府决定向群众主导转变，考核导向要从注重工作过程向工作结果导向转变，职能边界要从属地管理向职权管理转变，治理机制要从单一治理向多元制衡转变，基层组织建设要从领导群众到发动群众转变。简而言之，就是公共产品与公共服务的供给侧要服从农民需要，交由农民决定。

吸引新乡贤必须有制度创新

化定兴： 现在农村一个重要问题是人才大量外出，没有人才，乡村振兴就很难，您如何看？

陈文胜： 根据经济学的"收益递减规律"，在工业化进程中，农业效益递减与工业效率递增、农业在国民生产总值的比重不断下降不可逆转，分别以工业、农业为主的城乡差异性就必然长期存在，使农业的持续发展成为人类社会在现代化进程中任何国家都无法回避的共同命题。特别是工业化、城市化会导致农业人口不断下降、人才不断流向城市，加上农民平均年龄的不断老化，使不少村庄因此消失，这是几乎所有现代化成功国家都经历过的发展阶段。如日本的城镇化率已经达到了 93％，而工农城乡差距至今依然存在。有数据显示，日本农业劳动力的平均年龄远高于中国农业劳动力的平均年龄 10 岁左右，农民老龄化与农村人才流失是几乎所有现代化成功的国家都未能根本解决的难题。中国在过去农村的基层实践中，派大学生村官也好，派工作队也好，也未能从根本上改变乡村人才流失的趋势。

尽管乡村人才是振兴的关键，但在市场经济条件下，乡村产业比较效益的高低才决定着乡村人才的去留。因此，习近平总书记把"产业振兴"摆在"五个振兴"中的首要地位。只有抓好了产业兴旺这个实现乡村振兴的战略重点，突出农业农村优先发展，打破城乡二元结构，加快清除阻碍城市要素下乡的各种障碍，推动城乡人才资源双向流动，促进乡村产业高质量发展，使乡村产业的功能不断拓展、价值不断凸显，增值能力和比较效益不断提升，才能逐渐改变长期以来人才由乡村向城市单向流动的局面，吸引越来越多的人才投身乡村创业，为乡村振兴提供有力的人才支持。

化定兴： 原先的乡村发展，当地乡绅发挥了不少作用，现在的乡村结构发生了很多改变，很难用原先的模式，所以目前不少地方号召乡贤回乡带领当地发展，您认为这个模式如何？

陈文胜：乡贤文化是根植于中国传统乡村社会的一种文化现象，曾为社会的稳定、中华文明的传承起到了重要的作用，集中体现在建设乡村、改善民生、谋利桑梓等方面的群体追求和家国情怀。尽管现代文明已成为时代发展大趋势，成为实现乡村变革的推动力。但乡村以血缘维系家族和邻里的传统关系依然广泛存在，这就为新乡贤提供了发展的土壤。随着乡村振兴战略的实施，城乡融合的不断加快，关注和献身乡村的新乡贤不断回归，正在为农业农村现代化增添新鲜的血液。

但当前的户籍制度与土地制度下，如何吸引新乡贤还必须进行更多的探索和制度创新。应出台相应的政策措施，建立乡村"新乡贤"形成机制，不仅要提倡离退休官员、知识分子和工商界人士"告老还乡"，形成"新乡贤"回乡施展才能的社会舆论氛围，使乡村精英从乡村流出再返回乡村成为城乡双向流动的良性循环，而且要通过亲情、友情、乡情留人，让"新乡贤"们能够在乡村找到归属感，提高"新乡贤"回归农村、留在农村、建设乡村的自信心和自豪感。

本文原载于《清风》杂志 2019 年 8 期。

十一、农业大省的乡村振兴之路
——对话奉清清

习近平同志在党的十九大报告中提出坚持农业农村优先发展，实施乡村振兴战略，推进农业农村现代化。这是党中央着眼于全面建成小康社会、全面建设社会主义现代化国家作出的重大战略决策，为新时代"三农"工作指明了战略方向、明确了战略重点。2018年中央一号文件，对推动乡村振兴战略的实施进行了具体部署。湖南日报社理论部奉清清就此与陈文胜进行对话。

乡村振兴战略的根本要求

奉清清： 党中央历来重视"三农"工作，连续十几年的中央一号文件都是关于加强农业、农村、农民工作的。在此基础上提出实施乡村振兴战略，有什么深刻背景？

陈文胜： 党的十九大提出实施乡村振兴战略，这是党在"三农"理论和实践上的又一重大飞跃，是针对城乡关系与农业农村现代化的发展趋势作出的战略部署要求。

我认为，推进中国的全面现代化，最关键的问题就是要破解一个重大的新时代难题：如何在人口不断向城市集中的同时避免乡村空心化？如何确保广大农民同步迈入全面小康？乡村振兴战略坚持农业农村优先发展，就从根本上要求改变乡村长期从属于城市的现状，明确乡村在全面建成小康社会和现代化建设中的突出地位和在城乡关系中的平等地位；从根本上要求改变以工统农、以城统乡、以扩张城市减少农村减少农民的发展路径，明确城乡融合发展是推进农业农村现代化的有效途径。

同时，我国社会主要矛盾已转化为人民日益增长的美好生活需要和不平衡不充分的发展之间的矛盾。毋庸讳言，城乡发展最不平衡，农村发展最不充分，受发展不平衡不充分影响最大的是农民。乡村当然是我国全面现代化的短板，乡村现代化的水平就决定了整个中国的现代化水平，能不能实现现代化的关键在乡村。所以，习近平总书记说"小康不小康，关键看老乡"，把农业农村能不能实现现代化作为评判现代化的根本标准。

激发城乡发展新活力的迫切需要

奉清清： 湖南省是农业大省，实施乡村振兴战略有什么特殊的意义？

陈文胜： 湖南省实施乡村振兴战略意义尤为重大。

一方面湖南省的城镇化率一直低于全国平均水平，农村人口占比大、基数大。当前农村经济发展水平偏低、城乡公共资源配置不均衡、城乡要素配置不合理、农村公共事业发展滞后等问题相对于发达地区更为突出，尤其是农业转移劳动力多，农村空心化更严重。通过实施乡村振兴战略，健全城乡融合发展的体制机制，培育农业农村发展新动能，是激发湖南省城乡发展新活力的迫切需要。

另一方面，湖南省全面小康建设还很不平衡。全省有 200 多万贫困人口，农民收入整体水平偏低。决胜全面小康、建设富饶美丽幸福新湖南，主要是要坚决打赢精准脱贫攻坚战。实施乡村振兴战略，无疑是确保所有农村地区和农村人口一道迈入全面小康社会、实现共同富裕的关键抓手。

当然，湖南省具有优越的自然环境和历史悠久的农耕文化，积累了丰富的精耕细作技术经验和农业品种资源，具有作为东部沿海地区和中西部地区过渡带、长江开放经济带和沿海开放经济带结合部的区位优势。近年来湖南省经济实力明显提升，农业发展取得了长足的进步，乡村振兴既有良好的基础与条件，也有巨大的潜力。新时代的乡村是一个可以大有作为的广阔天地。实施乡村振兴战略，更好地发挥湖南优势，可以加快农业强省的步伐，实现农业大省向农业强省转变。

抓住产业兴旺这个关键

奉清清： 本月①10 号，中共湖南省委、湖南省政府印发了《关于实施乡村振兴战略开创新时代"三农"工作新局面的意见》，也就是中共湖南省委一号文件，这个文件的最大亮点在哪里？湖南省政府力推农业"百千万"工程促进产业兴旺，您怎样评价？

陈文胜： 中共湖南省委一号文件最大亮点就是抓住产业兴旺这个乡村振兴的关键，明确把打造以精细农业为特色的优质农副产品供应基地作为

---

① 指 2018 年 4 月。——编者注

主攻方向，提出实施质量强农、产业融合强农、特色强农、品牌强农、科技强农、开放强农六大行动，使湖南省促进产业兴旺有了具体的战略措施，为增强乡村发展内生动力，夯实乡村"五位一体"建设的物质条件提供了坚实保障。

尤其是为贯彻落实中共湖南省委一号文件精神，湖南省政府下发了《关于深入推进农业"百千万"工程　促进产业兴旺的意见》（以下简称《意见》），该《意见》对实施"六大强农行动"作出了全面具体的部署，并明确构建金融服务、社会化服务、创业服务、电商服务四大支撑体系和搭建信息服务、产权交易、农机服务三大公共服务平台，内容都是真招实策，条条都有真金白银，把"坚持农业农村优先发展"的要求真正落到了实处。在财政资金投入上突出重点、不撒胡椒面，注重引导与服务、发挥财政资金的撬动作用，较好地处理好了政府与市场的关系，把握住了"使市场在资源配置中起决定性作用，更好发挥政府作用"的重要原则，必将对湖南省农业现代化产生强有力的推动作用。

找准主攻方向与具体抓手

奉清清：习近平同志在参加十三届全国人大一次会议山东代表团审议时强调，要推动乡村产业振兴。推动湖南省产业兴旺，主攻方向与具体抓手在哪里？

陈文胜：中央农村工作会议明确要求，坚持质量兴农、绿色兴农，农业政策从增产导向转向提质导向。从主攻方向来看，湖南省具有农业生产优越的自然环境，但人多地少，且大部分地区为山丘地形，农业发展既要充分发挥区域资源优势，又要破解耕地条件的制约，应走有别于平原地区规模化农业的现代农业发展道路。为此，《意见》明确把打造以精细农业为特色的优质农副产品供应基地作为产业兴旺的主攻方向，找准了有湖南特色的乡村产业振兴之路。

从具体抓手来看，在党的十八大以来，湖南省农业现代化取得重大成就，最重要的举措就是大力实施了"百企千社万户"现代农业发展工程和"百片千园万名"科技兴农工程，抓住新型农业经营主体培育、平台建设与科技创新三大关键，把政府引导与市场主导有机结合起来，较好地激活了要素、主体与市场。《意见》把质量兴农、绿色兴农的要求具体化为湖南的"六大强农行动"，结合新形势与新要求，把两个升级版的"百千万工程"贯穿在"六大强农行动"之中，要求更加明确，措施更加有力，必将为湖南省农业全面升级，实现农业强、农村美、农民富提供强有力的推动力。

围绕乡村振兴补齐三块短板

奉清清："木桶理论"认为，一个木桶的容量，取决于最短的那块板子，因此，短板是关键。湖南省农业农村发展的短板在哪里？在实施乡村振兴战略中如何补齐这些短板？

陈文胜：湖南省近年来农业农村发展不断取得新成就，但也存在突出的短板。具体来说，有 3 块短板。

农产品总体质量不高。尽管湖南省粮食等大宗农产品产量位居全国前列，但农业结构单一，产品区域特色不明显，种养产业良莠不齐；主要农产品低品质居多，市场需求旺盛的特色优质农产品供给不足；农产品品牌偏少，"三品一标"数量较少，尤其是"一标"的数量在中部最少，在全国叫得响的品牌也很少，农业市场竞争力不强；产业链融合水平偏低，比如农产品加工业产值不小，但加工业利润总额还不到河南省的 1/3。

农民增收后劲乏力。尽管近年来湖南省农民收入状况得到明显改善，但与全国及中部其他省份比较来看，农民收入水平偏低，尤其在国民经济增速下行的大背景下，农民增收幅度不断放缓。2017 年，湖南省农村居民人均可支配收入增长率由 2014 年的 11.4％，下降为 8.4％，创下多年来的新低，低于 2016 年增幅 0.1 个百分点，低于 2017 年全国农村居民人均可支配收入增幅 3.7 个百分点，低于 2017 年全省城镇居民可支配收入增幅0.1个百分点，城乡居民收入的绝对值差距持续拉大。

农村资源环境问题比较突出。尽管农村水电路讯等基础设施条件不断改善，但资源环境约束正在加剧，耕地重用轻养，质量不断退化，据有关统计，目前湖南全省中低产田面积占耕地总面积的比重达67.7%，土壤酸化明显，耕作层不断变浅；资源利用粗放，农业主要作物氮、磷、钾肥利用率低，农药年施用量亩均用量高出全国20%，农膜回收率不到80%，导致农业面源污染较严重；城市污染向农村扩散，受工业与城市污染的耕地上千万亩，需要治理的重金属污染地还有上百万亩，湖南省建设生态宜居美丽乡村的任务十分艰巨。

从四个方面着力打好"组合拳"

奉清清： 看来，补齐农业农村发展的突出短板，是湖南省实施乡村振兴战略的当务之急。如何对症施治呢？

陈文胜： 我认为要从4个方面着力，打"组合拳"。

在提升农业效益与竞争力上要以品牌建设为引领。应强化地理标志农产品保护，加强对"湘"字号农业区域公用品牌、企业品牌和特色农产品品牌的扶持力度，打造"一县一特"品牌发展格局。围绕品牌打造，大力发展特色农产品加工产业集群，延长产业链、提升价值链、完善利益链；加强对休闲农业的规划引导，支持整合区域资源，大力培育知名品牌；促进农业发展由低端向中高端迈进。

在提高农业规模经营上要以推进社会化服务为关键。湖南省大多处于丘陵地区和山区，人均耕地规模偏小，绝大多数地方在相当长时期内很难以耕地面积来提高农业规模经营水平，需要有高度的历史耐心。但现在科技创新发明了小型、微型农机，弥补了湖南省丘陵地区、偏远山区的自然条件缺陷，农业社会化服务使小块土地规模普遍实现了机械化，从而打破了小农户不能实现农业现代化的判断。因此，应加大对农业社会化服务主体的扶持培育力度，充分发挥信息技术和网络经济对农业发展的变革作用，推进农业社会化服务的跨区域和规模化，实现从生产到市场的全托管，使小农户与现代农业有机衔接。

在生态宜居上要以推进绿色乡村行动为举措。应加快农田水利设施技术改造，推广高效节水、节地农业技术模式；大力开发应用高效、绿色、环保型农药和化肥新品种，全面推广生态循环种养技术；建立对耕地产权主体保护耕地的补偿机制，加大土壤重金属修复治理关键技术的科技攻关与应用；推进农村生产、生活、消费绿色化，进一步全面改善农村基础设施，保护乡村特色风貌，建设美丽村庄，把乡村建设成为秀美宜居家园。

在深化农村改革上要以宅基地"三权分置"为突破。宅基地"三权分置"就是 2018 年中央一号文件的最大亮点之一，从根本上破除了束缚农民手脚的不合理限制和歧视，改变了土地财富的流向而留在乡村，实现了财产权利的城乡平等，激活各方面的要素到乡村去，形成的效应比国家财政投入更有效率、更有作用。其中最核心的一点就是耕地的用地性质不改变的前提之下，闲置地、荒山都要合理开发，真正实现要素下乡。

以农民为主体重塑城乡关系

奉清清： 按照以人民为中心的理念，在乡村振兴中，农民主体的原则怎么体现？

陈文胜： 实施乡村振兴战略，需要政府的主导和推动。但长期以来，不少地方未能很好地激发农民创造真正属于自己的生活的自觉性。久而久之，就是政府主体，农民客体。农民的依赖性越来越强，也就越来越处于服从地位，越来越丧失自主能力和创造能力。在基层调研的时候，农民反映，知识分子来了要求这样，政府官员来了要求那样，还有不少学者甚至基层干部动不动就说台湾地区是怎么搞的，国外的韩国是怎么搞的，就是没人问我们自己要怎样，没有多少人站在我们农民的主体立场，站在我们农民的村庄，去激发我们的自主能力。我认为，这就是没有尊重农民主体地位，没有立足中国几千年的农耕文明来看待乡村发展与工业文明、城市文明的对接。今年中央一号文件提出坚持农民主体的原则，核心是按照农业农村优先发展的要求重塑城乡关系，实现乡村自主发展。长期以来，是农业服从于工业的需要，农村服从于城镇的需要。现在要推进城乡平等，就是要尊重乡村自主发展，使农业不再服从于工业发展的需要，乡村不再服从于城市发展的需要，让广大农民成为乡村振兴的真正主体。

坚持农民主体的原则必须处理好农民的权益和义务的关系。当前在实施乡村振兴战略中，全方位出台政策和措施支持农民振兴乡村，这是十分必要的。但要防止一味强调农民权益不讲农民义务的偏向，防止强调农民诉求不顾社会实际的偏向。不能一味着眼于"给"而不太重视对农民自我奋斗意识的培养，这种"背着钱袋去喂养"的做法，导致过度依赖政府的现象，形成了"等、靠、要"的不良风气，弱化了乡村自主发展的原动力。对于农民来说，在乡村振兴中，既要赋予充分发展的权利，确保农民的利益，也要赋予相应义务，承担相应的乡村振兴责任，才能够推进农民的全面发展和乡村社会的全面进步。

把脱贫攻坚和乡村振兴结合起来

奉清清：前面提到，湖南省还有 200 万贫困农民。作为扶贫大省，怎样把乡村振兴与精准扶贫结合起来？

陈文胜：要实现乡村振兴，首先必须脱贫。在 2020 年必须实现贫困人口全部脱贫，脱贫攻坚无疑是湖南省乡村振兴面临的时代课题。脱贫工作是湖南省乡村振兴的前提和基础，必须按照产业兴旺、生态宜居、乡风文明、治理有效、生活富裕的总要求，突出特色产业带动、绿色生态驱动、基础设施推动、社会保障促动，实现贫困人口的持续增收，巩固精准扶贫工作成果，持续提升农业农村工作水平，使精准扶贫与乡村振兴同步推进。

脱贫攻坚到了最后的决胜阶段，战略重点应由解决绝对贫困问题为主逐步向解决相对贫困问题为主转变。解决相对贫困问题，其中迫切需要解决的根本问题是城乡二元结构问题。正是城乡二元结构才造成城乡贫富差距不断拉大，使乡村处于难以摆脱的贫困化进程中。党的十九大报告提出建立健全城乡融合发展体制机制和政策体系，强调乡村振兴的制度性供给，就要充分发挥政府的主导作用，优先把基础设施和公共服务重点放在农村，加快城乡水、电、路、气、讯、物流等建设的统一布局，互联互通，共建共享，以补齐农业农村发展的短板，缩小城乡差距。同时，要充分发挥市场在城乡要素资源配置中的决定性作用，推进宅基地"三权分置"等方面的改革，建构推动城乡要素双向流动与平等交换的体制机制，让农民在财产性收入上增收，并带动要素向乡村聚集，形成可持续的脱贫致富体制机制。

本文原载于《湖南日报》2018年4月19日。

十二、小岗村 VS 华西村，谁高谁下？

——对话柳中辉

　　中国的改革开放创造了人类史上前所未有的现代化奇迹，其中小岗村和华西村分别为中国农村的农业现代化、工业化最为代表性的标杆。由于改革是前无古人的伟大探索，无疑在改革的过程中必然存在这样或那样的问题，小岗村和华西村的成就与问题也分别是中国农村的农业现代化、工业化的缩影。伴随着改革的不断推进，围绕着小岗村和华西村的争论一直没有中断过，其中的焦点主要是拷问小岗村为什么"一夜跨过温饱线，30年未过富裕坎"？拷问华西村为什么由过去"中国第一村"变为如今难以持续发展的困境？形成这些问题的根本原因，恰恰是因为改革未能进一步深化造成的。为此，陈文胜与湖南省长沙县浔龙河村第一书记柳中辉进行了对话。

休言谁高谁下：承担着不能相互替代的历史任务

陈文胜：分析经济社会发展问题，需要从经济生活中去观察。马克思就认为，不要从文化、意识形态角度去观察社会，要从物质资料的生产方式中去观察。恩格斯更是进一步明确提出："一切社会变迁和政治变革的终极原因，不应当在人们的头脑中，在人们对永恒真理和正义的日益增进的认识中去寻找；而应当在生产方式和交换方式的变更中去寻找，不应当在有关的时代的哲学中去寻找，而应当在有关的时代的经济学中去寻找"。

作为全球人口大国，需要用约占世界9％的耕地养活世界近20％的人口，这一特殊的国情决定了既要全力以赴解决自己吃饭的问题，又要加快推进工业化。全力养活自己就必然要求大多数人去从事农业这种劳动密集型生产，工业化和城镇化就不可能快速推进，就只能是贫穷落后的状态，处于落后国家的行列。而如果以牺牲农业来成就工业化和城镇化，即使能够避免拉美化的陷阱，可谁能养活十多亿人口的中国？世界上最大的农产品出口国是美国，粮食总产量约占世界总产量的1/5，除了养活自己还可以出口养活1.7亿左右的人口，除美国之外还有几个国家能够有这么多的农产品出口？如果中国不能自己养活自己，就是全球的农产品出口全部供应中国也养不活中国。

在邓小平看来，改革首先要面对的最大难题就是必须尽快解决人口大国的吃饭问题，因为在任何执政者面前，"不管天下发生什么事，只要人民吃饱肚子，一切就好办了"。小岗村打破"大锅饭"的"大包干"，以开路先锋的作用拉开了对中国高度集中的计划经济体制进行改革的大幕，开启了中国农村由"贫困饥饿"到"温饱有余"的农业发展道路。也正是从根本上解决了"谁来养活中国"的问题，才有了今天跟美国这个世界上头号强国平等对话的资格和底气。与华西村相比，小岗村主要是搞农业，制度变革所承担着的历史任务主要是解决改革开放以前几十年未能解决的吃饭问题。因此，小岗村不仅是解决中国温饱问题的一个标杆，也是改革开放以来整个中国"三农"问题的缩影。

华西村承担着什么样的历史任务呢？华西村发展模式是解决农业大国的工业化问题，是继"大包干"之后被邓小平称之为"异军突起"的乡镇企业标杆。华西村冒天下之大不韪率先办起一家小五金厂，吴仁宝把工厂周边用围墙围起来，不许外来人进入，与小岗村在"大包干"字据上按下红手印一样，也做好了坐牢的准备。后来得到了首肯，到1990年就成为中国"天下第一村"的"亿元村"。因此，华西村以排头兵的作用开启了中国农村由"温饱有余"到"富起来"的工业化道路。

所以，小岗村和华西村的比较，本质上是中国农业发展与中国工业发展的比较。华西村走工业化道路，不靠种地赚钱；而小岗村是依靠传统农业，主要靠种地赚钱，也就是小岗村经济发展水平为什么落后于华西村的根本原因。华西村和小岗村一样搞农业，能富吗？难道全国农村学华西村都可以不搞农业？习近平就对此特别强调，"我国是个人口众多的大国，解决好吃饭问题始终是治国理政的头等大事"，必须确保中国的饭碗一定要端在自己的手里，"只要粮食不出大问题，中国的事就稳得住"。然而不是中国所有的农村都能够走工业化和城镇化的道路，必须具备相应的条件和资格。在中国这样一个人口大国，要保障粮食安全就一定要发展好小岗村这样以农业为主的村庄。

在改革开放前，农民没有择业权、没有出售自己劳动产品的权利，只能永远困守于土地。随着城镇化不断加快，加大对农业投资逐渐成为可能，如日本一样农业必然就会成为有效益的产业。

柳中辉：站在今天乡村振兴的角度看，国家乡村振兴规划把现有乡村分成了4类：集聚提升类、城郊融合类、特色保护类、搬迁撤并类，不同类型乡村分别明确了不同的发展模式。华西村就属于城郊融合类，是以工业化、城镇化作为切入点，去探索一个发展模式的。小岗村应该就是集聚提升类，人口比较集聚，也没有多少自身的特色资源，所代表的是大多数的中国乡村，很难做到工业化、城镇化，需要探索以农业现代化为切入点的发展模式。

华西村是那个时代的标杆，不要否定它的重要意义和价值。但走到了今天，需要在新时代下优化和升级，探索新的发展模式，这就是城郊型乡村的发展路径问题。我去华西村 7 次，就是研究城郊融合型这种发展模式，在华西村的基础上，学习好的经验，反思其局限性，然后根据现代经济社会发展的现实要求探索新的路径。这就是对浔龙河特色小镇发展的一个参照。

小岗村是属于传统农业，河南省信阳市郝堂村其实也是典型的传统农业，要结合时代的特点去做分析，而不要从本本出发、从自己的理想主义的主观立场出发贴标签。现在的不少研究，只要认为好的就朝着好的方面来进行总结、得出判断，只要认为不好的就从不好的角度去做总结、得出判断，结果不是"左"了就是"右"了。

一定要分不同阶段去评价华西村和小岗村，因为不同时代有不同要求。一个人在 30 岁时候说的话，和 60 岁的时候说的话是不一样的，不同时代就具有不同的语境。一定要站在这么一个角度，看当时好在哪里、价值在哪里，但同时要看今天的局限在哪里、优势继续保持在哪里，这样的分析和观察才有意义。

直言现实困境：先天性与时代性局限叠加

柳中辉： 华西村和小岗村这两种模式到了现在这个时候，确实都有必要有所升级。对华西村而言，第一个就是产业结构问题，面临着迫切需要的转型升级。华西村的核心产业以制造业为主，在国内外经济的大背景下，现在实际上陷入了一个前所未有的困境。据说虽然有 500 多个亿的资产，却负债 400 多个亿。第一，如果资产是良性的，肯定就可以支撑这个债务。第二，如果有足够的盈利能力，就可以承担债务的利息成本。但因为过去的产业在新的时代相对落后和低端，到了今天，这个债务就可能是危机了。所以，用过去那种单纯的传统集体经济的发展模式，封闭性、排他性已经成为先天性的局限。因为外部人才、外部资本、外部产业都很难有效进入，即使进入大多处于从属地位，阻碍了发展的结构转型，最终很难形成良性的发展。

小岗村过去纯粹是用包产到户，用 30 年、50 年的承包经营权，提高老百姓的积极性来发展生产，解决温饱问题。但到了今天，产业附加值始终没有办法提升。长期以来，只是通过低层次的或者是简单再生产的发展方式，没有形成具有市场竞争力的农产品，也没有提升整个乡村品牌价值。所以，尽管在解决温饱时代有很好的品牌价值，但在今天，如何让农民在自己的土地上致富，或者是如何让土地成为农民致富的资本，这就是小岗村的先天性局限。

陈文胜：小岗村代表中国绝大多数的农业村庄，要农民靠种一亩三分地去共同富裕，无疑是在痴人说梦。没有工业化、城镇化，不是近 3 亿农民工置身于工业化城镇化进程中，就连全面小康社会都可能是失去支撑！列宁就认为，土地在地理位置上具有不可移动性的特点，决定了农业的"地方的闭塞性和狭隘性"，而工业不局限于土地的地理位置，天然具有农业所没有的规模效应和集聚效应的优势。因此，列宁进一步认为，工商业劳动生产率就远高于农业，"工商业的发展比农业迅速"，从而形成工农城乡差别，使乡村人口不断向工业、城市聚集，导致工农城乡差距的不断扩大，这是城乡之间经济差异的历史必然产物，是社会发展进程中阶段性的必然趋势。

中国的农业发展在满足数量要求、解决温饱问题以后，农产品由短缺向剩余跨越，如何满足质量要求、解决市场供需矛盾问题就成为小岗村农业现代化的核心问题。农产品品牌化，乡村产业特色化是未来农业发展的必然要求，小岗村就未能走上这样一个发展道路，没有发展一种品牌农产品和特色产业成为支柱产业。本来，作为全国的明星村，小岗村可以把农业转变为多功能的产业，却仍然还是满足于农业的单纯产品功能，就是食品功能，农业未能形成多元价值，这就是小岗村的遗憾。

一方面，在城镇化进程中，农业地区的人口向城市集中，这是一个大趋势，像东北就是以农业为主体的地区，这也许是东北地区为什么同样衰落的原因，所以要振兴东北，要振兴乡村。而另一方面，中国农产品滞销

论道大国"三农"
——对话前沿问题

事件逐年增加,由 2009 年的 6 起上升至 2018 年上半年的 17 起,涉及种类以蔬菜为主,并且由零星分布逐渐演变成区域化滞销。在全国的大扶贫中,各地的农产品已全面扩大生产,将导致不少品种严重结构性过剩,我担心不少农产品尤其是水果在未来 3 年会出现价格下滑!价格下滑势必伤农。

柳中辉:如何走特色化、品牌化、市场化道路,是小岗村持续发展的关键。就是说 40 年前冒着杀头的风险,搞包产到户,搞承包经营权,实现了农民的主体地位。在 40 年前太重要了,在当时是促进了农业的发展。但到了今天,缺乏的就是没有在这个生产力释放的基础上,通过特色化、品牌化进行优化升级,跟市场接轨,因而没有抓住持续发展的机遇。

陈文胜:在中国现代化进程中,小岗村是 1.0 版的温饱型,就是解决了吃饭的问题;华西村是 2.0 版的基本小康型,就是解决工业化如何富裕的问题,是中国农村工业化的第一个标杆。华西村走到今天,刚开始是靠政策,但随着中国这样一个城镇化、工业化进程,没有使自己升级换代,特别是没有进一步市场化。由于整个经济体制是封闭性、排他性,把华西村划分为原住民、并入村、打工者这样 3 类,使外来资本和人才难以有效地进入村集体经济发展轨道,特别是难以进入利益和权力的核心层。

而市场经济是开放、多元的,就必然与双轨时代形成的集体经济产生天然矛盾。在多次的清理"五小企业",特别是在供给侧结构性改革的去产能、去库存、去杠杆中,华西村作为红旗单位都被保护下来,最后市场不留情面了。在国民经济下行、大宗工业品产能过剩的背景下,由于依赖传统的单一产业结构未及时转型升级,只要核心企业的钢铁厂一出问题,华西村就遭遇了重大危机。据新闻报道,关于"最富裕村庄"的华西村已经出现金融危机的猜测,从 2017 年就开始了,其中华西村的一家重点企业已经背负了 400 亿元的债务。所以,僵化的机制与单一的产业,没有更好地推进开放、多元的市场化,是阻碍华西村走向持续发展的现实瓶颈。

慎言集体化：新型集体经济是
主体多元化的市场经济

陈文胜： 关于小岗村和华西村争论最大的莫过于集体经济和集体化，最具代表性的观点就是因为小岗村是分散式的小农经济，导致不可能改变的贫穷命运；因为华西村是集体经济，走上了共同富裕的道路。因此，就有浙江省18位村干部联名倡议，要求走华西村的集体化之路。我曾经撰文质疑，传统意义上集体化道路的集体经济，具有地域性和排他性，而华西村有那么多的村外劳动力、村外资金和要素的进入，实质上已经不是传统意义上区域性、成员资格排他性的集体经济了。在历史发展的逻辑中，中国的农村发展既经历了"一大二公"的集体化道路的探索，又目睹了私有制的发展历程，其经验与教训可作为借鉴，从而可以把两者的优势都结合起来，就是以集体所有制为主体的混合所有制，是在市场经济条件下多元组合、资源要素优化配置的新型集体经济，赋予了集体经济一种新的实现形式和时代内容。

集体经济并非是集体化，将家庭经营与规模化经营视为彼此排斥的对立物并不符合现代农业实际，所谓现代农业就是规模化经营的家庭农业。在这个问题上，把握不好又会走上另外一条歧路，这是当前农村改革最重要的几个核心问题之一和最重要的动向之一。有人甚至提出，中国现代化战略最终取决于能否建立强大的农村集体经济。我就在一篇文章中提出，我不知道人类历史上有多少国家的工业化、城镇化战略是靠强大的农村集体经济建立的，但我知道，曾经的苏联集体化模式，就是为了工业化战略而牺牲了数亿农民的利益，而且导致国民经济处于崩溃的边缘，农民走上共同贫困之路。回顾历史与现实，无论是资本化的名义之下，还是集体化的名义之下，都曾经使无数农民利益被剥夺。

什么是中国特色？也就是中国的底色是什么？根据华中师大徐勇教授的观点，欧洲是领主制，俄罗斯是村社制，中国是家户制。前两者的农民是没有人身自由的，而中国农民在秦始皇废除井田制以后是有人身自由的，这就是根本区别所在。俄罗斯是在全国广大范围内把古老的土地公社占有制保存下来的唯一的国家，这被认为是俄罗斯能够跨越"卡丁夫峡谷"的原因。但马克思在致维·伊·查苏利奇的复信草稿中，从未出现过"跨越资本主义制度的'卡夫丁峡谷'"的观点。因为，"无论哪一种社会形态，在它所容纳的全部生产力发挥出来以前，是决不会灭亡的；而新的更高的生产关系，在它的物质存在条件在旧社会的胎胞里成熟以前，是决不会出现的"。

列宁认为，从农业社会到社会主义社会是一个很长的历史阶段，必然要经历若干过渡阶段和中间环节，才能具备进一步向高级社会发展的基本条件。在落后的生产力基础上，通过变更生产关系的形式强行向高级社会形态的过渡，我们有着深刻的历史教训。人类社会发展有着普遍规律，用普遍规律来认识过去、现在、未来，而不需要到以后才能评价。所以，马克思高度赞扬黑格尔的名言"密涅瓦的猫头鹰在黄昏起飞"，反思才能更好地认知历史规律。历史上苏联全盘集体化推行那种"一大二公"的实现形式，就饿死了成千上万的人，当初中国也有深刻的历史教训。可以说，举国体制成就了苏联，也崩溃了苏联。运动式治国，不按经济规律办事，必然走入歧途。因此，无论是苏联和东欧的历史还是中国的历史都已雄辩地证明了这一规律的真理性。

有些人一方面非常反对西方的经济发展模式，一方面却否认东亚家户制的小农区别于俄罗斯村社制的集体农业，更区别于西欧领主制的大农业，鼓吹消灭小农搞西方大农业。党的十五届三中全会就首次明确了什么是有中国特色的现代化农业："家庭经营再加上社会化服务"，因为人多地少的基本国情决定了小农户相当长时期的必然存在。党的十九大把小农户第一次作为肯定性而非作为落后的否定性写进党的文献，是对中国农业发展规律认识的历史转轨和准确把握，回归到了中国农业发展的客观要求。

亚当·斯密在《国富论》中明确指出，"农业上劳动力的增进，总跟不上制造业上劳动力增进的主要原因，也许就是农业不能采用完全的分工

十二、小岗村 VS 华西村，谁高谁下？
——对话柳中辉

制度"。说明了农业的生产方式不同于工业的生产方式。马克思进一步认为，工业生产是劳动即生产、生产即劳动，劳动与生产是统一的，集体化生产和专业化分工可以极大地提高劳动生产率；而农业与工业相比具有自然再生产的独特性，劳动即生产、但生产过程不一定都是劳动的过程，有些环节可以进行集体化生产和专业化分工，有些环节如自然再生产就根本不能；导致农业生产与工业生产存在着一系列不同的变化，由此决定了工业和农业的分配方式、生产方式、生活方式都不一样。历史上曾经的集体化实践，就是忽视了农业发展这种独特性，简单地按照工业的集体化劳动来发展农业，带来了今天仍然需要不断反思的深刻教训。

农业究竟采取什么样的经营方式？习近平在小岗村考察时指出，规模经营是现代农业的基础，但改变分散的、粗放的经营方式，是需要时间和条件的，要有足够的历史耐心。因为即使是80%的城镇化还有20%的农业人口，20%就是3亿人，按照18亿亩耕地红线就是人均6亩耕地。必须清醒地认识到，小农经济将在中国相当长时期存在。日本半个世纪的农业现代化，耕地规模经营基本上是30亩地左右。因此，陈锡文认为，农业经营规模是由基本国情、资源禀赋决定的，是由农业发展规律决定的，而家庭是农业经营最有效的主体，农业选择以家庭经营为基础，既是历史现象，也是世界性的普遍现象。就全世界来看，基本上没有哪个地方的农业不搞家庭经营，如美国、巴西耕地规模那么大都是家庭经营，只是规模大小不同而已。

小农是不是造成农业低效的原因？西奥多·舒尔茨就不这样认为，他在《改造传统农业》中提出，改造传统农业关键问题不是规模问题，不在所有制形式是低效率的生产方式，规模的变化并不是现代化过程中产生的经济增长的源泉，而是要素的均衡性问题。改造传统农业的根本出路，就是引进新的生产要素，投资收益率不断提高，给长期处于均衡状态的传统农业注入活水，使各种要素顺畅地流动起来。其中依赖技术的变化而使用新要素最为关键，因为技术变化隐藏了众多的要素变化，甚至带来制度的变迁。

在中华人民共和国成立后的农业发展实践，有一个众所周知的论断，就是农业的根本出路在于机械化，实质就是农业的技术装备现代化。按照这个逻辑得出的第二个判断，就是农地规模经营是实现农业机械化的必由之路。但是，由于科技创新产生了小型、微型农机，弥补了耕地规模与自然条件的缺陷，社会化的农机服务普遍使小块土地实现了机械化，无论是湖南的丘陵地区和山区，还是河南、河北和东北等平原地区，基本上都实现了机械化，不少地方甚至通过卫星导航和互联网服务进行信息化的田间管理，从而颠覆了传统意义上的规模经营概念，打破了小农户不能实现农业现代化的判断。

柳中辉：实际上是统和分的关系问题，没有形成真正的统分结合。所谓分，就分到农民手上去了。农民就自己拿这个田去种粮食，解决温饱。没有统，就是没有进行特色化、规模化、品牌化、市场化集约经营。为什么呢？让农民各自为政，没办法去形成这么一个合力，这就需要一个集体经济组织发挥集约作用，能够统起来，与社会资本对接。不然让这个村500户农民，都去种一亩三分地，怎么可能去做品牌化、特色化？怎么可能一户一户去对接社会资本？这就需要社会化、组织化。

通过集体的力量，让老百姓的资源通过市场的方式集约经营。如果没有把分散的乡村资源集约经营，还是那种原子化的乡村就缺乏竞争力。所以，第一是要发挥农村基层党组织的作用，有效地组织乡村资源，统一起来进行优化结构。第二是有效地引导社会资本进入，既不能在有效组织乡村资源之后发展封闭、排他性的传统集体经济，那就是单一的主体；又不能完全按照原子化的农业村庄各自为政、分散经营，集体组织虚化。所以，要把两者的结合做好，既要发挥党的基层组织的力量，来有效引导统一农民的思想，有效组织乡村资源；又要通过市场的方式形成资源集约经营的平台，有效引导社会资本的进入，推动乡村产业发展，再通过产业的带动来促进集体经济的发展。这是一个不可分割的两个方面，过去都不是统一而是单方面推进，问题就出在这里。

浔龙河村是市场资产主导下的产业经济发展，然后又带动村集体经济快速发展，最后形成一个农民致富增收的共享经济，实际上是市场逻辑的一个发展模式。

放言乡村振兴：无法回避的关键问题

陈文胜：如果没有产业振兴，乡村振兴就是一句空话。而农业是乡村的核心产业，是乡村的根本特征。在工业化进程中，李嘉图早就说了，农业效益递减与工业效率递增、农业在国民生产总值的比重不断下降不可逆转。因此，与小农无关，与社会支持和政府政策有关。即使是美国那么强大的农业，依靠的是国家的保护体系和市场支持体系。日本也是小农，半个世纪的现代化还是 30 亩左右规模，但政府提供全方位的支持与政策保护，全社会形成了宁愿高价买本国农产品、抵制外国农产品（哪怕价格再低）的普遍共识。而中国恰恰相反，一方面社会和市场不给农民先订单后生产，形成买方市场。另一方面强化扩大生产，扭曲市场价格，一个劲地叫农民种，好有廉价的食品任市场选择。

美国转基因农产品大举进入中国，无非是价格低，就连他的盟国日本都坚决抵制。所以，贸易战对中国农业就是利好！而从美国进口大多是转基因大豆、玉米等，也主要用于食品工业，对日常生活不构成影响。即使有缺口基本可以靠周边国家进口，以今天中国的实力博弈小国不成问题，而且粮食是大食品，农业是大农业。国内的农业生产能力今非昔比，水里的、山上的、草原的、耕地上都在生产食品，农产品周期短，只要价格好，在三五个月就可生产出来。关键是质量和品牌问题，是相对市场需求的结构性问题而非农产品不能供应的问题。

因此，不是没人种田，是如何提高农产品的质量和效益。湖南省有些县城在卖走私进来的泰国大米，本地大米卖不动。40 年前全中国都吃不饱饭，现在满街的农产品卖不出。原来农业主要靠人力牛力，现在连偏远山区都机械化了，种田的劳动强度前所未有地降低了，是进步了还是退步了？只要像房地产那样有利可图，农民会把房子拆掉种上庄稼，如果亏本也要种吗？农民当然有权弃耕。如果希望农民作为一个身份世代相传，这本身就是一种歧视。

农业没有效益，农民怎么会有兴趣改良土地？当年乡（镇）政府就收土地抛荒费也没能制止土地弃耕，现在也不应该让农民亏本来种地和改良土地。农业是一个多功能产业，是准公共产品，这个公共责任不能全部由农民承担，政府和社会要向日本学习，而不是指手画脚。应该是站在工业化城镇化的大趋势中保护支持农业，而非习惯用计划经济或自然经济的思维来发展农业。进入工业化时代，却仍然停留在农耕时代的思想观念与管理水平，这就是当前农业困境的根源。

柳中辉：在乡村振兴中，集聚提升型的村是中国大多数乡村要面临的现状，以小岗村作为一个蓝本，分析各自的优势和局限性，通过社会化服务组织进行统分结合，结合市场化推进集约经营，加快农业品牌化发展，这就是中国需要解决的关键问题。农业供给侧改革就是走品牌化发展之路，从量向质的转变，质的根本标志就是品牌。乡村产业振兴，品牌是第一个抓手，必须抓住，久久为功。

陈文胜：还有一个重大问题，就是市场决定产业结构的优化，而非强调农民的主体地位就可以实现乡村振兴的。现在有些人一讲农民的主体地位就要求农民主体，这无疑是错误的。农民的主体地位并不是说农民是乡村振兴纯粹的单一主体，乡村振兴既有农民主体，也有政府主体，还有企业主体、社会主体，是多元的主体。农民主体地位的原则是实现农民的政治权利主体地位和经济利益主体地位，要维护好、发展好农民的利益，这才是核心。

所谓的政府推动力对接市场原动力，像农机社会化服务就做到这一点了。政府的作用在哪里？凡购买农机的都有财政补贴，可以低息贷款，去服务的时候按照自愿有偿的市场化收费服务，有效的市场和有为的政府就高度统一了。如果政府配备农机或每家每户都购买农机，就可能没有这么有效率。

在媒体上看到，福建有一个企业家，给老家村民每家送一栋别墅。我如果是那个企业家，就不这样做。按照我的规划要求让农民自己建别墅，承诺建好了给予补贴多少钱。衡阳市珠晖区有一个这样的村庄，有个原来是搞凤凰古城设计的老板，到自己的老家搞乡村旅游。他没有把土地流转过来，而是做了整个乡村旅游发展规划，田也是农民种，菜也是农民种，花也是农民栽，谁种产品归谁所有，同样种地但要按照他的规划要求来种，签订合同保证给 500 块钱或者 800 块钱一亩的补贴，不合乎规划不签订合同就不予补贴。就是用这个规划权，通过契约的形式形成利益共同体。

柳中辉：在现代经济发展中，农民的主体地位就两点，一是农民作为产权的主体地位，二是产权产生利益的主体地位。农民是土地的主人，如何有效保障产权主体的地位，这就是从物权法的角度，土地的所有权、承包权体现农民的主体地位和享受产权保护的主体地位。通过产权市场化，农民可以投资也可以不投资，都能够产生农民的利益，实现利益共享。好像农民是房东，房子是农民所有的，这是农民的主体地位。如果房子用来出租，或者是股份制等各种形式的市场化，方式由农民来自主决定，利益由农民来获得。

陈文胜：之所以分析研究华西村和小岗村，因为其代表了两种不同的类型，两条不同的发展道路。小岗村要解决中国吃饭的问题，不管如何工业化、城镇化，粮食安全的底线不能动摇，而且绝大多数乡村仍然要以农业为主，也就必然要长期面对小农户的大国农业发展问题。未来还有更多的人必然走向城市，农民可以找到更好的生活就不愿意待在乡村了，越是农业地区人口流失越严重，从事农业的人还会不断地减少，这是一个大的趋势，也是一个必然的历史进程。

像小岗村这样农业地区的人口不断减少，这是一个必然的趋势。要使绝大多数的农业村能够保障中国的粮食安全，这是一个必然要求。研究小岗村在温饱以后如何发展，实质上就是研究如何提高农业效益的问题。中央提出农业供给侧结构性改革，就是把农产品质量提高，用有市场竞争力的品牌来带动农业效益的提高。一方面，农业地区人口的不断减少，为占全国人口少数的农民赚占多数人口的市民的钱创造了条件。另一方面，在城镇化进程中，农业和乡村具有多功能和多元价值。陈锡文认为农业和乡村有三大功能：保证国家粮食安全和重要农产品供给的功能，生态屏障和提供生态产品的功能，传承优秀传统文化的功能。农业和乡村不仅有提供食品的经济价值，还有文化、生态价值。像小岗村这样的村可以搞乡村旅游，搞农业的多功能化，结合起来推进产业发展，这应该也是一个趋势。

没有社会化服务，小岗村这样绝大多数的农业乡村就没有办法集约化经营。如农业机械化，不可能每一个农户都去购买农机，是社会化服务实现了农业机械化。市场是一样，不可能每家每户去对接市场，就必须要有一个社会化服务组织成为链条，链接加工、链接市场。所以，在这个层面，乡村社会化服务组织要做大文章，化解大国小农的困境。不能说种田的就是农民，还有从事农业技术服务的，从事农产品加工、市场营销的也是农民。所以，农业社会化服务，是今后小农户实现农业现代化的必然选择。

柳中辉：我觉得，把华西村和小岗村这两个非常典型的代表进行深入的剖析，过去时代好在哪里，到了今天好在哪里，不足和一些问题又在哪里，把它梳理出来，对整个中国的乡村振兴具有非常大的现实意义。同时，有几个新的典型也值得研究。一是陕西的袁家村，是一种非常好的农村经济发展典型，需要去分析优势、特点，也分析它的一些问题。二是李昌平实验的河南郝堂村，应该是集聚提升类的村，对农业产业发展具有借鉴意义。三是浙江的鲁家村，也是把村做成一个平台，然后引进社会资本，推动产业发展。

至于浔龙河村，属于城郊融合类，这是典型地把城镇化和乡村产业发展相结合的一个做法。通过这样一种方式，把华西村的发展模式和浔龙河村的发展模式进行一个比较，分析如何在推进城镇化中发展第三产业、生态产业，推动乡村振兴。只有真正地把各种类型的村分析清楚了，把不同时代背景的不同发展优势，结合到当下的发展趋势中，弄清楚如何能够继续保留优势，如何找到持续发展的局限，就可以找到每一种发展的模式，然后提供一个科学的结论，在实施乡村振兴战略中非常有必要。

陈文胜：华西村对中国农村的工业化、城镇化道路探索，具有卓越的贡献。但到今天，它集中地代表了中国工业化、城镇化的问题，也就是市场化的改革滞后。尽管中共十八届三中全会前所未有地提出了要发挥市场的决定性作用，但在实践中没有得到很好贯彻。像更多地靠政策、靠政府项目来扶持，市场的决定性作用没有体现，华西村的困境就在这里。

柳中辉：浔龙河村的探索，就是典型的让市场在资源配置中发挥决定性作用。就是对土地以及整个乡村资源，由经营的主体以市场的思维来决定，到底要做什么产品，怎么样对接大市场，包括确定投资主体、产权主体、将来产生价值的利益共享的主体，全部都搞得具体清晰。然后才是整合农民的土地资源和生态资源、房屋资源，整合政府的行政资源，整合金融机构的资本资源，真正实现市场化。按照中共十八届三中全会确定的这个市场化目标，以企业主体引导社会资本来决定资源要素的配置，推动乡村产业发展，完全是朝这个方向在推进。

特别是现代经济，现代经济是什么？第一，产权关系清晰，这是市场化的基本原则。第二，公平原则，浔龙河村的很多制度为什么搞"全民公投"？为什么每个人都要签字？核心是公开透明、公正公平。第三，法律保护，因为产权关系是清晰的，交易规则是公开透明、公正公平的，最后产生歧义是由法律界定和保护，这才是市场经济的基石。不然的话，怎么搞市场经济？

关键是要社会资本主导发展产业资金，带动集体经济发展，促进农民增收，这就需要乡村社会组织来带动。社会组织既可以是党组织、自治组织，也可以是合作社、民间组织，去整合、优化乡村资源要素，形成特色化、规模化、品牌化的产业，以对接市场。

陈文胜：所以，必须把现代经济的理念运用到乡村振兴当中，华西村之所以这样，就是没有用现代市场经济的理念来转型升级，还是以农耕社会那种模式，村民子弟大学毕业要回村，这就限制了要素的自由流动，就不是一个流动的开放体系，违背了市场经济的基本规律。我对浔龙河村感兴趣，是因为它有太多的东西值得肯定了，这应该是中国未来城镇化特别是农村城镇化之路，可为城乡融合发展找到的一个具体可操作的现实路径。

十三、如何打造特色小镇？
——对话资兴市黄草镇书记、镇长

自从"特色小镇"这一概念提出后，不仅得到了中央的高度肯定，原住房和城乡建设部公布了第一批中国特色小镇名单，而且成为全国新型城镇化的风向标，是社会各界最火爆的话题之一。如何打造特色小镇？陈文胜前往号称"东方瑞士"的湖南省资兴市黄草镇，与黄草镇党委书记李莉、镇长蒋勇光对话。

"特色小镇"发展理念的提出

陈文胜：关于"特色小镇"的定义，首创者浙江省明确为：相对独立于市区，具有明确产业定位、文化内涵、旅游和一定社区功能的发展空间平台。各种特色小镇为什么会如雨后春笋般出现？一直以来，我们普遍热衷于工业化、城镇化"大跃进"，盲目建设大城市，习惯于追求 GDP 和人口规模，已造成十分突出的"城市病"，严重影响到城市的宜居宜业，倒逼发展方式从数量到质量的转型。2013 年 12 月 12 日召开的中央城镇化工作会议提出，城镇建设要体现尊重自然、顺应自然、天人合一的理念，依托现有山水脉络等独特风光，让城市融入大自然，让居民望得见山、看得见水、记得住乡愁；要融入现代元素，更要保护和弘扬传统优秀文化。

我在香港中文大学做访问学者的时候，与来自美国、法国、英国等地区的学者交流发现，在发达国家，住在小镇是一种身份和地位的象征，而我们恰恰是有身份有地位的人住在大城市。还有那些著名大学、著名的企业大多设在小镇，例如西门子医疗器械有限公司在德国纽伦堡市附近的厄尔兰根，奥迪总部在德国巴伐利亚州名不见经传的城市英戈尔斯塔特，卡尔倍可总部在德国鲁尔区的边缘小镇哈根，沃尔玛总部在美国阿肯色州小城本顿维尔，巴菲特的投资帝国总部设在美国内布拉斯加州奥马哈，微软公司总部在美国华盛顿州雷德蒙德市，美孚石油总部设在美国得克萨斯州欧文市，哈佛大学、剑桥大学、牛津大学等，都位于只有几万人的小镇。就是西方那些在大城市工作的中产阶级，一旦退休以后就把城市的房子卖掉，住到小镇养老去了。而我们绝大多数有名的大学、大企业都位于大城市，国内世界 500 强的企业总部在北京就占了一半。

西方这些发达国家为什么会出现这样的现象？根源在于"二战"后西方发达国家普遍患上了"大城市病"：城市人口快速膨胀，城市设施超负荷运转，城市工厂林立、交通拥挤，城市环境污染不断恶化，严重威胁到城市居民的日常生活和身体健康。因此，倒逼经济社会向小镇发展，大力推进小城镇化，实现了城乡一体化发展。对于这个问题，马克思、恩格斯认为，要用革命的手段解决城乡对立，只有代替资本主义社会的未来新社会才能使城乡一体化发展。这是一个非常值得研究的问题。我想，是不是因为资本主义在新时代前所未有地发展了生产力，为推进城乡一体化发展提供了强大物质条件？那么，我们改革开放以来所取得的巨大成就，是不是已经为推进城乡一体化发展奠定了强有力的物质基础？

像我们这样的全球人口大国，又受到资源环境的双重约束，城镇化是走大城市模式，还是走小城镇模式？如何避免重复西方发达国家人口向大城市集中所引发超负荷的"大城市病"？实际上我们并没有吸取西方国家城市化的教训，"大城市病"正在中国快速蔓延。对此，费孝通早于30多年前就在《小城镇大问题》一文提出了中国城镇化道路是小城镇为主、大中城市为辅的主张，并预言大城市模式在中国可能引发的问题。

当前"特色小镇"发展理念的提出，可以说是顺应了中国时代发展的迫切要求，是大势所趋。在湖南省，于2012年最先将特色小镇作为"点亮郴州"的战略举措，明确提出用3年时间打造30个示范镇，时间比浙江省提出的还要早。还有长沙市也在推进特色小镇建设，如宁乡市、浏阳市、长沙县、望城区等。与这些位于"长株潭"城市群的核心区域优势特色小镇相比，远离大城市的湘南地区，尤其是郴州市黄草镇的特色小镇建设，具有非常典型的标本意义。所以，我特别想了解一下黄草小镇的建设历程。

建设"特色小镇"的基本思路是什么？

李　莉：关于黄草小镇建设，我们的思路也是逐步形成的。我们的基本思路就是全景黄草、全域旅游、全民幸福这3个"全"。把黄草镇打造成一个望得见山、看得见水、记得住乡愁的美丽生态宜居度假小镇，就是我们的一个基本思路和目标方向。

全景黄草，就是基于我们目前所拥有的自然资源，把有限的山山水水打造成处处是景。把每一个基础设施建设，包括每一栋民房的建设，每一项农业开发，如精品果园，都做成小景点，全部是景，让眼中所见都是景色、景致、景区、景点。至于发展旅游，它是富民产业，也就希望把全景黄草做成一个让老百姓、乡亲们在这里能够宜居的地方。不仅处处是景，而且特别突出民生建设。

全域旅游，突出的核心重点就是宜游。改革开放以来，特别是近几年，休闲度假已经逐步成为一种生活方式了。全域旅游就是为了顺应旅游这种朝阳产业的发展，尽可能吸引更多的游客，吸引更多年龄层次、文化层次的游客进驻黄草。包括吃、行、购、娱各个方面，让黄草不光是生态环保，更多的是让游客想来、能来、留得下、待得住，突出宜游。

全民幸福，就是不管是原住民还是外来人，都能彼此和谐相处，都能与这里的自然环境、人文环境和谐相处，能够产生发自内心的愉悦。就是要有更多的幸福指数，又不具有太重的商业味，让人有更多的机会回归大自然。

这就是我们建设小镇的一个基本思路，它既有着当地民生的立足之本，同时又有着向前发展的强镇之路。

蒋勇光：我们的发展定位，就是建设成潇湘风景，把黄草镇作为一个湖心旅游的特色小镇来打造，建设成为全国生态第一水乡、最佳休闲旅游目的地。黄草镇有什么特点呢？黄草镇素有"江南水中镇、东江湖中花"之美誉，有惊险刺激的中国生态第一漂——东江漂流和神秘清幽的沃水峡谷，有着"三仙四岛"之称的"雷公仙""通天仙""龙凤仙"和"金牛岛""金龟岛""花园岛""松林岛"等自然景观。我们想把整个环湖的区域全部纳入镇区的建设范围，把所有的这些节点连起来。希望通过几年时间，把黄草镇打造成一个独立的景区。

现在黄草镇只是东江湖 AAAAA 景区的一部分，我们想把自己的资源开发整合利用好以后，打造成为一个独立的景区。现在已经具备了两个条件。一是知名度高了，游客的人数这几年节节攀升，像 2016 年可以达到 50 万人次以上。二是这些景点很有优势，虽然现在没有开发出来，但是游客很认可，很感兴趣。

十三、如何打造特色小镇？
——对话资兴市黄草镇书记、镇长

陈文胜：特色小镇并非是特色镇，而是产、镇、人、文四位一体，空间上相对独立发展，具有特色产业导向、景观旅游和居住生活功能的重要功能平台。也不能当作一个行政意义上的乡（镇）来看待，因为特色小镇具有明确的市场导向，而作为行政意义上的乡（镇）就具有强烈的行政导向。特色小镇是各种创新的产物，关键在于制度创新、功能创新，如投融资体制机制的创新，社会治理体系的创新。

黄草小镇已经颇具名气，取得的成效十分明显。我觉得，黄草镇的整体发展战略，要按照创新、协调、绿色、开放、共享的五大发展理念，结合独特的水乡特色，以深化改革为动力，挖掘人文底蕴的张力，全面激发休闲旅游产业的活力，形成共享发展的合力，推进整个区域的集约发展、低碳发展，从而使特色小镇成为环东江湖区域一体化发展的战略支柱。

建设"特色小镇"遇到了哪些难题？

李　莉：因为有了东江湖才有黄草小镇，而东江湖是国家明确的生态特别保护区域。因此，我们遇到的最大问题是"保护"和"开发"。如何在保护中开发，以及在开发中保护。"保护"，就是保护这么好的山，这么好的水，特别是这一湖水，把它保护好。不单单是我们，还是环东江湖区域、东江湖畔周边的这些乡镇原住民的责任跟义务。包括汝城县、桂东县、宜章县、资兴市，这些东江湖所有的水源地以及整个流域面积的保护以及区域内文化的保护与传承，还包括一些厂矿、企业都要把生态环境的保护放在第一位。

而开发就是如何给政策，这次湖南省社会科学院、湖南省农村发展研究院提出的东江湖流域生态补偿机制就是非常重要的，而且被选为全省十大金策之首，说明社会各界已经看到这个问题了。国外发达国家保护生态林地，补偿是很高的。在我们这里，2008 年提出生态公益林的时候，按照当时的人均生活水平，每亩至少要达到 100 元它才能够保证，而当时只给 10 块钱一亩。最近一两年在提高，增加到现在 20 块钱一亩。提高的这个比例与我们生活水平、物价水平的提高，完全不成正比！所以你想让完全牺牲群众的利益来保护这个森林资源，来保护这个东江湖的话，我觉得从某种意义来说这种机制是不正常的，也是不健全的。黄草镇一个贫困村都没有，为什么？就是因为原来基础非常好。但现在树不让砍，湖也不让养鱼了，肯定会有一些人返贫。

在脱贫的过程中，顶层设计除了给予低保脱贫、教育脱贫以及"两不愁、三保障"这些方面外，实际上要考虑一个整体的机制。我觉得东江湖生态环境补偿机制是一个不可缺少的重要机制。如果让整个区域这么多人脱贫又返贫的话，就实现不了习近平总书记提出的脱贫攻坚这个战略目标，这是一个很现实的问题。俗话说，靠山吃山，靠水吃水。习近平总书记说，绿水青山就是金山银山。问题是，我们现在绿水青山没有变成金山银山。比如东江湖的水保障了郴州市区、桂阳县城的喝水用水问题，那在保护东江湖水的时候我们作出了那么大的牺牲怎么补偿给我们？比如说千岛湖，浙江省每年要拿那么多钱补助给那些地方。按照社会上常说的，谁受益谁出钱。只管受益不管出钱的话，是难以长久实施，这种制度需要尽快完善健全的。

所以，"保护"与"开发"是我们遇到的最大难题。我觉得在国外很多地方，如我去过的日本，日本就是一个岛国，不是开发了就不生态环保了，就污染了，如果是这样的话要高科技干吗？要发展科技干吗？还要那么多的环保设施干吗？那干脆就是原生态的保护啊，就是没有人生活啊。这个地方没有人生活也不意味着就环保了，是不是？像欧洲这些地方，越发达的地方实际上环保做得越好。

因为以前的开发确确实实有不少是以牺牲环境为代价自上而下来开发的，这个成本没算，也就是这些该付出的成本没算，也就导致一些造成环境污染企业的发展，而且赚钱就走人，污染的整治政府来买单，企业失去了应有的社会责任。我们跟郴州都处于同一个市，不是说东江湖水郴州人民不能喝、桂阳人民不能喝，而是需要建立一个好的机制，因为没有付出代价免费获得就不会去珍惜，不会去管它的成本，要付出代价才会去珍惜，才会考虑到使用成本。虽然是一级服从一级，但是在资源需要有效利用的情况下，在市场机制越来越发挥决定作用的情况下，迫切需要增强这种成本意识、社会责任。

过去木材能够卖钱获得那么多的收入，老百姓才会天天上山去养护。现在不能砍树、不能损害森林，要把它保护好，那就要给报酬，对森林覆盖率、成活率进行考核，这样老百姓就会觉得这是他们的责任与义务。林业部门就需要改变管理体制，原有是对砍伐木材进行验收考核，是要砍木材；现在树不让砍了就变成护林防火了，就可以改成考核如何保护，在验收以后给补偿。要把保护和开发的政策概念提升到顶层设计中来，因为每一个政策都是顶层设计。不是说开发了就意味着生态破坏，也不是说保护就是禁止开发。我们国家本来就是在发展当中，科学技术是越来越先进，这么多国家都能够做到，已经有很多的例子，我们很多专家也去考察过。欧洲的每一个小镇都有河，都有农业产业发展，但环境保护不比我们差。实际上，这些东西都是顶层设计的问题。不管哪一个小镇，都面临着开发与保护的问题。包括两个方面，一个是有形的环境的保护与开发，另一个是无形的传统文化习俗的保护与开发。2016 年 3 月份我们去了浙江，到了云栖小镇和梦想小镇，浙江省委在顶层设计的时候就给予了一些政策，给予了很多特权。不给政策和特权的话，要在现在这种环境下创新，说实话，这是不可能的。

蒋勇光：目前最大的瓶颈主要是交通。因为从水路进来的话，只有一个大坝和一个码头。这个码头既是老百姓交通的码头，又是游客的码头，导致很拥挤。水路又受天气等各方面的影响。这里有两条高速是从黄草镇边上过。一条叫厦蓉高速，出口离黄草镇区有 26 公里，到东江漂流起漂点是 8 公里。还有一条叫平汝高速，出口离黄草镇东平片区约 20 公里。这两条高速在两个不同的方向，而连接这两条高速的公路，不仅弯道多而且路面窄，不仅费时而且存在很大的安全隐患。我们的想法是，把这两条高速的连接路折弯取直，修得通畅些，再通过高架桥、桥隧相连的方式连接高速，到黄草镇省了一半的距离，10 分钟就可以到黄草，而现在要 40多分钟。交通不方便不仅影响到游客的进入，还带来就医的风险。因为离城区比较远，万一生病就很麻烦，来居住和休闲旅游就会考虑这个风险。

其次是整个的投入机制问题。因为乡（镇）政府不是以前的完全政府，没有财权，吃的是皇粮，只保证公共运行，其他的都是靠项目来支撑。我们这里又不是景区，当地政府是不可能拿钱来建景区。还有一个问题就是，民间资金想进这个景区，又没有这个平台。这个特色小镇谁来投资？谁来建设？谁来规划？谁来设计？这个规划肯定要整个与东江湖要融为一体，是吧？不可能独立于东江湖区域。现在没有投融资平台，又不允许乡（镇）这一级搞商业运作，这就限制了我们的特色镇建设。同时，我们属于一个保护为主的地方，东江湖的生态环境保护限制了这个小镇的建设范围，规定了产业发展的严格要求，比如湖边是不允许建宾馆、酒店。这就涉及怎么保护与开发的问题。

再就是整个区域的生态补偿机制没有建立起来，对这里的后续保护压力非常大。现在相关部门只是提怎么保护，要怎么做，但不提保护了怎么补。受益的虽不是上级及相关部门，牺牲的却是我们黄草镇的老百姓。黄草镇老百姓不能在湖里养鱼，不能在山上砍树，又不能地里种果，不能够搞规模化养殖，还要退耕还林，还要去保护，包括沿湖都不准建房了，这些人的生活怎么搞？这些人以后的发展怎么搞？返贫了怎么办？像那些破产改制企业，还有一个最低生活保障。公益林一亩才补17元、20元钱，能有什么用？现在都没有一个完整的配套政策，这是一个很大的问题。

陈文胜：确实，现有生态补偿模式未能协调各方利益。一是补偿形式单一。生态补偿主要通过行政的方式进行，市场机制未能充分发挥作用，主要通过货币补偿形式进行补偿，政策补偿十分缺乏。二是补偿资金来源少。森林生态效益补偿基金、退耕还林补助资金、饮用水源保护区财政转移支付等生态补偿的办法和政策给资兴市补偿资金有限，难以满足东江库区承担的生态环境保护与建设任务所要求的资金需求缺口。三是补偿标准太低。即使是资兴市自行将公益林补偿标准提高到了每亩20元，但是补偿标准仍然很低。四是补偿资金使用分散。生态补偿以部门为主导，在资金投入、项目整治上难以形成合力。因此，不仅激励效果不大，而且难以形成维护生态环境保护者根本利益的"造血"机制。

环东江湖区域整体经济发展较落后，生活水平偏低，发展也是这些地区的紧迫任务，资源是这些地区赖以生存发展的基础。在生态保护过程中，必然伴随着自然资源所有权及使用权的转移，当地民众往往因丧失这些权利而失去发展的条件。如书记、镇长所说的，对农业生产活动（网箱养鱼、养殖、种植、林木采伐）等进行严格限制，老百姓的就业、企业的收益、政府的利税必然受到影响。如果区域内保护生态环境的利益主体不仅没有直接受益，还要在失去发展条件的同时得不到有效的利益补偿，无疑会引发利益冲突。

发展与保护实质上是一种辩证关系，不保护生态环境就失去了发展的基础，黄草镇以及东江湖尤其突出；不发展也就不可能对生态环境进行有效的保护。作为一个特色小镇，必然要求发展。生态保护具有极强的公益性，如何协调好相关主体的利益，是一个挑战性的难题，因而亟待从政策层面重构生态补偿长效机制。

"特色小镇"建设的特色是什么？

李　莉：黄草镇没有沿海地区的特色小镇那样有得天独厚的交通条件，没有长江三角洲特色小镇的核心区位优势。没有如浙江的特色小镇这些年来得益于人才的集聚，以及深厚的文化底蕴。有些企业为什么会被吸引到像杭州这些地方来呢？还是离不开那里深厚的文化底蕴，离不开那里固有的自然、建筑美景，离不开那里大数据的产业园，尤其是离不开那里的高技术人才。

黄草镇虽然没有那么好的条件，但美景众多，像黄草镇这样有山又有水，就像习总书记说的，要"看得见山，望得见水，记得住乡愁"，能够保持住这种原生态的地方其实不多。这种山水宜居，不光是本地原住民的宜居，还有那些外来人的宜居，特别是评上 AAAAA 景区以后，黄草镇的游客是暴增。

黄草小镇最主要的特色体现在哪些方面呢？一是住，当地原住民住得下，能够很好地生产、生活。二是留，游客大都流连忘返，留得下来。三是静，非常的安静，非常的幽静，非常的让人心静。四是养，对于现在的人来说，生活水平提高了，人的身体是最重要的，就是要养养身。五是修，就是修身养性。住、留、静、养、修就是我们黄草镇最大的特色，用 4 个字来体现就是"世外桃源"，就像陶渊明说的，悠然望南山……真的，到这里有一种非常安逸的感觉，去每家每户走一走，住在那个家里就真的不想走了，好舒服啊！真的就是陶渊明笔下的世外桃源。

在中国，生态环境保持这么好，又没有被商业化的地方还真是不多。这也得益于黄草小镇的交通不便，因为交通不方便才保存了这种世外桃源。从外面进来，经过那条狭长的水道，看到那个湖面就豁然开朗，经过连接高速的 20 公里弯弯曲曲的公路，走到这里就豁然开朗。黄草小镇真的就像观音菩萨手中的净瓶那样，这样的感觉，就是一个世外桃源，这就是黄草小镇的独特之处。

蒋勇光：黄草小镇的特色应该说别人是没有办法复制的。第一是山水资源，像这种有山有水，并且是水质非常好的地方是很少。这要得益于我们对这个湖的保护。第二是我们黄草小镇的生态植被和空气特别好，很宜居。到现在，黄草小镇获得国字号的牌子有 4 块："全国美丽宜居小镇""全国特色景观旅游名镇""全国环境优美乡镇""全国文明村镇"。所以说黄草小镇的优势是得天独厚的，而且这种森林资源、山水资源目前还没有得到完全开发。黄草小镇是很适合养生养老的地方，特别是中国进入老龄化社会以后，对一些具有特殊要求的养老群体，黄草小镇应该是他们向往的圣地。所以，黄草小镇很有发展前景，很有发展空间。

陈文胜：有人把特色小镇进行分类：一是地域文化型，如某某古镇；二是传统文化型，如功夫小镇；三是个性文化型，如风情小镇；四是现代商业型，如乌镇。黄草小镇最突出的优势是生态环境，特别是天然、无污染的东江湖更是无与伦比的优势，在中国是稀缺资源，在世界也不多见。因此，黄草小镇可以作为第五类：休闲养生型，生态小镇。

"特色小镇"建设要从哪些方面提升？

李　莉：现在黄草镇面积有 354 平方公里，但要打造特色小镇就要围绕东江湖的湖心，整个湖边一圈，大概就是 10 平方公里。浙江的特色小镇大多是以 3 平方公里为一个半径的产业集群，在我们黄草镇就是一个休闲养生的世外桃源，就是这么一个特色小镇，不能大而全，不能把 300 多公里全部一起搞起来，那些只能是配套辅助，集中就是打造 94 平方公里。

黄草小镇今后要从哪些方面提升？第一个就是规划。首先是整个小镇定位的规划。要打造的终极目标，一个远景的规划，要呈现在我们面前的一个蓝图。

其次是建设期的规划。打造一个地方不是一蹴而就的，不是一天两天也不是一年两年的，一定要有一个累积的过程才形成最后的一个爆发。所以，要有一个建设期限的规划，要是搞一个事情就是一年两年，那样的话就绝对搞不成。不说远了，就说，"十三五"规划就应该把黄草特色小镇作为资兴市甚至郴州市的一个工作重点，到 2020 年建设完成这么一个期限。我们做事就是缺少一种匠心，让自己沉淀下来来做一种事情。那天，我们很多乡（镇）干部就在一起探讨，就说如果给我一个时间，比如说在黄草镇工作 5 年，那么我会很安静地把我这 5 年的任期搞完。问题是现在干部是很浮躁的，不知道在这里能够做多久，能够做多少事情，能完成多少任务。所以，很多干部就说，如果给我一个期限，比如能够保证我干 5 年，那我就能够保证很认真地干完这 5 年，就会按照我的思路来做一个规划。中央还是意识到了这个问题，现在的人事制度，有这方面的改进，比如乡（镇）干部，在一个地方必须做满 3 年，不满 3 年就不能够走。但在干部管理制度上需要解决这个问题，在项目建设上也需要解决这个问题，因为不能是今天有项目，明天就报项目，后天就完成项目，需要有一个建设期限的规划。这个期限 10 年太长了，一年两年又太短了，5 年刚刚好，时间比较集中又比较容易出效益，5 年连续建设一个镇也能够出效果。

再次是投入的规划。不管是在国外还是在国内，真正要打造一个小镇，不能没有投入。但是投入是有两个方面，一方面是政策和国家层面上的投入，另一个是市场的投入，市场的投入也要靠国家政策来引导。如浙江省，好像是说用 50 亿打造整个浙江省 100 个小镇，有一个明确的数字就好办多了。2012 年，郴州明确提出用 3 年打造 30 个示范镇，后来就成了虎头蛇尾。当时规定示范镇每年补助 15 万，3 年 50 万，还有两个联系单位每年要支持 10 到 15 万，有一个考核指标。联系我们黄草镇的是郴州市旅游局和郴州市电网公司，支持比较到位。其他的乡（镇）大多是一万、两万，甚至是零。

第二个就是政策。现在打造这些特色小镇，在这么短的时间内要快速发展的话，需要靠国家政策来引导，大到国家级、省一级，小到我们资兴市一级。这几年有些政策虽提出来了，第一年力度最大，到后面力度就不断降下来了。

就我们黄草镇来说，交通是最大的问题。交通分为水路跟陆路，水路一定要把东江湖这个旅游设施给理顺。东江湖的船要改革才能够解决问题，船的问题不解决影响很大。因为船又不能够超载，满足不了需要，买船又要海事处批，你想买他还不给你批。不批是因为考虑到安全方面要求买那种双艇船，造价很高。也不能说完全不对，但是作为老百姓买一条船就要两三百万，三四百万，票价只有 19 块钱每人，收益跟成本不相匹配呀，这样一来就解决不了这个方面的问题，这个就是水上交通。再就是陆地上的交通问题。首先就要把高速上的连接线完成好，不只是黄草镇的连接，更是整个东江湖区域的市场开拓，以及罗霄山脉，包括整个郴州市旅游线路的打造。这个高速连接就是从宜章的莽山再到东江湖，黄草镇是中间，然后是汝城的温泉，一条线就把它全部连接起来了。还有就是基础设施，就是旅游的各项基础设施以及小城镇建设所要求的一些要素，提升应该就是从这几个方面。

蒋勇光：今后怎么提升，我觉得，第一个就是需要一个特色小镇建设的整体规划。把整个产业布局、镇区发展、旅游发展等多种规划融合在一起，才能够指导今后 5 年、10 年甚至 20 年，不管是谁来当书记、当镇长都是按照这个整体规划来进行。而这个规划肯定要在整个东江湖大景区的规划范围内设计，所以，应该是由资兴市委、市政府牵头来做，而不是由我们黄草镇来做。

第二个就是要建立一个平台。我们现在想组建一个黄草景区开发投资公司，景区建设由这个公司来运作，公司由政府来控股，吸引民间资本参与。把黄草镇的生态资源变成资本，变成了资本就可以融资，就可以搞分期开发，哪些容易开发的先开发。开发了以后，就有人会来投资了，这就需要解决一个投融资主体的问题。

第三个就是整个的产业转型。我们给黄草镇的定位是"全景黄草、全域旅游、全民幸福"，那么，黄草镇所有的农业、服务业等都要都围绕旅游这个核心产业来转型发展。旅游需要什么，就引导发动老百姓生产什么、服务什么。无论是交通、餐饮、物流，还是土特产等等都往旅游方面来发展。

第四个就是争取立项。我们现在的体制，不争取立项就什么事都干不了。争取立项的最大困难是什么？我们乡（镇）这一级去争取立项，要到省一级、国家一级，要把项目纳入国家投资计划，比登天还难，申请了也只是给一个几十万的项目，还觉得是大项目了，能够做什么事？要申请给一个亿，可能吗？争取立项的压力很大！

第五个就是招商引资。招商引资现在是我们的重头戏，这几年也有些进展，但真正大的招商引资项目缺乏。旅游产业虽说是一个朝阳产业，但对资金的需求量太大，建设时间又长，收益的周期就更长。所以，投资搞旅游的，一般是与地产相结合，而我们这里做地产是没有条件的，比如说建个别墅，这是不允许的，即使允许建也卖不上高价。这就是招商引资工作遇到的最大瓶颈。还有就是交通不怎么好，不可能在这里建一个机场。再就是整个经济下行的压力。虽然有钱的人多，但都是想找投资周期短、见效快的短平快项目，所以，招商引资的成效不是很好。

第六个就是文化的挖掘整理。我们黄草镇有移民文化、农耕文化、瑶族文化，还有红色文化，这里是红六军团长征经过的地方。特色小镇建设任重道远，不是一届、两届党委和政府能够做得好的事情。现在关键就是定位好，规划好，分步实施，量力而行。要不然的话，就是个口号而已。

陈文胜：特色小镇建设要有一个全域旅游的概念，这些民居每一个房子外貌、庭院内外的花草都要好好地设计，房子里面一定要现代化，但外面一定要原汁原味的乡土气息。从起步的时候就要追求整个区域的融合发展，虽然各自独立、多元布局，但却是一个规划、一个思路干到底，这是特别重要的。要创新移民制度，吸引那些有社会影响力的特殊群体移民到这里来休闲养老，提升整个小镇的品位与增值能力。

"特色小镇"建设的最大感悟是什么？

李　莉：最主要的感悟，就是在具体项目的顶层设计方面还需要进一步完善，特别希望湖南省委、省政府对黄草镇这样基础条件比较好、有发展潜力的特色小镇予以扶持发展。这几年我们在搞百村建设，黄草镇现在房子全部都是青瓦白墙，大多已经搞完了，接下来就是要搞一些里面的软环境了。但搞软环境还是需要政策支持的，你不可能说让他栽花就会栽花、让他种树就会种树、让他把环境卫生搞干净就会搞干净，有些老百姓把自家门口搞干净了，但是他把垃圾都倒到河里面，我们镇政府不能说要他怎么样就会怎么样，这个素质的提升还是需要投入的。

我很爱这个地方，对于未来打造黄草特色小镇也很有信心。因为这个地方的"特"，不像安化黑茶只是一般产业的特，重要的是它符合了当前旅游开发这种产业相融合的要求，很有特色和亮点。像黄草镇这样能够来打造特色小镇的还真是不多，我觉得完全可以把周边这些景区景点全部串联起来，就成了一个完整的扩大版西湖。像西湖今年就成了 G20 峰会的地点，我觉得黄草小镇也有条件建设成为这样一个国际峰会的场地，完全可以实现这个目标。

十四、深化改革推进农业农村优先发展
——对话奉清清

习近平总书记在党的十九大报告中首次提出"坚持农业农村优先发展",要求把实现乡村振兴作为全党的共同意志、共同行动。2019年中央一号文件全面部署了坚持农业农村优先发展的政策措施,推进新一轮农村改革,以补齐农业农村发展的短板,破解不平衡不充分的问题,在实现农业农村现代化征程上迈出新的步伐。湖南日报社理论部奉清清就此与陈文胜进行对话。

明确必须完成的硬任务

奉清清：中央一号文件连续十多年如期而至，2019 年的中央一号文件对推进农业农村优先发展有哪些新要求？

陈文胜：2019 年中央一号文件日前下发，这是 21 世纪以来连续出台的第 16 个关于"三农"工作的中央一号文件，体现了党中央对"三农"工作一如既往的高度重视和着力补齐"三农"这一发展短板的坚定决心。每年中央一号文件都有不同的主题，今年中央一号文件的主题是"坚持农业农村优先发展"，在 4 个方面作了重点部署，提出了新任务、新要求。

一是坚决打赢脱贫攻坚战。把脱贫攻坚摆在首要位置，要求精准施策，不折不扣完成脱贫攻坚任务，主攻深度贫困地区，着力解决突出问题，巩固和扩大脱贫攻坚成果，从而为全国决战决胜脱贫攻坚提出了更高、更严的要求。

二是坚持深化农业供给侧结构性改革。与往年不同的是，对深化农业供给侧结构性改革，提出了围绕"巩固、增强、提升、畅通"的具体要求，把夯实农业基础和发展壮大乡村产业作为重点任务，推进农业高质量发展，为当前和今后一个时期加快推进农业现代化提供了指导和遵循。

三是坚定推进新一轮农村改革。对全面深化农村改革提出了明确要求，部署了巩固和完善农村基本经营制度，深化农村土地制度、集体产权制度改革，完善农业支持保护制度等一系列重大举措，农村改革的步子必将迈得更大、更快。

四是坚实抓好基础性工作。对加快补齐农村人居环境和公共服务短板，扎实做好乡村规划建设和社会治理各项工作进行了全面部署，并进一步将五级书记抓乡村振兴、"三农"工作队伍建设、发挥好农民主体作用等要求具体化、制度化。

现实矛盾决定重大战略的方向调整

奉清清：把加快城镇化转变为农业农村优先发展，是党的十九大作出的重大战略方向调整。回头来看，调整效果在哪里？

陈文胜：随着社会主要矛盾的转化，突出地表现在城乡发展不平衡、乡村发展不充分，而农业成为现代化"四化同步"中最突出的短板，农村成为全面小康社会建设中最突出的短板，农民收入水平成为城乡收入增长中最突出的短板。因此，习近平同志提出了"小康不小康，关键看老乡"。中国能否全面现代化，关键是农民不能缺席，乡村不能掉队，农业不能拖后腿。所以，农业农村优先发展战略就把农业农村摆在一个前所未有的国家战略高度，就是从满足工业化和城镇化的需要，到优先满足农业农村发展的需要这样一个历史转变，是中国经济社会发展的一个重大战略方向的调整。

从乡村振兴战略实施一年多的时间来看，全国上下坚持农业农村优先发展的共识已经形成，乡村振兴的制度框架和政策体系逐步形成并不断完善。具体从湖南省来看，着力把促进产业兴旺作为重点，实施了六大强农工程，全方位支持乡村产业振兴，推动特色产业、休闲农业、农产品加工业实现了快速增长。并持续加大补短板、强基础、惠民生的投入，大力提升农村基础设施建设和基本公共服务水平，推进农村人居环境整治三年行动，有序推进农村产权制度改革，加强涉农资金统筹整合，推进农村基层党组织"五化"建设，协同推进乡村振兴与精准扶贫，乡村振兴开局良好，脱贫攻坚成绩斐然，农业农村优先发展的要求正逐步得到落实。

社会发展趋势的必然要求

奉清清：有人认为，乡村振兴战略是 21 世纪中国发展的一个重大的历史发展机遇。您认可这个观点吗？为什么？

陈文胜： 这个观点是正确的。进入 21 世纪以来，随着党中央"两个趋向"重大论断的提出，开启了中国工农城乡关系的历史转轨，推进了"工业反哺农业、城市支持农村"的历史变革。在世界城市化进程中，有一个普遍现象就是都出现了乡村衰退问题，而在城镇化率达到 70% 以后，城乡矛盾才逐步得到解决。随着城镇化的不断推进，到 2016 年我国城镇化率已经接近 60%，以城镇为主的人口分布格局基本形成，标志着乡村中国进入了城镇中国的新时代。根据有关研究预测，中国在 2020 年、2030 年城镇化率将分别达到 60%、65%，2050 年可能超过 70%。因此，人口向城市聚集这个大趋势难以逆转，如何在加快推进城镇化的同时实现农业农村的现代化，把乡村建设成为一个与城市共生共荣、各美其美的美好家园，乡村振兴既是中国社会发展趋势的必然要求，又是新时代的一个重大历史发展机遇。

从经济形势来看，当前的国内国际经济形势复杂，2018 年中央经济工作会议指出，"要看到经济运行稳中有变、变中有忧，外部环境复杂严峻，经济面临下行压力"。显然，在经历了长期的高速发展后，我国经济进入到一个风险与困难并存的发展环境中。农业是国民经济的基础，农村是经济危机的避风港，正如习近平总书记强调，经济形势越复杂，越要稳住"三农"基本盘。通过实施乡村振兴战略，加大乡村建设投入，推进农业农村现代化，全面提高农民收入，推动广阔的乡村市场需求的大升级，从而为全面扩大内需，推进经济顺利转型，实现经济增长、就业扩大、民生改善的良性互动，应对复杂严峻的国际经济形势提供了战略突破口。

从乡村自身来看，在工业化、城镇化进程中，农业被赋予了食物供给、工业原料、生态保护、环境调节、生物能源、观光休闲、文化传承、国际竞争等多重功能，乡村作为乡愁的载体、绿色生活的空间，其独特价值日益为人们所认知。而在长期以来的城乡二元结构中，乡村的发展潜力还远远未得到充分发掘。实施乡村振兴战略为乡村自身发展空间的拓展、发展能力的提升提供了前所未有的机遇，同时也为创造更多物质财富、精神财富、优质生态产品以满足人民日益增长的美好生活需要提供了有力的保障。

四大关键问题亟待破解

奉清清： 在实施乡村振兴战略中，湖南省农业农村发展存在哪些关键问题？

陈文胜： 尽管近年来湖南省"三农"工作成效显著，但乡村发展的体制机制创新滞后，迫切需要在实施乡村振兴战略中着力加以解决。

一是农业发展的数量与质量不平衡问题突出。尽管近年来湖南省大宗农产品产量居全国前列，但农产品品质与市场消费需求呈现一定程度上的偏差，导致供大于求与供不应求的现象同时并存。作为粮猪型的农业大省，最具产量优势的稻谷以品质较低的籼稻为主，市场需求不足而长期依赖政府托市收购，库存积压严重；生猪多为常规瘦肉猪品种，除了宁乡花猪外未能形成市场品牌，虽然具有一些地方特色的品种却规模小，且近年来在全国猪肉价格不稳定的情况下，大量小规模养殖户被迫弃养。蔬菜多为低档菜，质量参差不齐，廉价销售多，品牌经营少。水果的区域特色不明显，跟风种植多，品质优的就供不应求，品质低的就滞销堆积，如2018年底以来就出现了椪柑等水果大面积滞销现象。

二是农民主体的乡村治理亟待强化。主要是充分体现在农民参与权、表达权的自治机制不健全，严重影响了农民主体地位的实现。一方面是农民自治参与认知模糊，没有认识到自己是自治权利的主体，很多农民都抱着"事不关己，高高挂起"的心态看待村庄的村务管理、决策、监督。另一方面是农民自治参与路径不畅，村民自治沦为村委会自治，自治法规难以执行到位，农民的知情权、参与权、表达权、监督权难以履行到位，而村委会自治又往往造成群众合法利益受到侵害，导致一些农民由于无法有效地表达自身的利益诉求而充满怨气。

三是乡村要素缺乏有效激活机制。作为传统的农业大省，湖南的乡村积淀了数千年的传统文化，拥有庞大的人口、土地、生态资源。但受长期的城乡二元体制束缚，在快速工业化、城镇化进程中，一方面，乡村人才、资金等要素单向流入城市，另一方面，乡村土地、房屋、生态等资源要素出现闲置现象。如何盘活乡村要素，促进城乡资源要素双向互动，对于湖南省乡村振兴意义重大。

四是乡村振兴的投入乏力。尽管近年来湖南省各级财政对农业农村的投入力度不断加大，但受经济下行的影响，财政投入乡村振兴的总量仍然不足，结构也有待优化。尽管市场化融资机制在解决乡村资金供求矛盾上发挥出越来越大的作用，但农村产权改革滞后情况下的融资风险逐渐积累，金融机构惜贷、民间资金观望也十分突出，农村资金缺、贷款难的问题未能得到有效缓解。

动能转换成为内在动力

奉清清：实现湖南省农业农村高质量发展不仅是挑战，存在的机遇是什么？

陈文胜：党的十九大报告提出建立健全城乡融合发展体制机制和政策体系，进一步强调的是制度变革、结构优化、要素升级，实现新旧动能转换。基于社会的主要矛盾要求，城乡发展不平衡、乡村发展不充分必然会倒逼城乡二元结构变革，成为推动城乡融合、实现农业农村高质量发展的根本动力。湖南作为农业大省、鱼米之乡，农耕文化历史悠久，自然生态条件优越，农业资源丰富，在农业农村优先发展的总方针指引下，推进农业农村高质量发展面临着难得的机遇。

随着信息化的不断推进，互联网极大地改变了城乡的空间距离，为新技术新产业新业态新模式在乡村的发展开辟了广阔的道路，使乡村的多元发展加快新动能成长。同时，城镇化的快速推进和人们生活水平的提高，绿色食品、传统文化、休闲旅游、优良生态等越来越成为人们日常所需，人们享受生态产品、体验田园生活、感悟乡愁的情结日益浓厚，农产品适应市场需求的品牌化、特色化成为潮流。这为湖南省发挥生态优势与文化优势，深入挖掘广大乡村功能，提升乡村各种产品的价值提供了广阔的市场空间；为湖南发挥地域广阔、农业品种丰富且精耕细作经验丰富的优势，大力发展特色农业、品牌农业，抢占市场先机提供了新机遇；为增加农民收入、扩大乡村内需提供了有力支撑，成为推动城乡二元结构变革、实现农业农村高质量发展的内生动力。

小农户的农业现代化

奉清清：尽管湖南是农业大省，而人均耕地面积不到 1 亩，如何实现小农户的现代化？

陈文胜：人多地少的湖南省情，且以丘陵、山区为主，如何实现小农户和现代农业发展有机衔接，是实施乡村振兴战略的重大课题。习近平总书记在小岗村考察时指出：规模经营是现代农业的基础，但改变分散的、粗放的经营方式，是需要时间和条件的，要有足够的历史耐心。因为即使实现了全面现代化，也仅是 80％的城镇化，还有 20％的农业人口，20％就是近 3 亿人，按照 18 亿亩耕地红线就是人均 6 亩耕地，这就决定了小农户在相当长历史时期的必然存在。

西奥多·舒尔茨认为，改造传统农业的关键是引入现代要素，其中依赖技术的变化而使用新要素又最为关键。湖南省尽管人均耕地面积不到 1 亩，但是除了插秧以外基本上都实现机械化，也就是用现代要素来改造农业，从而颠覆了传统意义上的农业规模经营概念，打破了小农户不能实现农业现代化的判断。因此，对于湖南省而言，用扩大社会化服务规模来提高农业技术装备规模和信息化水平，以弥补耕地规模的先天性局限，促进小农户装备现代化与经营集约化，无疑是实现小农户现代化的主要途径。因为不可能每一个农户都去购买农机，不可能每家每户去对接市场，必须要有一个社会化服务体系成为链条，链接农业生产与农机、技术服务，链接农业生产加工、与市场。

走品牌化的高质量发展之路

奉清清：产业兴旺是解决实现乡村振兴的前提，如何以深化农业供给侧结构性改革为主线推进湖南省农业高质量发展？

陈文胜：湖南省农业产业基础较好，农产品数量优势突出，但质量和品牌是短板。必须以深化农业供给侧结构性改革为主线，按照湖南省委关于打造以精细农业为特色的优质农副产品供应基地的要求，围绕"舌尖上的安全"与"舌尖上的美味"实施"六大强农行动"，推动品种优化、品质提升和品牌创建，推进农业发展从增产导向转向提质导向，唱响质量兴农、绿色兴农、品牌强农主旋律，走出一条农业高质量发展品牌化经营的产业振兴之路，使农业成为一个具有无限生机的美好产业。

加快地标品牌建设，推进农业区域结构、品种结构和产业结构优化。品牌是产品的灵魂，结构优化是品牌化的关键。推进农产品品牌化建设，是深入推进农业供给侧结构性改革，提高农业综合效益和竞争力，促进农业增效和农民增收的重要抓手。湖南省要突出品牌建设引领，坚持数量与质量并重，推进农业区域结构、品种结构和产业结构优化，打造一批全国性农业品牌，形成支撑乡村振兴的特色品牌产业体系。

加快品牌培育的社会化服务，推进小农户融入品牌体系。推进农业科技成果的社会化服务，用现代化科技和信息技术为农产品生产、加工、销售提供社会化的技术服务，不断提高品牌的农业科技社会化服务水平。采取政府购买服务的方式，为农产品品牌宣传与推介提供社会化服务；支持农产品批发市场建立现代信息化运营管理系统、推进电子商务技术应用，实现线上线下运营，推进农产品流通服务社会化；整合省级资源，支持建立共享的农产品产销、供求的区域性公共信息服务，构建农业综合信息服务社会化体系，不断加大农产品品牌营销社会化服务力度。支持建立农产品品牌评价研究机构，支持农产品品牌运营策划中介机构发展，加强农产品品牌动态管理，形成政府部门支持、行政主管部门监管、行业协会共同参与的品牌认定和评估机制，建立实时状态的品牌企业数据库，向消费者和全社会开放，对于品牌的相关信息消费者随时可以在网上查询，让全社会对品牌进行监督，不断提高品牌运营与维护的社会化服务水平。

加快财政政策转型，推进从数量导向向质量导向转变。加快现行农业支持政策改革，推进湖南省农业生产经营的扶持、奖励政策向高质量品牌化支持转型，突出将具有品质与市场竞争力的地域品牌作为政策扶持的重点，从奖励种粮大县、养猪大县转变为奖励品牌大县，从扶持新型农业经营主体的规模化经营转变为扶持新农业经营主体的品牌化经营，以此促进农业资源配置向注重农产品特色化品牌化转变，引导湖南省农业供给由主要满足"量"的需求向更加注重满足"质"的需求转变。

以深化农村改革为动能

奉清清：根据 2019 年中央一号文件的要求，如何以深化农村改革为动能激化乡村发展活力？

陈文胜：自党的十九大报告提出实施乡村振兴战略以来，湖南省乡村振兴取得了可喜的成效。但是乡村发展活力不足成为阻碍湖南省乡村振兴的主要问题，必须以深化农村改革为动能激发乡村发展活力，培育乡村振兴新动能。

深化乡村市场化改革，激发乡村资源要素活力。要以市场需求为导向，加速推进城乡资源要素配置的市场化改革，破解阻碍城乡资源要素流动的市场壁垒，推进乡村发展制度变革。要进一步推进农村承包地的"三权分置"，确保农村土地资源的有效流转；推进农村土地制度改革 3 项试点，推进农村土地征收、集体经营性建设用地入市、宅基地制度改革 3 项试点工作深度融合；加速开展宅基地所有权、资格权、使用权"三权分置"试点改革，稳妥推进宅基地使用权有序流转；引导农村资源权益资本化经营，积极推动资源变资产、资金变股金、农民变股东，激发乡村资源要素活力。

　　推进乡村管理体制改革，激发政府推动力。要突出重心下移、权限下放、优质服务，构建简约高效的基层管理体制，健全农村基层服务体系，有效激发政府对乡村发展的推动力。一方面，要深化农业农村"放管服"改革，简化管理程序，对农民生产生活中不必要的行政证明和审批做好"减法"；优化乡村服务，对农民生产生活做好"乘法"。加大推行"互联网＋政务服务"基础平台建设，实现基层政务服务"一号申请、一窗受理、一网通办"，大力实施"马上办""网上办""一次办"，为乡村提供省时、省钱、省心的服务。另一方面，要理顺县、乡（镇）政府的权责关系。规范对县、乡（镇）政府的责任考核，严格控制对乡镇"一票否决"的考核范围，主动为基层松绑；进一步理顺市场和政府的关系，提高县（市、区）政府的宏观调控能力，强化乡镇街道政府公共服务执行能力；扩大乡（镇）公共服务的财政自主权，重构并弥合"财权"与"事权"相匹配的县、乡（镇）财政管理体制。

　　完善乡村人才振兴机制，释放乡村发展主体活力。创新乡村人口人才管理体制，确保基层人才队伍优先向农业农村倾斜，形成支持保护精准有力、体制机制顺畅高效、微观主体充满活力的乡村人才生存环境。一方面，要进一步深化户籍制度改革，建立有利于城乡人口双向流动的制度体系，重点做好农民进城落户、市民下乡创业的户籍工作，健全相关配套政策，逐步实现城乡公共服务一体化，确保城乡户籍人口与常住人口同等享受公共服务。另一方面，要增强乡村对人才的吸引力、向心力、凝聚力，引导社会各类人才向农业农村集聚。支持各类人才返乡，鼓励退休人员回乡，引导工商企业家下乡，为乡村发展注入现代生产元素和人才资源。

十五、疫情之下全面小康与乡村振兴的方向及重点

——对话奉清清

习近平总书记指出，小康不小康，关键看老乡。《中共中央、国务院关于抓好"三农"领域重点工作确保如期实现全面小康的意见》于 2020 年 2 月 5 日发布。这份如期而至的中央一号文件，明确了今年两大重点任务，是集中力量完成打赢脱贫攻坚战和补上全面小康"三农"领域突出短板。2020 年是全面打赢脱贫攻坚战收官之年，是全面建成小康社会目标的实现之年，在发生新型冠状病毒肺炎的重大社会公共危机背景下，如何切实发挥"三农"的压舱石作用？如何决胜农村全面小康？如何推进乡村振兴？湖南省"三农"工作如何突围？湖南日报社理论部奉清清就此与陈文胜进行对话。

战略重点由解决绝对贫困向解决相对贫困转变

奉清清：打赢脱贫攻坚战是全面建成小康社会的重中之重，"三农"是打赢脱贫攻坚战的"基本盘"。值此全面打赢脱贫攻坚战收官之年，面对突发的新型冠状病毒肺炎疫情的重大社会公共危机，抓好"三农"领域重点工作，有什么重要意义？

陈文胜：可以说，作为一个农业大国，农村是中国的战略后院，"三农"工作发挥着压舱石作用。

按照党的十九大总体部署，2020年处于脱贫攻坚全面进入攻城拔寨的决胜期，贫困地区和贫困群众将同全国一道进入全面小康社会，同时也处于实施乡村振兴战略的起步阶段，开启全面建设社会主义现代化国家的新征程。乡村振兴与脱贫攻坚是当前中国全社会的两大国家战略行动，习近平总书记对此明确要求，"打好脱贫攻坚战是实施乡村振兴战略的优先任务"。因此，打赢脱贫攻坚战是全面建成小康社会的底线任务，也只有建立解决相对贫困的长效机制，实现乡村振兴才能从根本上解决农村的贫困问题。

党的十九届四中全会要求坚决打赢脱贫攻坚战，建立解决相对贫困的长效机制。这是党的十八大以来党中央首次提出"解决相对贫困"问题，明确了农业农村现代化的战略重点由解决绝对贫困问题为主，逐步向解决相对贫困问题为主转变。党的十九大报告明确，中国社会仍将长期处于社会主义初级阶段，"解决相对贫困"问题就不仅是未来乡村振兴的重要核心内容，更是乡村振兴的一项长期性战略任务。在突发新型冠状病毒肺炎疫情的背景下，更需要守住农村这个战略后院，稳住"三农"这个基本盘，发挥它压舱石和稳定器的战略作用。

决胜全面小康必须应对三大挑战

奉清清: 对标对表 2020 年中央一号文件全面建成小康社会目标,湖南省面临的最大现实挑战是什么?

陈文胜: 湖南省作为"精准扶贫"的首倡之地,对标对表中央要求,积累了诸多脱贫攻坚有益经验,为湖南省全面建成小康社会奠定了坚实基础,但也要看到,随着国民经济发展速度放缓,我国农产品消费结构整体转型,近几年来主要农产品价格出现国内外倒挂的基本态势,又突发新型冠状病毒肺炎疫情危机,势必对湖南省全面小康与乡村振兴带来前所未有的挑战。

挑战之一:农业仍然面临供大于求与供不应求并存的矛盾。根据人多地少的省情,湖南省委、省政府推进了以精细农业为取向的农业供给侧结构性改革,在农业高质量发展上迈出了新步伐,不少地方的特色农产品无论是内在品质还是外形包装都发生了根本性的变化,但也仍然存在着大宗农产品品牌优势不明显、销售渠道不畅、农产品同质化竞争、低端产品去产能难等突出问题。如湘北、湘西南品质好的冰糖橙供不应求与老品种的柑橘滞销并存;以华容县的华容稻、南县的稻虾米、道县的富硒大米为代表的优质大米供不应求与绝大多数普通大米滞销并存。同时,农产品优质不能优价的问题也比较突出,其中冷链物流设施滞后导致瓜果与蔬菜等优质农产品应季集中上市而供大于求、价格下跌,在非出产期的淡季价格上涨而产品供难应求。

挑战之二:农村基本公共供给面临由特惠向普惠转变的难题。近年来,湖南省委、省政府按照习近平总书记重要指示精神对标对表,以特惠政策集中力量推进贫困地区脱贫攻坚,取得了决定性的成效。但调研发现,不少非贫困地区农村也突出存在着基础设施建设、基本公共服务、基本社会保障等薄弱环节,是全面建成小康社会尚未完成的硬任务,迫切需要公共财政的农村投入由特惠向普惠转型。而当前国际国内形势复杂严峻，暴发的新型冠状病毒肺炎疫情影响难以预估，国民经济结构性减速或将成为今后一定时间的阶段性趋势，必然影响到作为农业大省对"三农"的财政投入方式和投入水平。如何应对农村基本公共供给由特惠向普惠转型，是确保补齐湖南省农村全面小康短板的一个现实难题。

挑战之三：农民增收面临多重叠加的压力。湖南作为农村劳动力转移大省，受国民经济下行的影响，农民在城镇就业的形势不容乐观。尤其是新冠肺炎疫情的影响，造成了不少行业停工停产，不仅直接导致作为农民收入增长主要来源的工资性收入面临前所未有的困境，还直接导致农产品消费需求变化而影响到农民经营性收入的增长，而且直接导致财政收入的放缓而影响到农民的转移性收入的增长。支撑农民增收的传统动能在走弱，新的动能尚未形成，使农民的资产缺乏转化为资本的确定性途径，表明农民财产性收入也面临着不确定性的困境，增收形势极为严峻。

打赢脱贫攻坚战所需要突破的最后堡垒

奉清清：根据 2020 年中央一号文件要求，今年农业农村工作最重大的任务是对标对表"补短板"打赢脱贫攻坚战。三大挑战之下，湖南省补齐短板的核心内容是什么？

陈文胜：从湖南省实际来看，乡村基础设施建设、基本公共服务和基本社会保障仍然是城乡发展不平衡中的突出短板，需要进一步完善补齐乡村短板的体制机制，巩固全面建成小康社会的成果。湖南省委经济工作会议提出更明确的目标是，要以"全面小康决胜年"为抓手，推动努力实现"一脱贫、三促进、六覆盖"。而其中"六覆盖"的农村义务教育、社会保障、农村安全饮水、基层公共服务（一门式）、农村危房改造、农村通组道路是"补短板"的核心内容。

最根本的是按照农业农村优先发展的要求，加快以农民需求为导向的公共产品供给侧结构性改革。对于公共财政实力不强的湖南省来说，按照农业农村优先发展的原则，当前的重点是集中力量满足农民最关心、最直接、最现实的需求，避免一些地方出现超需求、超标准的形象工程，防止不需要补短板的重复补、该补的却没补上。在公共资源配置和公共产品供给决策时，要制定出为基层所接受、为农民所欢迎的政策措施，在确保"两不愁三保障清零"的基础上，解决好乡村公共基础设施、公共教育、医疗卫生、基本社会保障、基本社会服务、住房保障、公共文化服务等方面的突出民生短板。在公共产品供给形式上，探索"公办民助""民办公助"等方式，引入社会力量参与乡村公共产品的提供，构建政府主导下的多元化、社会化的公共产品供给体系。

决胜全面小康与乡村振兴的战略重点

奉清清：根据 2020 年中央一号文件的要求，确保粮食安全始终是"三农"工作的头等大事。就粮食大省湖南省而言，确保重要农产品特别是粮食供给的战略重点是什么？

陈文胜：湖南省作为鱼米之乡，主要农产品生产不是问题，如何提高农产品效益、激发农业经营主体生产经营积极性才是"保供给"的关键问题。如华容县吉娃米业的优质大米可以卖到 34.5 元 1 斤且供不应求，而普通大米只有 2.5 元 1 斤，公司收购农民的优质稻每百斤 220 元，比政府收购价的 126 元高出 94 元，农民种粮的积极性无须政府发动就很高，订单面积已达 30 万亩。因此，"保供给"要突出在解决农产品同质竞争与低端农产品供大于求的两大难题上下功夫，以精细农业为取向，实现农业发展由"以量取胜"的低端路线向"高品质、高附加值、高盈利"的品牌路线跨越，形成从行政推动为主逐步走向政府引导下市场驱动为主的农业发展机制。

在具体措施上，就要将具有品质与市场竞争力的区域品牌作为完善乡村产业发展规划战略的重点与政府资金项目落地的依据，进一步明确洞庭湖生态农业经济区、"长株潭"都市农业区、湘南特色农业区、大湘西生态保护与休闲旅游农业区四大区域功能定位，立足农业自然资源与市场需求，在建立区域农产品品牌目录制度框架下形成各区域农业产业布局的正面清单与负面清单，按照"一县一特""一村一品"的思路，错位发展具有鲜明地域特色的优质产品，实现农产品数量、质量、价格量"三量齐升"。

决胜全面小康"强弱项"的最大约束与主攻方向

奉清清：决胜全面小康要"强弱项"，湖南省"强弱项"的主攻方向是什么？

陈文胜：由于湖南省人多地少山多田少，95％以上的农业经营主体是小农户。因此，可以说，小农户农业是湖南省全面小康的最大弱项，既是全面小康与乡村振兴的重点和难点所在，更是破解困难约束的潜力和希望所在；既是乡村振兴最广大的主体和最根本的力量，更是全面小康的最大约束和主攻方向。过去，农业的支持政策大多偏向规模大户和农业企业。而垒大户形成的规模只有盆景效应，难以形成带动湖南省农业发展的社会效应，是农民人均收入低于全国平均水平的重要原因之一。因此，必须把强化对小农户的支持作为"强弱项"的主攻方向，支农惠农的重点向小农户倾斜，作为破解湖南省农民收入长期低于全国平均水平的强农之举。

突出农业社会化服务，着力解决小农户与现代农业发展有机衔接不强的弱项。建立健全农业社会化服务体系的具体政策，推动新型农业经营主体建立与小农户的生产经营合作机制。在鼓励发展多种形式适度规模经营的同时，推动农业向专业化分工、社会化协作转变，明确财政支持全面推进县级农业信息化平台建设，依托"互联网＋"建立城乡生产与消费多层次对接的空间载体和经营主体，不断扩大城市对乡村社会化服务规模，提高农业技术装备规模和市场化水平，推动城乡产业融合发展。

突出生产、供销、信用"三位一体"的农民综合合作社发展，着力解决农业组织化程度不强的弱项。借鉴浙江等省经验，深入推进供销合作社综合改革，加快形成符合合作制原则的现代产权结构和治理机制，采取合作制、股份合作制等形式，广泛吸纳新型农业经营主体和农民入社，开展与农业经营主体、农业服务主体、农村商业银行等各类主体的深入合作，形成集生产、供销、信用服务功能于一体的农民合作经济组织体系。在此基础上，广泛推行生产服务与供销服务相结合、农资销售与技术服务相结合、金融服务与资金互助相结合的农业社会化服务模式，使社会化服务贯穿于生产经营各个环节、服务于广大农民，在更大程度上推动精细农业向专业化分工、社会化协作转变。

突出以畅通乡村民意表达渠道为重点，健全基层民主治理机制，着力解决基层党组织发动群众能力不强的弱项。农民不仅是脱贫攻坚与乡村振兴的承载主体，也是脱贫攻坚与乡村振兴的受益主体，还是脱贫攻坚与乡村振兴效果的衡量主体。保障和支持农民通过自我管理、自我教育、自我服务的乡村自治机制在乡村社会当家作主，确保公共服务满足农民最迫切的需要、公共决策满足农民最广泛的参与、公共权力满足农民最根本的尊重，是农民主体地位落实到国家政治生活和社会生活之中的最直接体现。如此，广大农民群众才能成为乡村振兴的真正主体，才能激发农民的内生动力。

应对疫情危机"促增收"的关键之举

奉清清：根据 2019 年中央农村工作会议精神，"促增收"是全面小康的基本要求。疫情危机后，有一些怎样的"促增收"途径？

陈文胜：随着脱贫攻坚战的重点难点取得决定性突破，必然要求激活内生动力，由"阶段性攻坚"向"可持续发展"推进，对贫困地区的支持政策逐步由以一村一户的帮扶为主导，转向对贫困县县域经济整体发展的支持为主导。发展县域经济增加就业机会是宏观经济下行、应对新冠肺炎疫情危机背景下促进湖南省农民增收的现实途径和客观要求。如经济强县长沙县、农业大县祁阳县、脱贫摘帽县武冈市与江永县推动县域经济逆势增长，农村劳动力就业机会增多，近 3 年农村居民人均可支配收入增速均超过全省平均水平。因此，随着脱贫攻坚战进入尾声，尤其在疫情危机发生后，更要加大对县域尤其是脱贫摘帽县整体发展的支持，在脱贫摘帽县的产业转型升级方面，产业园区、信息物流平台、科技创新平台等平台建设方面，给予更大力度的政策扶持，要结合即将出台的"十四五"规划，指导和支持脱贫摘帽县谋划一批重点基础设施建设项目和重大产业发展项目，促进更多资源要素向实体经济集聚，大力发展乡村富民产业，推动县域经济高质量发展，为城乡融合发展奠定基础，为农民持续增收提供支撑。

多途径释放改革红利"强动力"全面突围

奉清清：全面小康进入决胜之年，如何落实中央一号文件，深化改革为脱贫攻坚与乡村振兴提供内生动力？

陈文胜：全面建成小康社会目标的实现之年，特别在发生新冠肺炎疫情的背景下，必须多途径改革释放政策红利，充分调动社会各方面的积极性，形成"四两拨千斤"的强大动力。

推进以保护农民利益为主线的土地改革，激活农民主体积极性"强动力"。农民"富不富"是脱贫攻坚与乡村振兴最根本的一个评价标准，让广大农民有更多获得感、幸福感、安全感是脱贫攻坚与乡村振兴的出发点和落脚点。而土地是农民的命根子，决不能夺去城镇化进程中留给农民的"最后一根稻草"。在推进改革中必须正确把握方向，既要用好用活增减挂钩、点状供地等政策，也要加强对耕地占补平衡的管理与监督，把土地改革的红利留在农村留给农民，在制度上确保农民的核心利益，确保农业农村优先发展。

推进以处理好政府与市场关系为核心的体制改革，激活市场潜能"强动力"。脱贫攻坚的阶段性决战必然要求政府短期内集聚大量资源投入到贫困地区，但之后随着政府职能归位，必然要充分发挥市场配置资源的决定性作用。这就要求突出以土地资源为杠杆，发挥土地资源的天然"财富之母"作用，推动城市和工业以及发达地区的资源要素尤其是资金向乡村流动，实现城乡资源要素的优化配置，加快由农民的土地资源向农民的资产、资本转变；把农民经营行为和生产行为"放"给市场，减少产业选择的直接介入，从引导与激活要素上着力，优化制度供给、政策供给、服务供给，推动有效市场的形成与完善；建立规范乡村产业发展的正面清单与负面清单，明确扶持有市场前景的企业和专业大户发展生产、加工和营销，培育贫困地区迈向乡村振兴的主导产业和特色产业，避免质量效益和竞争力偏低的低端产业、低端产品继续扩大生产。

推进以不拘一格选人用人为关键的人事制度改革，激活干部队伍活力"强动力"。政策和策略决定了之后，干部便是决定因素。无论是贫困地区还是非贫困地区，迫切需要一个愿干事、能干事、干成事的干部队伍，专业人才短缺是其中最大的软肋。一方面，必然要强化党纪政纪的严格管理，把纪律和监督挺在前面。而另一方面，要敢于下放权力，不拘一格选人用人。对于具有突出才干的要敢于打破身份、年龄、学历等条条框框，唯才是举，特别是对于那些经过复杂环境锻炼又有突出才干的干部，即使有过问题也可以大胆使用，在严管厚爱的条件下用其所长、避其所短，做到人尽其才、才尽其用。动员退休干部、知识分子和工商界人士"告老还乡"担任或兼任乡村组织职务，推动人才下乡。把对乡村教师、医卫人才进行定向招生、免费培养、定向就业的扶贫培养政策，扩大到农村基层各类专业人才，壮大乡土人才队伍。

十六、进入向乡村振兴全面推进的新发展阶段
——对话奉清清

　　随着绝对贫困问题首次得到历史性解决,2021年中央一号文件提出巩固和拓展脱贫攻坚成果,全面推进乡村振兴,加快农业农村现代化。湖南作为传统农业大省,如何以进入新发展阶段、确立新发展目标、贯彻新发展理念的变革逻辑为取向,按照湖南省委关于大力实施"三高四新"战略奋力建设现代化新湖南的要求,在构建农业农村现代化新发展格局上闯出湖南的新路子,彰显湖南的新担当,展现湖南的新作为,谱写湖南的新篇章,湖南日报社理论部奉清清就此与陈文胜进行了对话。

新发展阶段的"三农"
新发展目标

奉清清：又到中央一号文件颁布时，作为湖南省委农村工作领导小组"三农"工作专家组组长，您认为2021年中央一号文件的最大特点是什么？

陈文胜：在中国工业化和城镇化进程中，中央一号文件已经成为党中央重视"三农"问题的政策风向标，不仅是政治保障的压舱石，而且是社会共识的聚光灯。在我看来，2021年中央一号文件在向第二个百年奋斗目标迈进的历史关口，提出了"民族要复兴，乡村必振兴"这样一个关系大局的重大发展主题，主要有四大特点。一是明确"三农"工作重心的历史性转移。2021年中央一号文件要求实现农业高质高效、乡村宜居宜业、农民富裕富足，这是在向第二个百年奋斗目标迈进的历史关口，明确中国社会发展由此进入全面推进乡村振兴的新发展阶段，核心是要求确立新发展目标、贯彻新发展理念，构建农业农村现代化的新发展格局。二是强调以提高农业质量效益和竞争力来确保国家粮食安全。2021年中央一号文件提出，要牢牢把住粮食安全主动权，要深入推进农业供给侧结构性改革，推动品种培优、品质提升、品牌打造和标准化生产，核心是实现农业高质量发展，推进农业高质高效。三是提出实施乡村建设行动。2021年中央一号文件要求继续把公共基础设施建设的重点放在农村，在推进城乡基本公共服务均等化上持续发力，核心是实现农民高品质生活，推进乡村宜居宜业。四是强调健全城乡融合发展机制以深化农村改革。2021年中央一号文件提出要健全城乡融合发展体制机制，推动改革不断取得新突破，也就是回应破解城乡发展不平衡、乡村发展不充分的时代要求，深入推进农村改革必须要在破除城乡二元结构上取得关键性突破，保护并不断增进农民的利益，核心是实现农村高效能治理，推进农民富裕富足。

"三农"是构建新发展格局
的最大难点和最大空间

奉清清：从党的十九届五中全会到中央经济工作会议，到中央农村工作会议，中央对"三农"工作的重视一以贯之。直面国际国内两个大局，重视"三农"工作有怎样的重要意义？

陈文胜：2021年中央一号文件提出，稳住农业基本盘、守好"三农"基础是应变局、开新局的"压舱石"。构建新发展格局，主动应对世界经济发展面临的诸多不确定性，党中央着眼中华民族伟大复兴的战略全局、世界百年未有之大变局，用大历史观来审视中国社会主要矛盾新变化和"三农"发展突出短板，提出全面推进乡村振兴。这是进入新发展阶段，为加快构建农业高质高效、乡村宜居宜业、农民富裕富足、农业农村现代化新发展格局而作出的事关全局的系统性、深层次变革的战略部署。"三农"作为战略后院，就不仅只是国民经济发展的压舱石和稳定器，更是形成强大国内市场的双循环战略核心环节和战略动力源泉。只有全面推进乡村振兴，才能全面释放和培育最广大乡村居民的消费需求，从而坚持扩大内需这个战略基点，有力地激活内需体系中农村这个最大的难点也是最大的空间，有效畅通国内大循环。

实现全面推进乡村振兴以加快农业
农村现代化的新任务

奉清清：2021年的"三农"工作，有一个最大的特点，就是已经决战决胜脱贫攻坚。或者说，"三农"工作站在了一个新的起点。那么，立足新起点，"三农"工作有怎样的新任务？

陈文胜：2021年中央一号文件要求对摆脱贫困的县设立5年过渡期，对现有帮扶政策逐项分类优化调整，逐步实现由集中资源支持脱贫攻坚向全面推进乡村振兴平稳过渡。在我看来，不仅仅只是接续推进脱贫攻坚与乡村振兴的有效衔接，更是由脱贫攻坚向乡村振兴的战略转变，也就是由解决绝对贫困问题为目标的"攻坚体制"向以解决相对贫困问题为目标的"长效机制"的转变，是从量变向质变的转变。

扶贫工作由超常规治理向常规治理转变。将相对贫困治理纳入实施乡村振兴战略中统筹解决，为此，需要及时调整治理策略，将脱贫攻坚可推广的创新做法纳入乡村振兴战略之中，使之普及化、常规化、制度化，将乡村振兴战略的要求贯穿于相对贫困的治理之中，从而形成乡村振兴与贫困治理的良性互动，这是未来一段时期湖南农业农村现代化需要探索推进的战略重点。

基础设施与公共服务供给由对贫困地区的特惠向城乡融合的普惠转变。精准扶贫使湖南贫困地区农村生产生活条件发生了翻天覆地的变化，而一些非贫困农村却还存在着基础设施与公共服务的短板，这需要政府在基础设施与公共服务的投入上由对贫困地区的特惠支持，转向对所有农村的普惠支持，重点是补上农村的薄弱环节，未来的方向是实现城乡普惠共享，这是湖南由脱贫攻坚向乡村振兴全面推进的一项战略任务。

农业供给侧结构性改革由结构调整向全产业链融合转变。推进农业供给侧结构性改革不是一个简单地增加特色、提高品质的问题，还包括如何与市场消费需求精准对接甚至引领市场消费需求的问题。需要进一步深化农业供给侧结构性改革，实现各项改革由点到面的全覆盖，围绕对接市场消费需求，构建起凸显精细农业特色、实现农业全产业链融合的现代农业体系，是未来一段时期湖南推进农业高质高效发展的必然要求。

农民增收由依赖传统路径向激发新动能转变。支撑农民增收的传统动能正在走弱，如何摆脱传统路径依赖，激发农民增收的新动能，是农业大省要应对的重要问题。需要从农业产业链价值链上找寻农民增收的突破口，从乡村新产业新业态发展中探索带动农民增收的新模式，从农村产权制度改革中找到激活农民资产的新方式，从促进县域经济发展中拓展农民就业创业增收的新空间，成为湖南推进农民富裕富足的重要举措。

乡村治理由注重管理服务向多元共治转变。乡村社会正在发生深刻变化，乡村利益主体多元、群众利益诉求多样。需要适应新的乡村社会变迁形势，按照"建立健全党委领导、政府负责、社会协同、公众参与、法治保障的现代乡村社会治理体制"的要求，构建多元主体共同参与、共同治理的乡村治理新格局，从而切实发挥农民主体作用，是未来一段时期湖南推进农村高效治理而实现乡村治理体系与治理能力现代化的重要方向。

巩固拓展脱贫攻坚成果需要
应对五大现实挑战

奉清清：立足省情，考量第二个百年奋斗目标，实现农业农村现代化，湖南面临哪些挑战？

陈文胜：2021年中央一号文件提出，全面建设社会主义现代化国家，实现中华民族伟大复兴，最艰巨最繁重的任务依然在农村，最广泛最深厚的基础依然在农村。湖南作为传统农业大省，城乡发展不平衡、乡村发展不充分的问题更为突出，巩固拓展脱贫攻坚成果面临着五个方面的困难和挑战。

挑战之一：农民收入水平偏低，持续增长困难较大。农民收入水平是巩固拓展脱贫攻坚成果最为直观的指标，而自20世纪80年代末期以来农民收入就低于全国平均水平的局面始终未打破。湖南省农村居民收入增长速度自2012年以来出现了一个较大的下降过程，虽然近五年总体上也趋于稳定并有小幅提升，但整体收入水平仍然偏低，受宏观经济波动、新冠肺炎疫情等因素的影响，农民持续增收的不确定增大。根据统计最新数据显示，2020年全国农村居民人均可支配收入17 131元，湖南为16 585元。调研发现，在湖南农民增收问题中，最突出短板是农民经营性收入总量偏低，尤其是贫困摘帽县的农民经营性收入偏低，最大的挑战是农民工资性收入增速下滑，最大的瓶颈是财产性收入近4年都只为全国平均水平的一半左右，最现实的难题是财政减收下稳定农民转移性收入，为巩固脱贫攻坚成果带来最为现实的压力。

挑战之二：区域农村发展差距大，全面建成小康社会存在薄弱环节。全面小康，应是城乡区域共同的小康。湖南农村的区域发展不平衡问题仍较突出，尤其表现在居民收入与消费、公共服务供给和农村基础设施条件等方面。

如湘西土家族苗族自治州农村居民人均可支配收入不到长沙市的1/3，"长株潭"地区城乡基础设施基本实现了一体化，大湘西地区则在农村基础设施与公共服务方面还存在不少薄弱环节。

挑战之三：摘帽贫困地区发展基础薄弱，巩固脱贫攻坚成果压力较大。脱贫攻坚是一场必须打赢打好的硬仗，但"不是轻轻松松一冲锋就能打赢的"。湖南省的脱贫攻坚已经取得了决定性成就，但尚有"贫中之贫、困中之困"的问题存在，一些不稳定脱贫人口和边缘人口存在致贫返贫风险，一些贫困地区的基础条件还比较薄弱、亟待解决，这些叠加新冠肺炎疫情的影响，导致巩固脱贫攻坚成果的压力较大。

挑战之四：农村人居环境与群众的期盼还有距离，乡村生态破坏与环境污染的风险还较大。乡村振兴，生态宜居是关键。湖南省大力实施农村人居环境整治行动取得了积极成效，但离高水平全面小康要求和人民群众的期盼还有距离，农村人居环境状况很不平衡，一些影响群众生命安全和健康的突出污染问题还没有完全消除，规划还比较滞后，环境基础设施还比较薄弱，污染防治运转机制、投入机制等还不健全，影响到农民的生活品质。

挑战之五：农村市场化机制建设还比较滞后，内生发展动力不足。全面巩固脱贫攻坚成果，既强调平衡性、协调性，也强调可持续性，需要形成依靠内生发展动力的良性循环。湖南农业农村发展依靠行政资源、依靠政策推动的因素还比较大，特别是要素充分自由流动的现代化市场经济体制建设还比较滞后，产业发展的内生动力还不足，资源错配等情况还比较多，存在着农产品同质化竞争、低端产品去产能难等突出问题。

构建农业高质高效、乡村宜居宜业、农民富裕富足的新发展格局

奉清清：作为精准扶贫的首倡之地，湖南省如何贯彻新发展理念，实现巩固拓展脱贫攻坚成果同乡村振兴有效衔接，构建农业农村现代化新发展格局？

十六、进入向乡村振兴全面推进的新发展阶段
——对话奉清清

陈文胜：要立足于湖南省的精细农业发展特色、"两型社会"建设名片、"精准扶贫"高地三大自身优势，构建农业高质高效、乡村宜居宜业、农民富裕富足的湖南农业农村现代化新格局。

战略举措之一：打造以精细农业为特色的优质农产品生产高地，实现农业高质高效。湖南省委、省政府根据人多地少的省情，推进了以精细农业为取向的农业供给侧结构性改革，全面实施以品牌强农、特色强农、质量强农、产业融合强农、科技强农、开放强农为引领的"六大强农行动"，在农业高质量发展上迈出了新步伐。习近平总书记在湖南调研时予以高度肯定，要求湖南发展精细农业要一以贯之地抓下去。

湖南作为鱼米之乡，主要农产品生产不是问题，但大宗农产品供大于求、优质农产品同质竞争的老大难问题一直未得到有效解决，如何提高农产品效益、激发农业经营主体生产经营积极性才是保障粮食安全的关键问题。加快农业高质量发展，必须以深化农业供给侧结构性改革为主线，立足我省鱼米之乡的优势，以"长株潭"都市农业、环洞庭湖生态农业、大湘南丘陵农业和大湘西山地农业的四大农产品主产区区域分工为前提，按照打造九大优势特色千亿产业的总目标，以质量效益为导向，以精准定位、精细生产、精深加工、精明经营、精密组织的发展方式为取向，优化资源配置，淘汰落后的生产模式，推动农业供给结构转型升级，使农业生产供给结构不断满足市场消费的需求结构，以破解农业生产供大于求与供不应求的结构性矛盾，形成地域特色鲜明、区域分工合理、高质高效发展的精细农业生产布局。

战略举措之二：打造现代版湖湘"富春山居图"的"两型"发展高地，实现农村宜居宜业。推进高质量发展是当下中国经济社会发展的主题，而国民有效财富与有效制度的累积是高质量发展的必然要求。"两型社会"建设是湖南生态文明建设和绿色发展的一张闪亮名片，担负着与精准扶贫一样的国家使命。自2007年起，湖南全面推进生态优先、绿色发展，为全国闯出了一条绿水青山就是金山银山的"两型"发展新路。国家乡村振兴战略规划就明确要求，以生态环境友好和资源永续利用为导向，建设生态宜居美丽乡村，打造各具特色的现代版"富春山居图"。

因此，绿水青山就是金山银山的"两型"发展无疑是打造现代版湖湘"富

春山居图"的美丽乡村建设的必然要求，是推进乡村振兴所必须要贯彻的新发展理念，也是推进农业农村现代化所必须要确立的新发展目标。作为一种全新的经济社会发展方式和乡村发展模式，打造现代版湖湘"富春山居图"的"两型"发展高地，推动湖南农业高质量发展、农民高品质生活、农村高效能治理，实现人与自然和谐共处的农业农村现代化，让农村成为宜居宜业的美丽家园，需要在"两型"社会建设的基础上，进一步闯出湖南的新路子，进一步彰显湖南的新担当，进一步展现湖南的新作为，进一步谱写湖南的新篇章。

战略举措之三：打造精准扶贫首倡地脱贫攻坚与乡村振兴有效衔接的示范高地，实现农民富裕富足。作为精准扶贫的首倡地，湖南不仅如期高质量完成了脱贫攻坚目标任务，而且探索的十八洞村精准扶贫经验成了全国脱贫攻坚的高地。习近平总书记在湖南考察时强调，要建立健全防止返贫长效机制，接续推进全面脱贫与乡村振兴有效衔接。党的十九届五中全会提出，实现巩固拓展脱贫攻坚成果同乡村振兴有效衔接，加快农业农村现代化。因为只有全面巩固脱贫攻坚成果才能为乡村振兴奠定坚实基础，也只有实现乡村振兴才能从根本上解决农村的贫困问题，确保实现农民富裕富足。

湖南是一个人口大省和传统农业大省，城乡二元分割突出存在，严重影响了国民经济内循环的畅通。按照党的十九届五中全会的战略决策，以广阔的农村市场和投资空间作为扩大内需、构建新发展格局的战略基点，既是湖南农业农村现代化最大的难点和重点所在，也是应对国内外复杂形势最大的潜力和希望所在。因此，推进脱贫攻坚与乡村振兴有效衔接，不仅是湖南巩固脱贫攻坚成果处于爬坡过坎关键性特定历史阶段的战略选择，更是在构建新发展格局中推进湖南乡村振兴的根本之策。乘势而上，打造精准扶贫首倡地脱贫攻坚与乡村振兴有效衔接示范高地，不仅是时代赋予湖南的历史使命，也是湖南发展的战略机遇与责任担当。

补齐农民经营性收入这个突出短板

奉清清：如您所说，"三农"工作中一个最显著的短板或者说困扰，是农民经营性收入不高。对这个问题，我们应该怎样有的放矢对症施策？

陈文胜：加快农民增收是连接脱贫攻坚与乡村振兴的首要工程，而作为农业大省，湖南诸多大宗农产品的产量多年居全国前列，需要补齐农民经营性收入这个突出短板，使之成为稳定农民增收的独特优势。

一是在生产环节提高农产品品种质量。严格以"一县一特、一特一片"为农业长期政策的支持依据，规范政府对每个区域支持种植的品种和相应品质要求、以及限制和限期退出的品种，建立各区域农产品品种与质量的"正面清单"与"负面清单"的约束机制，以优化区域农产品品种结构为基础优化区域农业产业结构。与此同时，要把提质增效的农业科技创新摆在首要位置，对鲜活农产品的储存保鲜，人粪畜粪的转化使用，特别是耕地的质量保护和农药化肥的减量使用，必须取得技术的不断突破。

二是在加工环节提升农产品市场价值。奖励县级政府根据本地农产品加工需求引进特色和大宗农产品的加工企业；奖励相关服务主体对农民的农产品初加工提供技术指导；奖励农产品加工企业建立与农民的紧密利益联结机制。

三是在销售环节畅通农产品流通渠道。要着力完善小农户与农业社会化服务的利益联结机制，防止各种平台包括信息平台演变为农民利益的收割平台，推进鲜活农产品的基础设施建设与冷链技术社会化服务，以此带动冷链物流的发展，建立促进农产品生产与市场有效对接的市场体系，形成提高农业质量效益和竞争力以实现农民增收的长效机制。

实现"共同行动"与"共同富裕"相统一

奉清清：我们知道，相对贫困问题是一个永恒的存在，也是一个世界性难题。在农村解决了绝对贫困后，我们在由脱贫攻坚向乡村振兴全面推进中应该如何按照共同富裕的要求致力解决相对贫困问题？

陈文胜：巩固拓展脱贫攻坚成果同乡村振兴有效衔接，就要实现"共同行动"与"共同富裕"相统一、公平与效率相统一的农业高质量发展、农民高品质生活、农村高效能治理。"共同行动"是社会主义的制度优势，而"共同富裕"是社会主义的制度逻辑。如果从乡村振兴推进全面现代化的目标出发，就应更多地思考中国特色社会主义乡村振兴道路如何实现"共同富裕"的客观必然性。只要仍处于物质和精神财富没有极大满足的社会主义初级阶段，相对贫困的不平衡不充分发展的现象就难以避免，那么，社会主义制度优势的"共同行动"，就不只是如何解决基本生存问题以及如何解决收入上的相对贫困问题，更是如何缩小贫富差距的"共同富裕"问题。而且"共同富裕"不足，所谓多元主体参与的"共同行动"就缺乏实际内容，也就无法形成农业农村优先发展的"共同行动"，推进乡村振兴。

十七、"三农"研究应有农民立场与基层情怀
——对话凌琪

陈文胜自 1992 年参加乡镇工作，在乡村工作期间，历任乡团委书记、乡党委组织委员、镇宣传委员、副乡长、镇长、镇党委书记等职务。于 2005 年调进湖南省社会科学院专职从事"三农"研究。历任湖南省社会科学院新农村研究中心副主任兼秘书长、院工会主席、院农村发展研究所所长、院科研处长、院办公室主任等职务。于 2019 年调入湖南师范大学，被聘为"潇湘学者"特聘教授，担任湖南师范大学中国乡村振兴研究院院长。山东省社会科学院凌琪与陈文胜就"三农"有关理论与实践问题进行了对话。

乡镇岁月，一首初心之歌

凌　琪：您曾经当过乡（镇）党委书记，又胸怀农家子弟的不变初心和至深情怀，这一经历为您从事"三农"研究工作，提供了丰富而扎实的乡土经验，那么您在乡（镇）工作时就有当学者的梦想吗？

陈文胜：我出生在一个十分偏远的大山沟里，祖祖辈辈都是朴实的农民。一方面我是农民的儿子，父母兄弟都在农村，特别是作为生活在乡村社会底层的农民，我有着和农民一样的传统价值观念和处事方式，决定了我在潜意识中不可避免带有农民的立场。另一方面，作为一名乡镇干部，特别是担任镇长和镇党委书记以后，国家最基层的一级政权负责人的身份决定了我肩负组织所赋予的职责，同样不可避免地带有基层的情怀。

置身于改革开放后人类发展史上前所未有的工业化、城镇化历史进程，我见证了中国乡村的经济社会所发生的一系列历史变迁。乡镇政府作为中国最基层的政权组织、作为共和国政权大厦的基石，如何在城市与乡村、工业与农业、政府与市场、国家与社会、农民与土地等多重关系中进行准确定位，是所有农村基层工作者都必须时刻要面对、时刻要思考、时刻要处理的现实焦点问题。当时研究"三农"，我根本就没有想过要去做一个象牙塔里的学者，在乡（镇）进行田野调研，撰写文章或面对面与学者交流，都是为了探索破解现实工作中"三农"问题的有效途径，也因此对农业、农村、农民问题积累了大量的第一手现实资料。

20世纪90年代，农村在联产承包责任制的制度红利激发下，取得了巨大的发展成就，使中国最贫穷的群体——农民、最落后的地区——农村最先发展起来，那个时代风云人物的万元户都是来自农村的农民。但随着改革的重心逐渐从农村转移到城市，工业化、城镇化的快速推进，农业、农村的发展逐渐服从于工业和城镇的发展，城乡二元结构下，乡村资源不断被吸取，农民负担不断攀升，农村干群矛盾不断激化，乡镇成为"三农"矛盾的火药桶。我作为当时的乡（镇）干部，是"要钱、要粮、要命"的

十七、"三农"研究应有农民立场与基层情怀

——对话凌琪

"三要"干部,在乡村干群关系最为紧张时期艰难开展"三农"工作,真正体会了同是乡(镇)党委书记的李昌平向总理上书所说的"农民真苦、农村真穷、农业真危险"的"三农"危机,正是这些问题不断引起我作为乡镇干部的思考。

2003年,在担任镇党委书记期间,我就提出在全镇喊响4句口号:"深入最落后的村组,帮助最贫困的农户,团结最广大的群众,解决最迫切的问题"。我们连续3年发出《关于扶助特困户的意见》的镇党委一号文件,每年明确帮扶300多户特困户,可仍然不能解决根本问题。农民需要的帮助太多,而乡镇的财力太少。有80%的农民的愿望乡(镇)根本就无法满足,有80%的乡(镇)工作不为农民所欢迎,有80%的干部和农民的积极性得不到调动。更为严重的是,面对数百万元的镇财政债务,每当遇到债主们的围、追、堵、截甚至进行人身攻击的时候,每当遇到债主们锁住学校的校门和教室的时候,我和我的同事们是感到多么的无助和无奈!尽管我们想尽千方百计,我们实施乡村财务的规范化管理,镇人民代表大会共商乡村债务化解办法、村民自治的制度防范,但仅仅只能缓和矛盾,远远不能够解决问题。在乡镇干部的工资都长期得不到保障的情况下,怎么可能真正地帮助农民服务农民呢?

那时候,我阅读了大量关于"三农"的书籍和文章。当时农业税费还没有取消,很多学者和官员把基层干部看作是"三农"问题的罪魁祸首,我作为"三农"第一线的具体实践者,感到应该有责任向社会揭示问题的真相。我从直觉到思考,再到深入调研探究"三农"问题产生的根源,最后有感而发写了一些小文章,开始在网上不断地发出不平之鸣。我深知自己是一个不懂学术的基层干部,因为实践是不规则的,而理论是规范的,以不规则的实践来评价规范的理论,肯定会贻笑大方。因此,在乡(镇)党委书记的岗位上对"三农"问题的一些评论,与其说是基层实践与理论前沿进行对话的一种声音,还不如说是无知者无畏的一种呐喊。凭着初生牛犊不怕虎的激情,我用笔名在报纸杂志和网络上发表了一些"三农"问题的观点,通过以文会友结识了一些决策机构的领导和"三农"研究的学者,从而触发了我热爱"三农"研究的初心。

"三农"研究，一个有情怀的梦

凌　琪：理论研究工作与实践工作有不同的要求，您从乡（镇）到社会科学院，是怎样实现由一名乡（镇）干部到理论研究者的转型的？

陈文胜：进入湖南省社会科学院后，我发现理论研究、特别是学术论文撰写，要求更多的是注重严密的逻辑性与规范性，不同的学科就有不同的话语体系。而在乡（镇）工作时，更多的是注重解决问题的可行性、针对性，对千差万别的问题执行的是统一的政策和法律。理论研究大多从一定数量的个案抽象为普遍认识，基层实践面对复杂的差异性强调具体情况具体分析。理论研究尤其是基础研究，要求从历史的视野中研判现实问题，如果现在认为是一个问题，那么在过去的几十年、几百年甚至几千年是不是一个问题？在未来还会不会是一个问题？理论研究普遍存在本本主义问题，缺乏一定的灵活性，强调的是战略性和前瞻性。基层实践大都从政策要求、农民需求、行政效率和社会影响等多个维度来研判现实问题，只要现实中有问题就必须采取相应的措施一一应对，往往在政策目标与现实状况、上级要求与群众意愿之间进行平衡与折中。而随着社会的快速变化，每天都会有新问题新矛盾，往往是昨天的问题还没有及时归纳总结，今天就要立即面对新情况新形势，因而基层实践的实用主义思想比较严重，重方法重目前，轻战略轻长远，普遍存在碎片化的问题，强调的是目标性和时效性。

尽管如此，理论是灰色的，而实践之树常青。因为理论需要实践来验证，而实践不需要理论来批准。实践最需要的地方，是理论创新空间最大、最有前途的地方。农村基层实践处于"三农"问题最前沿，对乡村社会的快速变化反应最为敏捷。一方面乡（镇）政府是农民的政府，生存的基础在农村；而另一方面乡（镇）政府是国家权力在农村的代表，是党和国家农村政策的具体执行者。因而处于国家与农村社会、政府与农民矛盾焦点的乡（镇）政府，改革的动力更大，改革的要求也更为迫切。现实需要是最好的老师，迫使农村基层实践在现实尖锐的矛盾中去发现事物的规律性，寻求矛盾的解决方法。

十七、"三农"研究应有农民立场与基层情怀
——对话凌琪

因此,研究"三农"问题就必须"问计于基层,求教于实践",只有求教于基层的第一线实践,才是获得真知灼见的源头活水。我首先就是深入调查研究,熟悉湖南省各地农业农村的现实情况。我在乡(镇)工作时只是熟悉一个乡(镇),而每个乡(镇)的情况各不相同,因而我进入社会科学院后,就要求自己多与农村基层干部交朋友,多倾听基层干部和农民的声音,多直面实践的现实问题。

为了分析取消农业税后湖南省农村的乡村债务状况,我采取实地和问卷两种调查方式对全省129个乡(镇)进行了一年多时间的深入调查,深切感受到乡村干部面对巨额债务的无奈,一个个乡村干部的辛酸事例令我久久难以释怀。撰写调研报告时,有些片段和章节我是流着眼泪写下的。调研报告完成后获得时任湖南省委书记张春贤、常务副省长肖捷等多位领导的肯定性批示,在此基础上写成的《化解乡村债务的对策与建议》,被人民网评为"2006年度最受关注的五大网络论文",随即又出版了《乡村债务的危机管理》一书。从处于债务困境的乡村干部的沉默中,我感到有责任为基层干部呐喊。

2014年,按照分管农业的省领导安排,我就湖南省农业的现实问题进行了深度调研。通过调研发现,凡是产量高、规模大的品种与产业项目,财政就给予经费支持,而这些产品是否能够在市场卖出去、是否有效益却不在政府政策支持的评判依据之中,这让我感觉到农业将来会出大问题。那时还没有农业供给侧结构性改革这个说法,我在汇报时提出,农业不像工业产品,工业产品只要是所有的工艺是一样的,在任何地点生产都是一样的品质。农业在不同的地方品质是不相同的,因为农业是一个生态产业,对气候、水质、土壤等生态环境的要求很高,不适应要求的农产品即使规模再大、产量再高也不会有市场竞争力,无法形成具有市场效益的品牌。因此,我提出要以农产品品牌化为引领优化农业区域结构。习近平总书记在2016年全国"两会"期间参加湖南代表团审议时,第一次提出农业供给侧结构性改革的命题,农业供给侧结构性改革从此成为中国农业改革的主线。2016年9月我应邀参加为中央农办召开的农业供给侧结构性改革座谈会,提出实施区域地标品牌战略是推进农业供给侧结构性改革的重要路径这个观点,随后在《求是》杂志上刊发了《农业供给侧结构性改革:中国农业发展的战略转型》一文。可以

说，只有深入的调查研究成果，才能更好地服务于党和政府决策的需要。

在担任乡（镇）党委书记时，我就进行了一个问卷调查，发现基层主要负责人有 32% 的时间在参加会议，22% 的时间应对接待，15% 的时间用于各种工作考核，有 9% 的时间忙于发展经济，17% 的时间搞计划生育，只有 2% 的时间在服务群众。以前乡（镇）干部是被动工作，向农民要钱要粮，与家家户户处于对立位置，农业税的废除使基层干部从与农民的对立中摆脱出来，为真正把职能归位到服务上去提供了条件。党的十八大以来，尽管执行最严格的中央"八项规定"和纠正"四风"取得显著成效，而形式主义、官僚主义在一些地方特别是在基层却愈演愈烈，造成人人都累、上下都怨的怪相。我离开乡（镇）已经十多年了，为什么基层的治理状况没有发生根本性的改变呢？我选择了 3 个县的 13 个乡（镇）进行调研，发现县级党委、政府及其部门对乡（镇）考核的项目达 57 个以上，对乡（镇）实施"一票否决"的考核项目有 15 个左右的大项。签责任状最多的乡（镇）有 51 份，最少的乡（镇）也有 36 份。基层干部普遍反映：过去的主要精力是"要钱、要粮、要命"，现在的主要精力是做台账、开会议、报材料。所以，干部很努力，群众却无感。我觉得，根本原因在于不重疗效重疗程，突出表现就是运动化和样板化，通过工作规划总结、检查督导、考核评比、大小会议与文件，认认真真搞形式，扎扎实实走过场，在"一票否决"下扭曲为所谓的"压力型"体制。调研报告获得到了中共中央政治局常委的肯定性批示，收到湖南省委督查室的感谢信。关于基层治理难点及破解途径的系列观点被《半月谈》杂志刊发后，被《求是》杂志、《新华文摘》等媒体转载，获得了中央领导的批示，为基层减负作出了一定的贡献。

凌　琪：您不仅仅是一名潜心研究的学者，也是一个善于为学界搭建交流平台的人，请问到湖南省社会科学院后，着手搭建了哪些学术交流平台？

陈文胜：学者必须要有学术平台，有平台才能交流，才能学习，才能发声，才能传播学术观点。到社会科学院后，在学习和开展研究的同时，也努力打造供领域内学者交流的学术平台。我和我的团队一道白手起家创办了"三农"通俗理论辑刊《中国乡村发现》，力求"用基层的视角反映真实问题，用专家的智慧解读'三农'难点，用决策声音描绘政策走向，用民众呼声促进科学发展"。经过 13 年的努力，《中国乡村发现》已出版 50 多辑，得到了读者、决策层、理论界的不少好评。同时,我们还创办了"三农"学术网站"中国乡村发现网",13 年如一日,坚持为"三农"研究提供公益服务,网站引起了国内外"三农"学界的广泛关注并产生了一定的影响,创办的"乡村发现"微信公众号也成为一个知名的"三农"学术公众号。此外,我与我的团队于 2008 年到 2014 年共组织举办了 5 届全国性的"湖湘'三农'论坛",每一届论坛都规格高、规模较大,参加的学者众多,成为当时享有盛名的"三农"学术论坛。

全面小康,一道疫情背景下的新课题

凌 琪:乡村振兴战略是党的十九大提出的一项重大战略,是新时代"三农"工作的总抓手。而突如其来的新冠肺炎疫情对农业农村农民的生产生活造成了一定的影响,那么疫情对"三农"工作的影响主要表现在哪些方面?我们应如何统筹抓好决胜全面建成小康社会、决战脱贫攻坚的重点任务,为打赢疫情防控阻击战、实现乡村振兴的战略目标提供有力支撑?

陈文胜:疫情发生在春耕备产关键期、农产品销售与休闲消费的黄金期、农民工就业的高峰期,无疑会对打赢脱贫攻坚战和全面建成小康社会带来全方位的冲击。根据我们的调研,对标 2020 年中央一号文件,疫情对"三农"工作造成的影响主要在以下几个方面。

在打赢脱贫攻坚战上,最突出的是严重影响到农民的工资性收入。由于许多企业目前还未开工或开工不足,劳动力返岗就业受阻,后遗症可能会持续到整个上半年。2019 年湖南省农村劳动力转移就业总规模达 1 778.7 万人,工资性收入占到农村居民人均可支配收入的 41%,在 2、3 月份至少有 1 000 万农民工没有工资收入,每个月农民收入损失达 400 亿元。

在乡村产业发展上,造成直接损失最大的是休闲农业与乡村旅游。春节期间本是休闲农业和乡村旅游的旺季,是一年中增加营业收入的黄金时期,但今年受制于疫情,乡村旅游景点、民宿酒店关闭,农民的集体文娱活动全部取消,城市居民下乡阻断,休闲农业与乡村旅游的收入基本为零,估计到 4

月份才会恢复。无论是直接损失还是间接损失都是一个天文数字，给脱贫攻坚与农村全面小康带来了最大挑战。

在加快补短板上，最突出的是严重影响到农村基础设施建设的进度。由于疫情防控期间用工短缺、材料运输难、防护物资短缺等多种原因，各地普遍反映既定的农村基础设施建设方面的工程项目开工不足，按期完成基础设施补短板的任务难度不少。而上半年经济增速放缓，财政收入将势必受到严重影响，而抗疫的财政支出加剧了财政支出压力，无疑会影响到乡村基础设施的财政投入水平和投入方式。

在保障农产品有效供给上，最突出的是严重影响到以生猪为主的畜禽业和农业加工企业。因交通隔断、饲料厂复工延迟、活禽交易市场关闭等因素，导致部分饲料存储不足使畜禽养殖户缺饲料可用，一些需要补充种苗的无法补栏，与尚未消除的"非洲猪瘟"的影响叠加，养殖意愿进一步下降。在种植业方面影响较大的主要是时鲜蔬菜，由于难以外销而滞留在田间地头，不仅导致收益受损，也使播种推迟影响到换茬，导致蔬菜供应出现空档。在农业加工企业方面，复工复产在不同区域不同行业的进度不一，且不同程度地存在用工紧张、原材料供应不足、成本上升、资金不足、订单减少等问题，导致农产品加工企业的效益下降、风险加大。

今年是脱贫攻坚的最后一年，既要统筹推进疫情防控与全面完成脱贫攻坚任务，又要统筹推进防止返贫增贫与全面建成小康社会。最根本的是要按照农业农村优先发展的要求，抓住推进疫情防控与全面小康的结合点，围绕促进农业高质量发展和农民持续增收这条主线，把突出市场导向提高效益、激发农业经营主体生产积极性作为"保供给"的战略重点，把惠农、富农、强农政策向小农户倾斜作为"强弱项"的主攻方向，把加强对县域经济整体发展的支持以增加就地就业机会作为"促增收"的关键之举，把推进以农民需求为导向的公共产品供给侧结构性改革作为"补短板"的着力点，多途径推进土地、资金、人才的关键改革释放改革红利"强动力"，确保农村同步全面建成小康社会。

本文原载于《山东社会科学报道》2020年3月16日。

后 记

中国是一个世界人口大国，其农业农村现代化的发展规律，深受国家人口规模变量、区域的差异性与发展模式的多元性等多重因素的影响，是与世界上绝大多数国家相区别而有自身独特规律的大国"三农"。站在全面建成小康社会的历史拐点，处于由农业中国向工业中国、乡村中国向城镇中国的现代转型新方位，处于脱贫攻坚向乡村振兴的衔接与转型新方位，这构成了大国"三农"多重转型叠加的多重语境。

如何更好地理解大国"三农"的农业农村现代化道路制度框架与价值目标，如何更好地把握工农城乡关系演进中大国"三农"的农业农村现代化必然性与可行性、内在逻辑与发展趋势，学界的论文和著作可谓汗牛充栋。我认为，论文和著作的逻辑方式，更多的是从抽象概念出发，阐述学者的观点，讲究形式和内容的严密性与规范性，注重的是思考的结果。而像《论语》与《柏拉图文艺对话集》这样以对话讨论理论的逻辑方式，主要以具体的事物或问题作为起点，随着对话的观点、立场不断变化使整个讨论过程动态演进，不仅能更好地带动读者参与其中一起思考，而且能更好地记录思考的过程，兼具严肃性与趣味性。因此，我尝试用对话的表达方式来探讨大国"三农"这样一个宏大的话题。

但孔子、柏拉图这样的思想大圣，非我所能望其项背，我只是尝试作为一个记录者。

此生有幸，本人由一个镇党委书记懵懵懂懂地闯入"三农"学界，获得不少业内尊者的关怀与点化。在拜读这些享有盛名的尊者著作与论文之时，恕我愚钝，总感到自己不得要领，于是，就总有一种读其书想见其人的冲动。因此，带着自己的困惑拜访了不少业内尊者并向他们当面请教，这是无法从其著作与论文上所获得的信息与教诲，有一种"听君一席话，胜读十年书"的眼前一亮而茅塞顿开的感觉！

为了准确地领会，有时是笔记要点，有时则完整地录音下来再加以整理，还有一些教诲却非常遗憾未能记录下来。其中有些对话，当时整理就在媒体上发表出来；而有些对话，因为本人当时就职于省直科研机构的中层行政管理岗位，整天忙忙碌碌一直没有时间整理，而这些宏大的话题又无法请人代劳，以致压在箱底。2019 年 7 月调入湖南师范大学做一名教师，自己支配的时间就相对多了，终于把这些没有整理的对话录音整理出来，并编写成书。

本书的主要内容为农民与土地关系中的改革逻辑、现代化视野下的乡村发展进路、乡村振兴的中国道路与路径选择、从春节返乡研判乡村振兴的现实与希望、城镇化进程中乡村遭遇五大难题、乡村振兴的战略底线与七大短板、中国农业发展的战略转型与目标、农业供给侧结构性改革与农业现代化、品牌建设是优化农业结构的突破口、让农民当家作主是乡村治理的本质、农业大省的乡村振兴之路、小岗村 VS 华西村谁高谁下、如何打造特色小镇、深化改革推进农业农村优先发展、疫情之下全面小康与乡村振兴的方向及重点、进入向乡村振兴全面推进的新发展阶段、"三农"研究应有农民立场与基层情怀等 17 个方面，以与陈锡文、杜志雄、曹锦清、张乐天、贺雪峰、吴理财、王文强、陆福兴等的对话整理为主体，从本人公开发表的媒体对话访谈中选入了几篇编进书中。

在本书编辑的过程中，既要确保对话的口语化表达方式，又要确保不背离对话者的原意，还要确保理论的严肃性与逻辑性，这无疑是一个极大的挑战。尽管我全力以赴了，但还是难以达到那样的思想高度与专业深度，在此求教于方家，敬请批评指正。

在出版的过程中，感谢中国农业出版社给予的帮助与支持，感谢责任编辑，使本书能够顺利出版！

图书在版编目（CIP）数据

论道大国"三农"：对话前沿问题／陈文胜编著
. —北京：中国农业出版社，2021.4
ISBN 978-7-109-27478-5

Ⅰ.①论… Ⅱ.①陈… Ⅲ.①三农问题－研究－中国
Ⅳ.①F32

中国版本图书馆 CIP 数据核字（2020）第 195969 号

中国农业出版社出版
地址：北京市朝阳区麦子店街 18 号楼
邮编：100125
责任编辑：刁乾超　任红伟
版式设计：李　文　责任校对：沙凯霖
印刷：北京中兴印刷有限公司
版次：2021 年 4 月第 1 版
印次：2021 年 4 月北京第 1 次印刷
发行：新华书店北京发行所
开本：700mm×1000mm　1/16
印张：17
字数：230 千字
定价：68.00 元
